Walter Kohl

# Mutter gesucht

Die Geschichte
dreier ungleicher Schwestern

Paul Zsolnay Verlag

1 2 3 4 5 16 15 14 13 12

ISBN 978-3-552-05565-0

Satz: Eva Kaltenbrunner-Dorfinger, Wien
Druck und Bindung: GGP Media GmbH, Pößneck
Printed in Germany

FSC
www.fsc.org
MIX
Papier aus verantwortungsvollen Quellen
FSC® C014496

*Sieh, wie sie dieselben Möglichkeiten*
*anders an sich tragen und verstehn,*
*so als sähe man verschiedne Zeiten*
*durch zwei gleiche Zimmer gehn.*
*(Rainer Maria Rilke)*

*Sister, don't cry*
*sister, don't cry no more*
*sister, don't cry anymore*
*(Ed Roland)*

# 1

»Radiant and overhappy.«

So fängt es an.

Die blutjunge Mutter habe auf ihn strahlend und überglücklich gewirkt, sagte der zuständige Arzt der Gebärklinik des Krankenhauses der Freien Universität Amsterdam laut einem Aktenvermerk vom 16. Februar 1977 zu den Beamten der holländischen Jugendbehörde. Da war Tania genau zwei Wochen alt. Da war der Versuch ihres mutmaßlichen Großvaters, das Baby an zahlungskräftige adoptionswillige Paare in den Niederlanden zu verkaufen, bereits gescheitert. Da hatte das Jugendamt im österreichischen Linz die Zuständigkeit für den Säugling bereits an die Kollegen in Amsterdam abgetreten. Da hatte die noch keine siebzehn Jahre alte Kindsmutter Patricia, gebürtig und damals wohnhaft in Linz an der Donau, bereits eingewilligt, dass ihr Baby weggegeben werde. Obwohl sie doch in den ersten Tagen nach der Geburt so strahlend und überglücklich war, laut Aussage ihres behandelnden Arztes. Radiant and overhappy, so steht es im amtlichen Schriftverkehr zwischen Amsterdam und Linz. So fängt die Geschichte an. Eine glückliche Mutter, fast selbst noch ein Kind, die ihr Kind in einem fremden Land hergibt, allem Anschein nach unfreiwillig.

Beim Lesen dieses Schriftstücks hat irgendetwas in mir zu flimmern begonnen. Ich bin der Adoptivvater von Tamara. Tamara ist ebenfalls Patricias Tochter. Tania ist die älteste, Iris die zweitgeborene, Tamara die jüngste. Die drei Schwestern, oder Halbschwestern, um genau zu sein, hatten mehr als die erste Hälfte ihres jeweiligen Lebens lang keine

Ahnung von der Existenz der anderen. Leibhaftig zu dritt beisammen gewesen sind sie, obwohl mittlerweile 34, 31 und 27 Jahre alt, noch nie. Iris und Tamara haben sich als Teenager eine Zeitlang gelegentlich getroffen, als beide in Linz lebten. Tania und Tamara sind sich dreimal begegnet, das erste Mal in Amsterdam, als Tania dreißig und Tamara 23 Jahre alt war. Tania und Iris haben sich noch nie gesehen. Die Mutter, Patricia, hat Tania mit dreißig erstmals gesehen, Tamara als sie 23 war. Iris ist Patricia seit dem Kleinkindalter nicht mehr begegnet.

Das Flimmern in mir wich rasend schnell einem Gefühl, als hätte sich der Boden, auf dem man steht, ansatzlos und ohne Vorwarnung verflüssigt. Trüge einen nicht mehr. Weil auf einmal alles nicht mehr stimmte. Über Jahre hindurch war in den wenigen Erzählungen, die zu all diesen Adoptionsgeschichten verfügbar waren, Patricia immer die Böse gewesen. Die Mutter, die ihre Kinder weggibt. Hassenswert und herzlos. Jugend und Dummheit und Erlebnishunger und Drogensucht galten nicht als Entschuldigung. Sie war die Hassfigur. Und jetzt das: strahlend und überglücklich!

## 2

Zwei Frauen sitzen nebeneinander auf einem breiten Bett, das im hinteren Teil eines sogenannten Trailers irgendwo in Belgien steht, in einem Wohnwagen auf einem Dauer-Stellplatz also, am Rand eines Städtchens an der holländischen Grenze. Das Bett hat eine weiche Matratze, darum rutschen die Frauen immer wieder zusammen und hocken so eng aneinander, dass sich ihre Hüften und Schultern berühren, ob sie wollen oder nicht. Beide sehen aus, als wäre ihnen selbst nicht recht klar, ob sie es wollen oder nicht. Die ältere Frau, die mit der Stimme eines wachen neugierigen Mädchens spricht, aber ein wenig älter aussieht als die fünfzig Jahre, die sie zählt, ist Patricia. Die junge, gerade einmal halb so alt, ist Tamara. Ihre Stimme ist sonst jene einer desillusionierten, manchmal zornigen und auf jeden Fall sehr erwachsenen Frau; hier, in dem Groß-Camper auf einem Dauer-Stellplatz im adretten Recreatiepark, klingt sie piepsig und schüchtern wie die eines Kindes.

Beide sind schon sehr müde. Um zwei Uhr morgens war Tamara losgefahren, von Linz mit uns, ihren Adoptiveltern, die zwölfstündige Autofahrt eine lähmend langweilige Strapaze, die einzige Abwechslung bot zwei, drei Stunden lang der zähflüssige Verkehr auf den Autobahnen zwischen Frankfurt und Aachen. Dann saßen wir Stunden um Stunden zusammen mit Patricia und Frank, ihrem Lebensgefährten, und redeten ohne Pause. Nichts von Belang wurde gesagt, nichts davon, wie es sein sollte mit Müttern und Töchtern, wie es stattdessen tatsächlich war zwischen diesen beiden, oder warum es so geworden war. Dieses Geplauder über den winzigen Fischteich, den Patricia und Frank vor dem Wohnwagen angelegt hatten, und über die unterschiedlichen Sozialversicherungssysteme von Belgien, Deutschland und Holland ermüdete uns alle. Gegen zehn Uhr abends sagte jemand den erlösenden Satz. Dass es doch sehr spät geworden sei, und morgen sei auch noch ein Tag, um sich zu unterhalten. Alle standen auf.

Da war Tamara plötzlich hektisch geworden. Wir könnten noch nicht aufbrechen ins Hotel, Patricia müsse sich erst noch die Fotos ansehen, die sie extra mitgebracht habe. Ob sie sich nicht erinnern könne, sagte Tamara zu ihrer leiblichen Mutter, vor fast drei Jahren, bei ihrem ersten Treffen, da habe Patricia doch extra gebeten, Tamara möge beim nächsten Mal Bilder aus ihrer Kinder- und Jugendzeit mitbringen. Natürlich, sagte Patricia, sie erinnere sich. Dann setzten sie sich wieder nebeneinander auf das Bett, und Tamara holte aus einer rucksackartigen Tasche Massen von Fotos, manche davon in Alben, andere lose in den Bestellkuverts der Fotolabors.

Und so hocken sie jetzt Schulter an Schulter, Tamara erklärt jedes einzelne Bild, das bin ich in dem Hochstuhl, der dann ganz grün war, weil ich den Teller mit Spinat immer weggefetzt habe, und das war der erste Schultag, das da war an irgendeinem griechischen Strand, weiß nicht mehr, welcher, meine Mutter wollte die Urlaube immer nur in Griechenland verbringen. Patricia hört ihr zu und nickt zu jedem Foto, sie verzieht keine Miene, wenn ihre Tochter Tamara eine Frau, die auf vielen Fotos zu sehen ist, Mutter nennt, eine Frau, die nicht Patricia ist.

Wenn dies ein Film wäre, gäbe es mindestens fünf oder sechs Szenen, in denen Menschen, meist Frauen, Fotos betrachten. Der Film würde beginnen mit jener Szene, die mir als Erstes in den Sinn kommt, wenn ich an Tamara denke, sie würde das Gesicht eines Mädchens von etwa vierzehn Jahren zeigen, das im Schneidersitz in seinem Kinderzimmer hockt und zu Boden blickt. Tamara. Sie hat Kopfhörer auf. Sie singt laut und falsch zu einem Lied, das die Zuseher nicht hören können: Wie konnte ich so blind sein? Wie konnt ich glauben, ich kann sehn? Hat Gott auf mich geschissen? Oder warum ließ ich dich gehn?

Dann würde die Kamera über auf dem Fußboden durcheinander liegende Fotos schwenken. Kinderfotos, Urlaubsfotos, Familienfotos. Tamaras Stimme hörte man aus dem Off weiter singen. Wieder spür ich diese Sehnsucht, du bist schon lange nicht mehr hier – sag mir, was hast du getan? Die Kamera ginge zurück zum Gesicht des Mädchens, Tamara hat die Kopfhörer abgenommen, den Cinch-Stecker aus der Stereoanlage gezogen, die Musik, zu der sie gesungen hat, ist nun laut zu hören: »Für immer« von den Böhsen Onkelz, das Gitarren-Solo. Sie hebt ein Blatt Papier auf, das zwischen den Bildern liegt. Es ist eine Geburtsurkunde, ausgestellt auf Tamara, den Familiennamen würden die Zuseher nicht lesen können, er wäre geschwärzt. Das Dokument ist in holländischer Sprache abgefasst, ausgestellt von einem »ambtenaar van de burgelijke stand«, also einem Standesbeamten der Stadtverwaltung Amsterdam.

Es war ein schmerzlicher Moment, als sie so auf dem Boden ihres Zimmers in unserer kleinbürgerlichen Wohnung saß, Bilder und Zettel um sich ausgebreitet, so versunken und so taub für die Umwelt wegen der lauten Musik in ihren Kopfhörern, dass sie nicht bemerkte, wie ich die Tür öffnete und sie eine Weile beobachtete. Am längsten hielt sie ein Foto in Händen, das ein Mädchen in ihrem Alter zeigte, sitzend in einer Art Ohrenfauteuil, in einem eleganten festlichen Kleid, die Haare übermäßig gestylt zu einer Frisur, die nicht recht zu einer Vierzehnjährigen passt. Es war das Bild, das Tamara von ihrer leiblichen Mutter hatte. Kurz zuvor hatte Tamaras Adoptivmutter den Kontakt zu Patricias Mutter hergestellt, Oma Erna. Die hatte sich mit Tamara getroffen, mehrmals, und ihr gleich beim ersten Treffen dieses Foto gegeben. Lange starrte die vierzehnjährige Tamara auf das Bild der vierzehnjährigen Patricia, die stolz und kühn und mit einer seltsamen Mischung aus Arroganz und Angriffslust in die Kamera schaute, vor einem großen Spiegel an einer spießigen, viel zu bunten Tapetenwand. Die Aufnahme muss in jenem Zimmer in dem Mietshaus am Keißlerplatz in Linz entstanden sein, in dem Patricia ihre Kindheit und frühe Jugend mit ihrer Mutter Erna verbracht hatte. Bis man sie ins Erziehungsheim steckte und ihre wilden Jahre begannen.

Das Foto von Patricia aus deren Teenager-Zeit existiert nicht mehr. Tamara lacht heute über die Umstände des Verschwindens, aber es ist ein bitteres Lachen. »Das habe ich weggeschmissen«, sagt sie, und als ich sie frage, warum, antwortet sie mit kräftiger heller Stimme: »Weil ich angefressen war. Auf sie.«

»Nachdem du sie kennengelernt hast?«, frage ich.

»Nein, vorher. Wie ich die Oma kennengelernt habe, und das Foto, da war ich vierzehn. Ein paar Jahre später habe ich es weggeworfen. Weil ich gedacht habe, die finde ich sowieso nicht mehr, und da habe ich einen Hass gehabt. Ich weiß nicht mehr genau, was für eine Situation das war, jedenfalls habe ich es einfach zerrissen. Habe mir gedacht, leck mich am Arsch. Einen Hass auf die Situation damals, und auf sie, dass sie mich einfach –«

Sie bricht ab, ihre Stimme wird leise und fast ein wenig weinerlich, sie redet auf einmal von ihren Schwestern, und dass es unverantwortlich gewesen sei von Patricia, gleich drei Kinder wegzugeben.

»Man kann einmal oder zweimal einen Fehler machen«, fährt sie fort, »dass man ungewollt ein Kind kriegt, ja, aber nicht dreimal! Und alle wegschmeißen wie Fleischstücke! Wie eine alte Socke oder eine alte Unterhose, die man nicht mehr braucht.«

Als Tamara mich damals endlich in der Tür ihres Kinderzimmers bemerkt hatte, zog sie den Kopfhörer-Stecker aus der Anlage, sie wusste, dass ich sie nicht ansprechen würde bei dem gewaltigen Krach aus den Boxen, und dass ich umgehend ihr Zimmer verlassen würde, wenn die Böhsen Onkelz lärmten. Ob ihr auch auffalle, dass ihr Patricia auf diesem Bild unglaublich ähnlich sehe, wollte ich sagen, nur die Kleidung sei anders. Altmodisch. Ich sagte nichts. Der Abwehrwall Böhse Onkelz funktionierte. Im Weggehen sah ich, wie sie die Fotos und Papiere grob zusammenschob und ungeordnet in eine Schachtel warf.

## 3

Der 9. März 1960 war ein viel zu kalter Vorfrühlingstag, über der östlichen Hälfte Österreichs hingen an diesem Mittwoch Wolken, aus denen es ab und zu ein paar mickrige Flocken schneite, im Westen war es ein wenig besser, da kam manchmal die Sonne durch, aber kalt war es auch hier, am Morgen bis zu minus sechs Grad, und tagsüber stieg die Temperatur kaum über die Null-Grad-Grenze. Nur über den Bergen Tirols und Vorarlbergs, da brauste seit Tagen ein schwacher Föhnsturm, plus fünf Grad in 2000 Metern Seehöhe. Was im oberösterreichischen Aschach an der Donau die Arbeiter auf der Kraftwerksbaustelle bange machte: Man betonierte gerade den großen Mittelpfeiler in das trockengelegte Flussbett, während wegen der Schneeschmelze in den Bergen die Pegelstände stiegen und stiegen. Bald schon, so fürchteten die Ingenieure und Poliere, würden die diversen Konstruktionen zur Umleitung des Stromes dem beginnenden Hochwasser nicht mehr standhalten können.

Im Stadion der Landeshauptstadt Linz besiegte an diesem Tag die österreichische Fußballnationalmannschaft den bayrischen Amateurligaklub Rosenheim mit 6:1, die 3500 Zuschauer erlebten einen Sieg ohne Glanz in diesem Probespiel anlässlich des bevorstehenden Länderspiels gegen Frankreich. Im Lifka-Lichtspieltheater in Linz lief »Bettgeflüster« mit Rock Hudson und Doris Day. Am Landestheater war »Minna von Barnhelm« zu sehen, aus den Radios tönten Schlager wie »Marina« von Rocco Granata oder der »Kriminal-Tango« von Ralf Bendix.

In der sogenannten Landesfrauenklinik, die damals auf einem nicht sehr weitläufigen Areal etwas abgelegen vom Linzer Stadtzentrum stand, kam an jenem 9. März 1960 Patricia zur Welt. Ob es eine leichte oder schwere Geburt war, wie lange sie dauerte, wie groß die Neugeborene war und wie schwer, ist nicht zu eruieren. Der Kindsvater war bekannt, aber nicht anwesend, er hielt sich während der Geburt und Kindheit Patricias nicht in Linz, ja, nicht einmal in Österreich auf. Patricia ist ein uneheliches Kind, den Vater bekam sie die ersten elf Jahre ihres Lebens nicht zu Gesicht. Aber nicht, weil der sich verdrückt hätte und von seiner Geliebten Erna und dem Baby, das sie von ihm erwartete, nichts mehr wissen wollte. Sondern weil er in Spanien in einem Gefängnis saß. Das wusste die kleine Patricia aber lange nicht.

Erna zog mit dem Säugling in die Wohnung ihrer Eltern im Linzer Franckviertel, einer klassischen Proletariergegend mit kommunalen Mietwohnkomplexen für die Arbeiterschaft der nahen Großindustrie. Der Keißlerplatz war Eisenbahner-Revier, die kleinen Wohnungen in den dreistöckigen Gebäuden wurden von einer eigenen Genossenschaft der Bundesbahn an deren Bedienstete vergeben. Ernas Vater, Patricias Großvater, war Eisenbahner. Er war kein guter Mensch, behauptet Patricia, er soll seine Tochter mit ihrem unehelichen Kind verachtet haben. Und immer wieder verhöhnt haben, weil Erna ja mit einem wohlhabenden

Mann verheiratet gewesen war, den sie möglicherweise wegen Patricias Vater verlassen hatte.

Ernestine R., genannt Erna, kam im Juni 1924 als uneheliches Kind zur Welt. Ihre Eltern, wohnhaft in der Linken Brückenstraße in Linz-Urfahr, heirateten erst im September 1929 in der Stadtpfarrkirche Urfahr, demselben Gotteshaus, in dem fünf Jahre zuvor ihre Tochter getauft worden war. Vater Josef, geboren im August 1901, stammte aus einer Schuhmacherfamilie in Rainbach im Mühlviertel, wo er auch die achtklassige Volksschule absolvierte. Josef X. war ein kluges Kind, sein Abschlusszeugnis aus dem April 1915 zeigt in allen Fächern die Note Sehr gut. Und auch in Betragen und Fleiß erhielt er jeweils die bestmögliche Bewertung. Nach der Schule arbeitete er sein Leben lang bei der Eisenbahn. Im Zweiten Weltkrieg war das ein Vorteil: In seinem Wehrpass, ausgestellt im August 1940, sind die Seiten über Reichsarbeitsdienst-Einsätze und aktiven Wehrdienst vollkommen leer. Als Eisenbahner war Opa Josef offensichtlich vom Dienst als Soldat in der Wehrmacht befreit. Das belegt auch eine lose *Wehrpaßnotiz* in diesem Dokument, wo es heißt: »Einer etwaigen Beorderung durch die Deutsche Reichsbahn haben Sie im Frieden- und Kriegsfall jederzeit Folge zu leisten. Im Kriege ist eine Meldung als Freiwilliger zwecklos und daher zu unterlassen. Jeden Wechsel Ihres dauernden Aufenthaltsortes haben Sie innerhalb 48 Stunden dem zuständigen Wehrmeldeamt mitzuteilen.« Ernas Mutter Rosalia, geboren 1902, stammte aus einer Arbeiterfamilie in Urfahr, sie arbeitete von ihrem achtzehnten Lebensjahr bis zur Pensionierung in der Linzer Tabakfabrik.

Erna besuchte von 1930 an acht Jahre lang die Mädchenvolksschule an der Goethestraße in Linz. Aus ihrem Abschlusszeugnis vom 2. Juli 1938 kann man herauslesen, dass sie eine durchschnittliche Schülerin war. In den meisten Fächern erhielt sie die Note Gut, in Deutsch, Schreiben und Rechnen die Note Genügend, nur in Singen und Turnen die Beurteilung Sehr gut. Danach arbeitete sie als Hilfsarbeiterin in der Spinnerei Kleinmünchen, der späteren Linz Textil AG. Aus dieser Zeit existiert ein Foto. An einer endlos langen riesigen Maschine voller senkrecht laufender Garnspindeln stehen zwei Frauen in Schürzenkleidern, die hintere, die gerade nach einer Spindel greift, ist Erna. Im Vordergrund sieht man ihre lebenslange beste Freundin, die später von Ernas Tochter Patricia Tante Maria genannt werden wird. Wann Erna zur Maschinenbaufirma Sprecher und Schuh in der Nähe des Keißlerplatzes wechselte, ist nicht bekannt.

Im Juni 1952 heiratete Erna am Linzer Standesamt den Eisenbahner Emil Leopold R. Dieser Mann hatte eine Handelslehre als Kaufmännischer Angestellter absolviert, war jedoch zur Bahn gewechselt, wo er zum Zeitpunkt der Trauung als Zahnradstoßer tätig war. Es muss eine seltsame Ehe gewesen sein, Erna und Emil hatten nie eine gemeinsame Wohnung, sondern lebten beide bei den Eltern und besuchten sich abends täglich gegenseitig. Geschieden wurde die Verbindung am 31. Oktober 1959. Vier Monate später kam Patricia zur Welt. Man darf annehmen, dass Ernas Schwangerschaft, die nicht Emil verursacht hatte, der eigentliche Scheidungsgrund war. Im Scheidungsurteil des Linzer Landesgerichts wird die Schwangerschaft mit keinem Wort erwähnt, obwohl sie offensichtlich gewesen sein muss. Als Grund für die Trennung werden wiederholt ein paar schwammige Formulierungen angeführt: Die Eheleuten hätten einander gegenseitig vernachlässigt, sich gegeneinander kränkend und lieblos verhalten, Erna habe durch längere Zeit und wiederholt den ehelichen Verkehr verweigert. Die Verbindung wurde als geschieden erklärt wegen »schwerer Eheverfehlungen von beiden Seiten«. Im Scheidungsakt befindet sich auch ein gerichtlicher Vergleich, in dem Erna und Emil ausdrücklich auf jedwede gegenseitige Unterhaltsleistung verzichten.

Patricias Vater, Rudolf M., muss in der Schlussphase dieser missglückten Ehe in Ernas Leben getreten sein. Er ist in der ganzen Geschichte der drei Schwestern und ihrer Mutter nur schemenhaft präsent, wo er herkam, was er so trieb, davon erzählen weder Patricia noch Erna. Einen einzigen Hinweis fand Tamara, als sie die Wohnung von Oma Erna nach deren Übersiedlung in ein Pflegeheim putzte und ausräumte. Einen handschriftlichen Zettel, überschrieben mit *Vollmacht*, mittels derer Rudolf M. bestätigt, dass Erna an seiner statt und in seinem Namen Geld entgegennehmen darf, und zwar in jeder Höhe. Als Ort der Unterschriftsleistung steht auf dem Blatt das Hotel Berggasthaus Messmer in Weissbad, Kanton Appenzell, Schweiz. Als Rudolfs Geburtstag ist der 11. März 1938 angegeben, er war also vierzehn Jahre jünger als seine Geliebte Erna.

Über Patricias Kindheit ist kaum etwas in Erfahrung zu bringen. Ihre Mutter, von ihren Enkelinnen Tamara und Iris Oma Erna genannt, von ihrer Enkelin Tania mit dem Familiennamen, also Frau R., angesprochen, machte nur Andeutungen. Sie sei ein schwieriges Kind gewesen. Sie sei nicht in den Griff zu bekommen gewesen. Sie habe ihr das Leben schwergemacht. Warum, weshalb, wie genau, das sagte Oma Erna nie. Tamara nervte sie mehr als einmal mit der beleidigt klingenden Aussage, wenn sie nicht erst im vierten Monat gemerkt hätte, dass sie schwanger war, hätte sie

Patricia abtreiben lassen. Am Schluss, als ich sie konkret und mit dem Hinweis auf die geplante Veröffentlichung zu ihrer Sicht der Dinge befragte, wollte sie gar nicht mehr reden. Und ganz am Ende konnte sie nichts mehr erzählen, es war ihr alles entschwunden in die Leere der Demenz.

Patricia selbst kann sich an nichts erinnern. Behauptet sie jedenfalls am Beginn eines Gesprächs in Belgien, das ich mitgeschnitten habe. »Das ist echt schwierig, wirklich schwierig«, sagt sie. »Ich kann mich nur erinnern, dass ich mit dreizehn Jahren ins Heim gekommen bin. Das Einzige, was ich von der Zeit vorher noch weiß, ist, dass ich in einem Kindergarten war mit Nonnen. Im Kindergarten, da habe ich angefangen, Nonnen zu hassen. Das war in Linz, katholische Schwestern, Don-Bosco-Kindergarten.«

Kurz darauf kommen dann doch einige Erinnerungen aus ihrer Kindheit. »Ich weiß immer nur so Fetzen. Zum Beispiel, dass ich durch die Freundin von meiner Mutter, die hieß Maria, das war meine Tante, also ich habe sie immer Tante Maria genannt, mit dieser Tante Maria sind wir viel wandern gewesen, und auf allen möglichen Plätzen, in ganz Österreich. Dadurch bin ich überhaupt rausgekommen. Meine Mutter selber, die hatte ja kein Interesse daran.«

Als Nächstes fällt ihr die genaue Adresse ein, das Haus am Keißlerplatz, und sie beschreibt die Wohnung ihrer Kindheit detailliert: »Meine Mutter und ich hatten ein Zimmer, das war abgetrennt von der Wohnung von meinem Opa. Da kam man von unten rein, die Wohnung war ganz oben, da kamst du vom Hausflur die Treppe nach oben, und da war auf einmal ein Flur. Der Flur war ungefähr so breit wie von hier bis dort.« Dabei deutet sie in den Garten vor dem Trailer, zeigt eine Distanz von vielleicht anderthalb oder zwei

Metern. »Da war ein Flur, der ging nach rechts und nach links. Auf der rechten Seite war ein einzelnes Zimmer, geradeaus war die Tür zum Dachboden. Direkt von der Treppe weg, da war vorne der Eingang in die eigentliche Wohnung von Opa. Unser Zimmer lag im Hausflur, war nicht verbunden mit der eigentlichen Wohnung. Wir hatten einen eigenen Schlüssel und alles, und das war unser Schlafzimmer. Essen waren wir immer drüben beim Opa, aber geschlafen haben wir da.« Und grimmig grinsend fügt sie an: »Ihre *Besuche* hat Erna da natürlich auch gehabt. Und weil ich natürlich auch da gepennt habe, war es für mich klar, dass sie da andere Sachen auch getrieben hat. Während ich geschlafen habe, nicht.«

Das Haus am Keißlerplatz sieht außen und innen heute noch so aus wie in Patricias Erinnerung. Was einmal der Wohnbezirk für die hochqualifizierten und kämpferischen Arbeiter der nahen Mittel- und Schwerindustrie, dann eine städtische Randzone mit massiven sozialen Problemen war, ist jetzt ein fast normaler Stadtteil, nicht mehr das *Glasscherbenviertel* von Linz, aber auch keine Top-Lage. Das Stiegenhaus ist eng und finster. Im obersten Stockwerk gibt es zwei Wohnungen, von jeder führt ein noch dunklerer kurzer Flur weg zu einer einzelnen Tür. Der rechte muss zu dem Zimmer gehen, in dem Patricia mit ihrer Mutter Erna gewohnt hat. Ich läute an den Türen, hinter einer ist laut ein Fernseher zu hören, lange öffnet niemand, dann macht eine Frau mittleren Alters die Wohnungstür so weit auf, wie es die Sicherheitskette erlaubt. Ich frage nach Ernestine R. und Patricia, die haben hier einmal gewohnt. Die Frau verneint, will schon die Tür schließen, dann murmelt sie noch rasch, dass in den Stockwerken weiter unten zwei Parteien wohnen, die sind schon seit Ewigkeiten im Haus, die wüssten vielleicht mehr. Sie nennt die Familiennamen, dann schließt sie die Tür.

Ein Stockwerk darunter öffnet eine Frau K., sehr alt und gebrechlich, sieht aus, als würde sie hinfallen, wenn sie die Klinke loslässt. Zuerst versteht sie mich gar nicht, fragt nur ein paarmal äußerst misstrauisch, ob ich etwa in ihre Wohnung hineinwolle. Ich muss mehrfach ein »Nein« schreien und dann den Familiennamen R., da hellt sich ihre Miene auf. »Ja«, meint sie, sie kann sich erinnern, »war das die Frau ganz oben, die gleich drüben in der Fabrik gearbeitet hat, bei Sprecher und Schuh?«

»Ja.«

»Ja«, sagt sie, »an die kann ich mich erinnern.«

»Die hat ein Kind bekommen, vor fünfzig Jahren, und hat dann mit der Kleinen in diesem Haus gelebt.«

»Ja, richtig, ein Mädchen.«

»Wie waren die denn als Nachbarn?«

»Ach, da kann ich mich kaum erinnern«, sagt Frau K., sie schweigt, schaut mich mit einem verlegenen Lächeln an, sagt noch einmal, dass sie nichts erzählen kann, weil nach der Geburt des Mädchens habe sie kaum noch Kontakt gehabt, sie meine auch, die wären dann bald weggezogen. Irgendetwas an der Geschichte stimmt nicht, denke ich, sage aber nichts zu Frau K., versichere noch einmal, dass ich nicht in ihre Wohnung hineinwill, und verabschiede mich. Sie rät mir, bei einem Nachbarn zu läuten, einem älteren Herrn, der hat auch damals schon in diesem Haus gewohnt, der weiß vielleicht was. Sie trippelt mit mir zur Nachbartür, ich läute, nichts regt sich. »Der wird wohl übers Wochenende weg sein«, sagt sie, geht schwerfällig zu einem Gangfenster, blickt auf den Keißlerplatz hinunter, »ja«, sagt sie, »sein Auto ist nicht da.«

Ich verabschiede mich noch einmal, sie beginnt ungefragt zu reden: »Ja, die Erna R., das war eh eine recht ordentliche Frau, hat ordentlich gearbeitet in der Fabrik.« Und nach einer Pause: »Ja, und die Kleine war auch nett, ich weiß noch, ich habe manchmal auf sie aufgepasst, wenn die Mutter –« Dann hört sie mitten im Satz auf und geht in ihre Wohnung.

An der Geschichte von Frau K. stimmt irgendetwas nicht, ich spüre es, kann es aber nicht benennen. Tamara weiß es gleich. Sie hat draußen vor dem Eingangstor gewartet, wollte nicht hineingehen in das Kindheitshaus ihrer Mutter. Erna R. kann nicht von hier weggezogen sein, als Patricia noch ein Baby war, sagt Tamara, denn: »Wie kann Patricia das Haus und die Wohnung beschreiben, wenn sie nur als ein Baby hier gelebt hat?« Dann, im Auto, mutmaßen wir eine Weile, warum Frau K. was Falsches erzählt. Möglicherweise, weil sie alt und vergesslich ist. Möglicherweise war sie eine gute Freundin von Oma Erna, klingt plausibel, meint Tamara, wo sie ihr doch auf das Baby aufgepasst hat. Und wenn da nun jemand kommt und nach ihrer damaligen Freundin fragt, dann sucht sie eben Ausflüchte, damit sie nichts erzählen muss von dem Kindsvater im Gefängnis und den Prügeleien im Stiegenhaus, zwischen Patricias Opa und ihrem Vater, als der wieder nach Linz zurückgekommen war. Ich frage Tamara, ob wir an einem Wochentag noch einmal zum Keißlerplatz fahren und den anderen Nachbarn befragen sollen, und ob sie dann mit hineingehen würde. Es ist ihr egal. Wirklich interessant findet sie es nicht.

An dieser Stelle ist so etwas wie eine Fußnote vonnöten. Fünf Wochen und zwei Tage vor Patricia war in der Linzer Landesfrauenklinik ein anderes Mädchen zur Welt gekommen: Christiane, Tochter zweier Linzer Bürgerskinder, die viel zu früh geheiratet hatten, sich bald wieder scheiden ließen, sich erneut näherkamen und noch einmal heirateten. Zwei Jahre später dann erneut Scheidung, diesmal endgültig. Christiane kam am 1. Februar 1960 zur Welt, einem kalten Montag. Nach einem eisigen Jahreswechsel mit fast zugefrorener Donau und vergeblichen Eisbrecher-Einsätzen zur Aufrechterhaltung des Schiffsverkehrs hatte es eine kurze Tauwetterperiode gegeben, aber an diesem Tag war der Winter zurückgekehrt, das Thermometer fiel wieder weit unter null, bis zu minus sechzehn Grad in der Nacht, und es gab Schnee, wenn auch nicht viel. Im Radio lief das Hörspiel »Das schönste Fest der Welt« von Siegfried Lenz, im Fernsehen die Gerichtssaal-Serie »Inspektor Garrett« und anschließend die »Perry Como Show«. In den Kinos gab man »Bettgeflüster« mit Doris Day und Rock Hudson. Auf den Sportseiten der Zeitungen erschienen laufend Vorberichte zur anstehenden Winterolympiade im kalifornischen Squaw Valley, Karl Schranz wurde einhellig als Favorit in allen Disziplinen gehandelt. Bekanntlich trat er verletzungsbedingt im Slalom gar nicht an, in Abfahrt und Riesenslalom wurde er jeweils Siebter.

Gleich hinter dem Eisenbahn-Verschubareal, an das Christianes Elternhaus angrenzte, in den Direktionsgebäuden der Voest, empfingen die Manager des Staatsbetriebes frohe Kunde aus Arabien: Der Irak hatte soeben bekanntgegeben, im kommenden Fünfjahresplan 400 Millionen Pfund Sterling, das waren damals etwa 28 Milliarden Schilling, also zwei Milliarden Euro, in die großflächige Erschließung von Wüstengebieten zu investieren. Die Voest-Direktoren rechneten fix damit, an diesem Kuchen mitnaschen zu können, bauten sie doch in Bagdad bereits ein Stahl-Hochhaus und hatten enorme Mengen von Stahl zur Errichtung des Dukan-Staudammes geliefert, den die irakische Regierung und die US-Armee bei Sulaymaniyah im irakischen Kurdistan gerade fertiggestellt hatten.

Getauft wurde das Baby auf die Vornamen Christiane und Marina. Wegen Rocco Granata, dessen Liedchen lag auch schon im Februar 1960 ganz weit vorne in der Hitparade. Christianes Mutter liebte dieses Lied, weil es sie an Italien erinnerte, das damalige Urlaubstraumziel. Kindheit und Jugend verbrachte Christiane Marina in einem schönen, aber nicht protzigen mehrgeschoßigen Bürgerhaus, keine halbe Stunde Fußweg entfernt vom Keißlerplatz. Sie lebte ein unaufgeregtes, halbwegs behütetes, nicht wirklich schönes, aber auch nicht wirklich tristes Kinderleben in jener seltsamen Randgegend im Südosten von Linz, die sich innerhalb weniger Jahrzehnte massiv verändert hatte. Im ersten Drittel des 20. Jahrhunderts existierten ganz in der Nähe noch die stadtnahen Dörfer, die ab 1938 den Hermann-Göring-Stahlwerken, der späteren Voest, weichen mussten. Das Elternhaus hatte Christianes Mutter geerbt von nicht reichen, aber wohlhabenden Vorfahren, einst war es eine angemessen stattliche Immobilie am Rand der Stadt gewesen, in den sechziger Jahren des vorigen Jahrhunderts war das ganze Viertel allerdings bereits dicht durchwachsen von unansehnlichen Betonbauten, die infolge des Aufblühens von Industrie und Gewerbe allmählich überall um den mittelalterlichen Kern von Linz wucherten.

Patricia ist die Mutter von Tamara, von Tania und von Iris. Christiane ist die Adoptivmutter von Tamara. Das erste Mal gesehen haben sich die zwei Mütter aus Linz, die einen guten Kilometer Luftlinie voneinander entfernt zeitgleich ihre Kindheit verbrachten, erst nach einem halben Jahrhundert, zuerst in einem Ort nahe Aachen, dann in dem

Trailerpark am Rande einer Kleinstadt im nordwestlichen Belgien.

## 4

Patricias Kindheit und Jugend sind die Vorgeschichte zu diesem Bericht über drei Schwestern. Es ist eine brüchige Geschichte voller Lücken, voller Passagen und Details von zweifelhafter Glaubwürdigkeit. Ich habe über Patricias Leben, das sie bis zur Geburt meiner Adoptivtochter Tamara führte, in den vergangenen 26 Jahren ein paar unterschiedliche Erzählungen gehört. Die allererste war sozusagen die amtliche Version, erzählt von den Jugendämtern und Adoptionsbehörden der Stadt Linz.

Zwei Jahre waren vergangen, seit uns die Ämter auf Herz und Nieren durchleuchtet und letztendlich verfügt hatten, dass wir als Adoptiveltern in Frage kämen. Im Sommer 1984, während einer vierwöchigen Autoreise nach Süden, Griechenland natürlich, erreichte uns in einem Dorf in der Nähe von Thessaloniki die Nachricht, dass sich in einem Linzer Kinderheim ein Baby befinde, das eventuell zur Adoption anstehe. Wir könnten es sofort ansehen. Wir brachen den Urlaub ab, waren siebzehn Stunden später in Linz, hatten nach ein paar weiteren Stunden einen Termin beim Jugendamt und fuhren anschließend in das Kinderheim. Tamara lag in einem Bettchen am Rücken, schaute uns neugierig an und lächelte. Eine Schwester sagte, dass sie selten lächle.

Am nächsten Tag gab es ein weiteres Gespräch mit der Behörde. Hauptgegenstand waren eindringliche Warnungen. Man machte uns darauf aufmerksam, dass das zu adoptierende Kind bereits vier Monate alt sei und für dieses

Alter sehr viel Belastendes erlebt habe. Was genau, wurde nicht gesagt, es fielen nur Andeutungen. Die leibliche Mutter sei als Teenager immer wieder von zu Hause ausgerissen, hieß es. Von einem daraus quasi zwangsläufig erfolgten Abgleiten in die Drogensucht war die Rede, von Rauschmittelkonsum während der Schwangerschaft, und dass sie das Kind in Holland zur Welt gebracht und sofort nach der Niederkunft in einer Reisetasche nach Linz geschmuggelt habe. Am Tag nach der Geburt habe sie Tamara bei ihrer Mutter abgeliefert und sei dann verschwunden, bislang spurlos. Man vermute sie entweder wieder in Amsterdam oder irgendwo in Asien. Diese Großmutter, eine einfache Frau, sei mit der Versorgung des Säuglings nicht zurechtgekommen und habe sich schließlich an das Jugendamt gewandt, dieses habe die Obsorge über das Kind übernommen.

In meinem Kopf blühte und sprießte aus diesen knappen Informationen zur Herkunft Tamaras über die Jahre eine ausufernde Geschichte von Amsterdam, Drogen, Beschaffungsprostitution, die nichts mit der Realität zu tun hatte, wie sollte sie auch, gab es doch keinerlei Informationen. So verfestigte sich eine Erzählung, die gespeist wurde aus Mutmaßungen, Klischees, Annahmen über Drogenszenen, wie sie die Autoren deutscher Krimi-Fernsehspiele in den achtziger Jahren des vorigen Jahrhunderts am Fließband ausbrüteten.

Wir, die angehenden Adoptiveltern, ließen uns nicht abschrecken von den amtlichen Warnungen. In kürzester Zeit war der Papierkram erledigt, und die Unterzeichnung des formellen vorläufigen Adoptionsaktes stand an. Eine Beamtin verordnete uns noch einmal Bedenkzeit. »Überlegen Sie sich ein paar Tage, ob Sie dieses Kind adoptieren wollen, mit dem es möglicherweise Probleme geben wird«, sagte sie,

»und dann entscheiden Sie sich.« Wir verließen ihr Büro, setzten uns in ein Kaffeehaus gleich nebenan und sahen uns eher ratlos an. Es gab nichts zu überlegen. Natürlich würden wir dieses Kind nehmen, das uns angelächelt hatte. Wir informierten das Amt, unterschrieben die Verträge und holten Tamara ab.

Mehr als ein Jahrzehnt später begann sich Tamara für ihre Herkunft zu interessieren. Da hatte sie schon begonnen, die Schule zu schwänzen und tagelang wegzulaufen. Schulpsychologen wurden beigezogen, die meinten, das Kind sei auf der Suche nach seiner Herkunft. Also organisierte Christiane, die vom Jugendamt die notwendigen Daten eingeholt hatte, einen ersten Kontakt mit der Großmutter, Oma Erna. Bald schon lernte auch ich Tamaras leibliche Großmutter kennen, eine kleine, zierliche und sehr verhärmt wirkende alte Frau. Sie erzählte eine andere Version.

Patricia, ihre missratene Tochter, habe sich vom Teenager-Alter an nur herumgetrieben, sei süchtig geworden und in Amsterdam gelandet. Dort sei sie schwanger geworden, von einem Österreicher, ebenfalls Junkie, ebenfalls haltlos und lebensuntüchtig. Sie habe das Kind, Tamara, zur Welt gebracht und umgehend zu ihr nach Linz geschafft. Patricia habe ihr das einen Tag alte Baby gleichsam aufgedrängt, dann sei sie sofort wieder abgehauen mit ihrem Drogen-Freund. Wohin, wisse sie nicht, wahrscheinlich nach Thailand. Sie, Erna, habe sich abgemüht mit dem Kind, habe aber von Anfang an keine Chance gehabt – wegen Patricia!

Oma Erna hatte eine seltsame Art zu erzählen. Eintönig leierte sie die Geschichten herunter, oder eigentlich nicht Geschichten, sondern einzelne Sätze. Nur Kürzest-Informationen gab sie, beantwortete Fragen mit wie nebenbei hingeworfenen Antworten, und wurde erkennbar unwirsch, wenn man nachfragte. Patricia hatte dem Säugling damals nichts mitgegeben als die Kleidung, die er am Leib trug, und eine Großpackung Baby-Nahrung, sagte Erna. Sie habe das Kind gefüttert und gefüttert, aber irgendetwas schien der Kleinen nicht recht zu sein, sie habe nicht aufgehört zu schreien, Tag und Nacht. Da hätten Nachbarn das Jugendamt informiert, und das habe ihr Tamara kurzerhand weggenommen. Gegen ihren Willen, und schuld sei letzten Endes Patricia. Die habe ihr nämlich ein falsches Milchpulver gebracht, eine Nahrungsergänzung für um einiges ältere Kleinkinder, und darum habe Tamara dauernd gebrüllt, weil sie falsch ernährt wurde. Und Patricias – damals zehn Jahre zurückliegender – Aufenthalt im Erziehungsheim sei der zweite Grund dafür gewesen, dass das Jugendamt nicht mit sich reden ließ und das Baby sofort mitnahm.

Über die Jahre änderte sie die Erzählung ein paarmal in den Einzelheiten. Patricia sei in Thailand, behauptete Oma Erna nun mit überzeugender Gewissheit, aber dort nicht auffindbar, in der Drogenszene untergetaucht. Nach einer Weile meinte sie, dass sie wahrscheinlich ohnehin bereits tot sei, eine Vermutung, die sie im Lauf der Zeit zunehmend als Tatsache darstellte. Dann erzählte sie, dass Patricia, während das Baby noch bei ihr gewesen war, doch noch ein paarmal in Linz aufgetaucht sei; sie habe wahrscheinlich Geld für Drogen gebraucht, aber sie, Erna, habe sie nicht in die Wohnung gelassen. Das Jugendamt, mit dem wir wieder in Kontakt waren, um Tamara bei der Suche nach ihren Wurzeln zu helfen, beantwortete Fragen zu Patricia und Erna ausweichend. Nur so viel: Ja, der Säugling Tamara sei damals unterernährt gewesen, deshalb habe man sich eingeschaltet, weil Frau Erna R. nicht in der Lage zu sein schien, ein Baby zu versorgen.

In jenen Jahren begegnete Tamara ihrer Halbschwester Iris, die von Geburt an in Linz lebte. Von ihrer gemeinsamen Mutter konnte Iris nichts erzählen, sie war zu den Großeltern väterlicherseits abgeschoben worden, als Patricia eine kurze Zeitspanne in konfliktreicher Ehegemeinschaft mit dem Vater von Iris verbrachte. Das Bild der verschollenen Patricia verdüsterte sich trotzdem noch mehr: eine Mutter, die aus einer Ehe samt Kleinkind wegläuft. Tamara wurde da wahrscheinlich noch böser auf Patricia, als sie es ohnehin schon war, worüber sie aber mit uns, den Adoptiveltern, nicht sprach. Ihr Gefühl in dieser Zeit war mit Händen zu greifen: Nur schwer ist es zu ertragen, von einer Mutter weggegeben worden zu sein, die ein paar Jahre zuvor zumindest versucht hatte, Teil einer Familie mit Vater, Mutter, Kind zu sein. Warum mit der und nicht mit mir – das hat Tamara wohl gedacht, wenn sie Iris sah.

Wieder ein paar Jahre später, Tamara war nun eine beinahe erwachsene junge Frau, kamen die ersten Informationen von der Existenz einer dritten Schwester: Tania, Wohnort Amsterdam. Und Patricia wurde für Tamara und uns nach den ersten Telefonaten und Briefwechseln zwischen Österreich und Holland noch monströser. Denn Tania wusste zwar auch nicht viel über die leibliche Mutter, aber eine Geschichte hatte sie herausgefunden: Kurz vor Tanias Geburt hatte Patricia in einer holländischen Zeitung ein Inserat aufgegeben, in dem es hieß, dass sie ein Neugeborenes zu verkaufen habe. Natürlich sei die Polizei auf die Sache aufmerksam geworden, und darum habe man in Amsterdam der Österreicherin kurz nach der Niederkunft das Baby weggenommen und es bei holländischen Adoptiveltern untergebracht.

Tania und Tamara trafen sich, einmal in Amsterdam,

dann in Wien, wo Tamara mittlerweile wohnte. Eine Weile nach diesen ersten Besuchen traf eine aufregende Neuigkeit aus Holland in Wien ein: Patricia war aufgetaucht! Sie wohne in Deutschland und reise häufig nach Amsterdam. Dann berichtete Tania von ihrem ersten Treffen mit der leiblichen Mutter, und wieder veränderten sich alle Vorstellungen, die Patricia betreffend herumschwirrten. Die Frau sei eigentlich sympathisch und in Ordnung, erzählte Tania am Telefon, und kurz darauf sogar: Irgendwie sei nachvollziehbar, dass sie die Kinder nicht behalten hat, es sei ihr in gewisser Weise gar nichts anderes übriggeblieben.

## 5

Natürlich sind Geschichten nie in allen ihren Facetten und Details wahr. Letzten Endes führt jedes Erzählen, und sei es das um größte Wahrhaftigkeit bemühte Nacherzählen von *tatsächlichen* Sachverhalten oder Ereignissen, zu etwas Konstruiertem, das sich mit dem *wahren* Sachverhalt nicht deckt. Mit diesem Wissen und irritiert von den Widersprüchen in den Erzählungen der vergangenen zweieinhalb Jahrzehnte, stellte ich das Mikrofon vor Patricia in ihrem Wohnwagen unter den Föhren im belgischen Freizeit- und Erholungsressort auf und fragte sie, wie es wirklich gewesen war. Und war mir bewusst, dass jeder Erzähler nicht nur die Faktenlage darstellt, sondern auch sich selbst und seine Interessen, Motivationen, Verschleierungen und Schwerpunktsetzungen mit erzählt. Ich war und bin aber gewillt zu glauben, dass Patricias Version noch am ehesten an das heranreicht, was man gemeinhin *die Wahrheit* nennt.

»Das Einzige, wo ich mich dran erinnern kann aus der frühen Kindheit, war der Tag mit dem Essen, ich habe am Tisch gesessen, und da gab es Leber. Und ich hasse Innereien. Es gab Leber mit so einer Soße und Kartoffeln, und da habe ich geheult, weil ich es nicht mochte«, sagt Patricia. Sie schildert kurz ihre Zeit im Don-Bosco-Kindergarten in Linz. Schon da hat sie begonnen, Nonnen zu hassen, was sich dann ein Jahrzehnt später im Erziehungsheim massiv gesteigert hat.

»Ich habe geheult«, erzählt Patricia, »da kam eine Nonne und hat mir das mit dem Löffel reingestopft. Dann habe ich auf den Teller gekotzt. Dann hat sie mir die Kotze reingestopft. An den Tag kann ich mich erinnern, als ob es gestern gewesen wäre. Da muss ich fünf gewesen sein. Das war ganz schlimm, das werde ich nie vergessen. Ich glaube, ich bin damals weggelaufen von dort und bin nach Hause gelaufen, da war nur mein Opa. An den kann ich mich noch erinnern, weil bis zu meinem dreizehnten Lebensjahr war ja mein Opa noch am Leben.«

Sie habe es nie so gern gehabt, in den Kindergarten zu gehen, sagt sie: »Ich hatte keine Angst vor den Nonnen, aber ich fand es unangenehm, da zu sein. Ich hatte da nicht so einen Spaß wie andere Kinder.«

Patricia ist eine erstaunliche Erzählerin. Sie schwafelt nicht, sie kommt immer gleich auf den Punkt, und sie verwendet eine Sprache von ganz eigenem Charme: ein knappes, norddeutsches Idiom, gelegentlich durchmischt mit englischen und holländischen Einsprengseln. Lapidar und emotionslos bringt sie die meiste Zeit über Banales und Schreckliches in der gleichen Tonlage vor, irgendwie kühl und unbeteiligt. Was vieles von dem, was aus ihrem Mund kommt, noch schauriger macht, als es ohnehin ist. Und was einen vermuten lässt, sie habe sich irgendwie eingekapselt in eine schnoddrige Gleichgültigkeit. Fünfzig Jahre ist sie alt, als sie ins Aufnahmegerät spricht, und mehr als die Hälfte dieses halben Jahrhunderts hindurch hat sie Heroin konsumiert, tagtäglich. Sie muss Erfahrungen und Erinnerungen haben, über die man wohl nur distanziert reden kann, so, als spräche man über jemand anderen.

Obwohl einer ihrer ersten Sätze auf dem Band war, sie könne sich an gar nichts vor dem dreizehnten Lebensjahr erinnern, fällt ihr während des Redens immer mehr ein. Über den Opa etwa: dass er sehr streng war. Dass er die Enkelin immer »sehr psychologisch gepackt« hat. Mit Geld. Dass er ständig gesagt hat: »Wenn du nicht brav bist, dann hinterlasse ich dir einmal kein Geld.« Und: »Du wirst irgendwann einmal so enden wie deine Mutter.«

Patricias Großvater Josef scheint ein recht unangenehmer Zeitgenosse gewesen zu sein. Erna, seine Tochter, die mit dem Kind bei ihm lebte, hat er regelmäßig gedemütigt. »Du bist eigentlich nichts«, hat er ihr dauernd gesagt, »auch wenn du noch so viel verdienst, du bist doch immer nur ein Hilfsarbeiter.« Dabei verdiente Erna sehr gut. 14 000 Schilling netto monatlich, sagt Patricia, also 1000 Euro, ohne Wertberichtigung. Ein enormes Einkommen für die späten sechziger Jahre, mehr haben damals Akademiker am Beginn ihrer Berufslaufbahn auch nicht verdient. Woraus man den Schluss ziehen darf, dass Erna wahrscheinlich im Akkord bei der Maschinenbaufirma arbeitete, und mit vielen Überstunden.

»Das hat er auch mir immer unter die Nase gerieben«, sagt Patricia, »bis ich selbst, so mit elf Jahren, zu meiner Mutter gesagt habe – so wie du werde ich nie werden! Ich werde nicht so eine Hilfsarbeiterin!«

Ich will wissen, ob dieser Opa selber etwas Besseres war als Arbeiter.

»Nein, überhaupt nicht, er war ein gewöhnlicher Eisenbahner. Auf seine Tochter, die Fabrikarbeiterin, hat er herabgeblickt. Er war immer sauer auf sie, weil sie sich scheiden hat lassen. Der Mann, mit dem sie verheiratet war, der muss tierisch viel Kohle gehabt haben. Das war vor meiner Geburt.« Sie kann sich an ein paar Dinge erinnern, die ihre Mutter von dieser Ehe aufbewahrt hat. Echte Schlangenleder-Pumps. Und einen Koffer, der völlig zugeklebt war mit Plaketten, Monte Carlo, Nizza und so weiter, wie man das damals praktiziert hat, damit jeder sah, wie viele Reisen an teure Orte man sich leisten konnte. »Das hat mir der Opa erzählt, dass sie sich das wegen des Ehemannes leisten konnte, weil der tierisch reich gewesen sein muss«, sagt Patricia und lacht: »Das hat der Opa meiner Mutter nie verziehen, dass sie sich von dem scheiden hat lassen. Vielleicht war dieser Mann so ein Braverick oder was, unter Anführungszeichen, ein braver Mann, weißt du.«

Als Nächstes fällt ihr die demütigende Geschichte von ihrer Kommunion ein. Zuerst verwendet sie das Wort Konfirmation, was nicht ganz stimmt, denn dieser Initiationsritus in protestantischen Ländern findet im Teenager-Alter statt, die katholische Erstkommunion dagegen, die sie meint, feiern in Österreich die Kinder bereits in der zweiten Volksschulklasse. Im Alter von sieben, acht Jahren war Patricia ein ausgesprochen dünnes Kind. Darum war sie oft tagelang bei einer Tante zur Kost, die sie aufpäppelte. »Essen, und nach dem Essen sofort schlafen gehen!« Das Mädchen war nicht nur mager, sondern hatte auch sehr feine Haare. Erna hatte Patricia von klein auf eingebleut, dass eine richtige Frau lange Haare haben muss. Zu dieser

Logik passte eine Erziehungsmaßnahme, die damals weitverbreitet war: Wenn ein weibliches Kind etwas anstellt, werden ihm als Strafe die Haare abgeschnitten.

Als die Erstkommunion bevorstand, marschierte Erna mit der kleinen Patricia zu besagter Tante. Warum genau, kann sich Patricia heute nur so erklären: »Da hat sich vielleicht meine Mutter beschwert, dass sie mit meinen Haaren nicht umgehen kann oder dass es ihr wieder mal zu viel Arbeit ist, die zu waschen, oder was weiß ich.« Noch heute klingt sie sehr aufgeregt und verärgert, wenn sie beschreibt, wie sie von der Tante auf einen Sessel gesetzt wurde, »so einen blöden Kinderstuhl mit so einem Pferdekopf vorne drauf«. Das Mädchen saß in dem Sesselchen und – heulte los. Weil es dachte: Du kriegst die Haare nur geschnitten, wenn du böse warst. Da logen Tante und Mutter und beteuerten, es würden ja nur die Spitzen geschnitten. Höchstens einen halben Zentimeter.

Patricia: »Ich sitze da, am Heulen, und ich fühle, wie sie die Haare nach oben tut und mit der Schere drüber schneidet. Und am Ende war es so, dass sie mir die Ohren ausgeschoren hat, und da hinten ausgeschoren hat bis hier oben.« Sie greift nach hinten, zeigt am Nacken, wie viel die Tante weggeschoren hat, ihre Hand geht bis sehr weit nach oben. »Das war für mich so ein Schock, dass ich drei Wochen lang im Fieber gelegen habe. Das hat sich bei mir so festgesetzt, ich habe seitdem Probleme, zum Friseur zu gehen. Immer wenn ich zum ersten Mal zu einem neuen Friseur gehe, habe ich das unangenehme Gefühl: Hoffentlich schneidet er nicht zu viel weg. Das hat mich damals total kaputtgemacht. Und ich habe mich damals auch so tierisch geschämt, dieses Gefühl von Scham, ich werde das mein Leben lang nicht vergessen.«

Bei der Erstkommunion marschierte Patricia mit weißem Kleidchen in die Kirche hinein wie eine verhüllte kleine Braut Christi, mit einem dichten Schleier über dem Kopf, erzählt sie.

Wenn dies ein Film wäre, gäbe es jetzt schon wieder eine Überblendung auf Fotos. Davor sähe man die fünfzigjährige Patricia in ihrem Wohnwagen in Belgien, wie sie erzählt von ihrer Scham, die sie dazu getrieben hat, ihr geschorenes Haupt zu verstecken, und dann käme ein Schnitt, der 42 Jahre in die Vergangenheit führt, von Farbe zu Schwarz-Weiß, zu ein paar kleinformatigen Bildern. Tamara blättert in einem Album, das sie in der Wohnung von Oma Erna gefunden hat, nachdem man diese im Pflegeheim untergebracht hat.

Ein paar der Fotos stammen von dieser Erstkommunion, zwei zeigen eine Kolonne in einheitliches Weiß gekleideter Mädchen, es ist eine unordentliche Reihe. Im Zentrum der Aufnahmen jeweils ein mageres Kind, magerer und kleiner als die anderen, mit kurzen Haaren, das allein am Ende der Schlange geht, hinter ihm marschieren gleich die sechs Ministranten und der Priester. Patricia. Sie trägt keinen Schleier, sondern einen Blumenkranz, das ist aber auf den alten Schwarz-Weiß-Bildern nicht genau zu erkennen. Die Haare sind nicht wirklich kurzgeschoren, es ist keine Bubenfrisur, eher so was wie ein niedlicher Bubikopf, steht dem Mädchen mit dem feinen Stupsnasengesicht eigentlich gut. Die Haare der anderen Mädchen auf den Bildern sind nur unwesentlich länger.

In der einen Hand hält die dünne Patricia eine Kerze, in der anderen ein modisches Handtäschchen. Auf dem einen Foto schaut sie an sich herab, als ob sie den Sitz der Schuhe kontrollieren würde, auf dem anderen blickt sie leicht verzweifelt in die Schar der Eltern und Verwandten der vielen Schulkinder, die wie ein Spalier den Zug begleiten. Im Album kleben daneben drei kleinere Fotos in Hochformat, auf einem steht Patricia in ihrem Kommunionskleid vor einem Baum mit ausladenden Ästen in einer Wiese vor der Mauer eines mehrstöckigen Gebäudes, dessen Putz abbröckelt. Möglicherweise zeigt das Bild den Keißlerplatz, gut vorstellbar, dass es damals, anders als heute, im Innenhof statt der Parkplätze Bäume und Wiesenflächen gab. Auf dem nächsten Bild, gleicher Aufnahmeort, gleiche Perspektive, steht neben Patricia ein anderes Mädchen in weißem Kleid, um einen Kopf größer. Und auf dem dritten steht Erna neben ihr in einem ein wenig plump wirkenden dunklen Kleid, darüber ein offener Mantel.

Auf keinem der Bilder sieht Patricia aus, als ob sie kurz vor einem Zusammenbruch stünde, sie und alle anderen Abgebildeten verstrahlen eher eine bei solchen Anlässen übliche aufgekratzte Aufgeregtheit. Die Erinnerung der fünfzigjährigen Patricia ist jedoch eine an Tristheit, Scham und Demütigung. Für sie war ihr Kopf damals radikal geschoren, und sie hatte diesen schmachvollen Anblick mit einem Schleier verhüllt. Und sie schildert lebhaft und eindringlich, dass sie sich so sehr geschämt hat, dass ihr Bewusstsein aussetzte: »Da weiß ich noch, da laufe ich in der Reihe, ich habe ein weißes Kleid an, und dann ging es – zack, und dann weiß ich nichts mehr. Das war das, wo ich angefangen habe, Fieber zu kriegen, da war ich dann drei Wochen krank. Wirklich hohes Fieber.«

»Was war das für eine Krankheit? Was sagte der Arzt dazu?«

»Ich bin gar nicht bei einem Arzt gewesen. Man hat mich einfach zu Hause ins Bett gesteckt, Fieberthermometer, und die alten Sachen, weißt du, Essigwickel und so Zeug eben. Ich weiß nicht mehr, was danach passiert ist. Ich weiß einfach nur mehr, dass ich so was Ähnliches hatte, als ob ich nicht mehr wach würde. Und dann hatte ich auf einmal Haare bis hierhin. Über die Schulter. Die Erinnerung setzt da erst wieder ein. Was vorher war, was dazwischen – ich weiß es nicht. Ich weiß es echt nicht.«

»Du musst eine große Wut auf die Mutter gehabt haben, oder?«

»Nein, auf die Tante. Es hat einfach nur wehgetan, dass meine Mutter mich mehr oder weniger im Stich gelassen hat. Nur habe ich es nicht verstanden damals. Ich habe nur verstanden, dass ich meine Tante hasse wie die Pest. So war das.«

»Hasst du sie noch immer? Lebt sie überhaupt noch?«

»Ich weiß gar nicht, ob die noch lebt. Es würde mich auch gar nicht interessieren. Die kann von mir aus – was weiß ich was, nicht.«

Diese Tante hat Erna so wie der Opa ständig mit Vorwürfen traktiert: Sie müsse sich zusammenreißen, sie müsse sich mehr um die Kleine kümmern. Patricia kann das aus heutiger Sicht verstehen: »Also aus meiner Beurteilung hätte meine Mutter eigentlich nie ein Kind haben dürfen. Okay? Sie hat zwar alles gemacht, okay, wenn ich gesagt habe, ich will das, dann habe ich es gekriegt, wirklich alles. Ich habe zum Beispiel mit dreizehn Jahren einen Weißgoldring gesehen mit Diamanten, der hat damals irgendwas um 3000 Schilling gekostet oder was, das war ein Haufen Kohle – den habe ich gekriegt. Also da kann ich nichts drüber sagen. Sie hat auch immer geguckt, dass ich super Klamotten hatte und so, das war immer in Ordnung. Aber das, was eigentlich ein Kind braucht, das habe ich von ihr nie gekriegt.

Zum Beispiel mal einen Knüffel oder was, so 'ne Umarmung oder was, das habe ich überhaupt nicht gekannt. Nein, das gab's bei uns gar nicht. Unmöglich. Darum war ich ja wahrscheinlich später so auf meinen Vater konzentriert, weil ich genau das bei ihm gekriegt habe.«

Unter Ernas Sachen, die Tamara mitgenommen hat, lagen auch ein paar Handarbeitshefte, die sie mit endlosen Kolonnen von seltsamen Zeichen und Symbolen vollgeschrieben hatte. Offensichtlich handelt es sich dabei um Vorlagen für Stickerei- und Teppichknüpf-Arbeiten, Muster für Decken und Bildteppiche. In einem dieser Hefte steckte zwischen den Seiten ein Billett, dessen Inhalt so gar nicht zu Patricias Schilderungen vom Hass auf die Mutter passt. Auf dem Umschlag ist eine Stube mit einer bemalten Holzwiege in altertümlicher bäuerlicher Darstellung zu sehen, hinter der Wiege sitzt eine Mutter in Arbeitstracht und Kopftuch, auf ihrem Schoß ein Kind, das von der Frau gestillt wird, obwohl man aus der Größe des Kindes auf ein Alter von fünf oder sechs Jahren schließen muss. Das Bild ist umrahmt mit geometrisch angeordneten sich wiederholenden Zeichen, Ziffern und Buchstaben, offensichtlich hat Erna es auf diese Art übersetzt in eine Vorlage für eine Stickarbeit. Drinnen liegt ein gefaltetes Blatt aus dickem Büttenpapier, außen sind mit Buntstift zehn Blumen aufgemalt und der Satz »Meiner lieben Mutter zum Muttertag«. Drinnen, umrahmt von ebenfalls kindlich gezeichneten Blütenketten, der Satz: »Liebe Mutter! Ich bien noch klein und kann Dir nicht viel schenken. Dafür will Ich immer brav und fleißig sein. Deine Patricia.« Das Billett ist nicht datiert.

## 6

Väter spielen in dieser Geschichte der drei Schwestern, die von ihrer Mutter verlassen wurden, so gut wie keine Rolle. Sie sind die Unbekannten, die im Hintergrund, diejenigen, die man nicht erwähnt. Sie haben die junge Frau vom Keißlerplatz geschwängert und mussten dann, außer im Falle von Iris, gar nicht verschwinden, weil sie ohnehin nie anwesend waren. Ihren erwachsenen Töchtern sind sie egal, bei der Suche nach den Wurzeln kommen sie entweder überhaupt nicht vor oder bestenfalls als Objekte von marginalem Interesse. Sie waren und sind nicht wichtig im Leben ihrer Töchter.

Nur bei Patricias Vater, also dem Großvater von Tania, Iris und Tamara, ist das anders. Den Schwestern ist eine Art Grundierung gemeinsam, eine nie formulierte, aber schon nach kurzem Zuhören auffallende Überzeugung: Ihr Leben wäre anders gewesen, wenn sie eine Mutter gehabt hätten. Wobei sie nun, wo sie die Mutter kennengelernt haben, nicht mehr wie als Kinder und Teenager meinen, dass es besser gewesen wäre. Aber anders, und möglicherweise *richtiger*. Einen Vater zu haben oder nicht zu haben ist jedoch egal. Bei Patricia, die bei der Mutter aufwuchs, ist es genau umgekehrt. Wenn sie von ihm erzählt, dann ist mit Händen zu greifen, dass in ihrer Vorstellung ihr ganzes Leben anders und besser gewesen wäre, wenn sie einen Vater gehabt hätte.

In ihre Geschichte führt sie ihn ein wie eine Erzählerin, die ihr Publikum mit knapp hingeworfenen rätselhaften Andeutungen überraschen und dann mit der Auflösung des Rätsels schocken will. »Ich habe einmal eine Puppe als Geschenk geschickt bekommen, von meinem Vater, die war so teuer, dass er sie nicht alleine bezahlen konnte. Diese Puppe, die haben acht Leute gekauft, zusammen mit meinem Vater. Das waren Todeskandidaten.«

Als sie sechs oder sieben Jahre alt war, hat sie diese Puppe als Weihnachtsgeschenk bekommen, »die hat ausgesehen wie ein echtes Baby, aber schon mit langen Haaren, weißt du. Echthaar und so, war in der Zeit tierisch teuer, das Ding.« In dem Paket lag auch ein Brief, von ihrem Vater, das wusste Patricia damals aber nicht, Erna versteckte ihn, und sie sagte der Kleinen auch nicht, wer ihr die Puppe geschenkt hatte, sie ließ sie in dem Glauben, die Verwandten in Linz hätten gemeinsam das teure Geschenk gekauft.

Rudolf M., der Vater, hatte das teure Geschenk aus einem Gefängnis in Spanien geschickt. Warum er dort saß, wollte Patricia erst nicht erzählen. Gleich zu Beginn unseres Gespräches hatte sie eine Regel aufgestellt: Sie wird nur erzählen, was unmittelbar mit ihr und ihren Töchtern zu tun hat. Nichts von ihrer eigenen turbulenten Zeit, nichts von ihren Erlebnissen und Reisen als Süchtige. Allerdings hielt sie sich immer wieder nicht daran, das erste Mal, als es um ihren Vater ging.

In Spanien war Anfang 1960, also etwa um die Zeit, als Erna ihre Tochter zur Welt brachte, ein Kind entführt worden. Sieben oder acht Männer waren daran beteiligt gewesen, einer davon war Patricias Vater. Irgendwie ging bei der Lösegelderpressung etwas schief, und da rasteten die Kidnapper anscheinend aus. Nicht ihr Vater, sagt Patricia energisch: »Mein Vater hat es mir später erzählt. Er war ja sehr kinderlieb. Aber da war ein Typ dabei, der war genau das Gegenteil. Der hat das Kind umgebracht.« Sie macht eine lange Pause, bevor sie weiterspricht. Die Entführerbande wurde gefasst, alle wurden zum Tode verurteilt. Nach relativ kurzer Zeit wurde das Urteil ihres Vaters umgewandelt in lebenslange Haft.

Im Knast hatte sich Rudolf M. angefreundet mit einem halben Dutzend Männer, die auf ihre Hinrichtung warteten. Nicht mit den Komplizen der Entführerbande, das betont Patricia. Diese seine Freunde, die Todeskandidaten, legten ihr Geld zusammen, damit ihr Mithäftling aus Oberösterreich seiner Tochter zu Weihnachten eine prächtige teure Puppe schicken konnte. »Das Lustige ist«, sagt Patricia, »die Puppe haben acht Leute gekauft, das waren Todeskandidaten. Na ja, lustig kann man es eigentlich nicht nennen.«

In Ernas Fotoalbum gibt es einige Bilder, die diese Puppe zeigen. Auf dem seltsamsten sieht man Patricia auf einer Art winziger Veranda stehen, direkt an der Brüstung, sie hält die Puppe über das Geländer hoch. Der Gebäudeausschnitt lässt auf ein Ferienappartement schließen. Hinter dem Mädchen mit der Puppe, die tatsächlich sehr groß ist, stehen Erna und eine zweite Frau, deren Kopf nicht im Bild ist, in Badeanzügen. Die Puppe trägt ein Rüschenkleid im Flamenco-Stil. Ihre Haare sind tiefschwarz. Die kleine Patricia starrt über die Schulter der Puppe mit einem irgendwie hasserfüllten Blick in die Kamera.

Auf einem anderen Bild stehen zwei Frauen und zwei Männer vor einem Škoda 1201 jenes Typs, der zwischen 1954 und 1961 hergestellt wurde. Die Männer sind mittleren Alters, beide tragen korrekt gebügelte Stoffhosen und dazu ärmellose Ruderleibchen. Die Frauen sind gehüllt in leichte Sommerkleider, vor einer, es ist nicht Erna, steht die etwa achtjährige Patricia in Shorts und Leibchen, auf der Nase hat sie eine witzige Sonnenbrille mit annähernd herzförmigen Gläsern. Die unbekannte Frau hat einen Arm über Patricias Schulter gelegt und presst das Kind gegen ihren

Bauch. Auf der Motorhaube des Wagens, links von der gewaltig hohen, aber extrem schmalen und durch die Lackierung noch betonten Blechnase, die über die ganze Haube geht, hockt die Puppe mit den schwarzen Haaren. Auf einem weiteren Foto steht eine dritte Frau, wieder ist es nicht Erna, allein rechts vor dem Škoda. Sie hält die Puppe so, dass es aussieht, als stünde sie auf der Stoßstange. Die Puppe ist wirklich groß, sie reicht der Frau beinahe bis zur Schulter.

Den Brief ihres Vaters las Patricia erst, als sie vierzehn war. Sie hatte ihn zufällig gefunden. Aber wo sich der Papa aufhielt, das erfuhr sie schon bald nach dem Weihnachtsfest mit dem Puppen-Geschenk: »Dass mein Vater im Knast war, wegen einer Entführung, das wusste ich schon, ich glaub, mit acht oder neun Jahren. Weil das hat mir mein Opa immer unter die Nase gehalten. Wenn ich irgendwie Fragen gehabt habe wegen meines Vaters oder was, dann hat mein Opa immer gesagt, ja, das ist ein Gauner, das ist ein Verbrecher, den will ich hier nicht sehen, und ich schlag ihn tot, wenn er hierherkommt.« Als das Mädchen irgendwann einmal fragte, warum und wieso der Vater eingesperrt war, da holte der Opa eine alte deutsche Illustrierte aus dem Jahr 1960 hervor. Und sagte: »Schau mal, das ist dein Verbrechervater.«

Patricia im Wohnwagen lacht an dieser Stelle kurz. »Der Bericht war vier Seiten lang, das ist schon heftig, vier Seiten in einer Illustrierten, nicht, das ist schon viel, mit Foto und allem dabei, mit der ganzen Geschichte.« Sie lacht noch einmal, es klingt, als ob sie stolz wäre auf diese ausführliche Berichterstattung. »Aber je mehr der Opa darüber geschimpft hat, desto mehr wollte ich meinen Vater kennenlernen. Ist doch logisch. War wohl eine Reaktion, mich zu schützen. Ich denke wohl, dass ich als Kind schon das Richtige gemacht habe, ja.«

Mit elf Jahren sah Patricia ihren Vater zum ersten Mal. In Spanien hatte es eine Amnestie gegeben, und so war der zu lebenslanger Haft verurteilte Österreicher freigekommen. Irgendwann tauchte er in Linz auf. Das ist ein neuer Freund der Mutter, sagte man dem Mädchen. Derartige Freunde, die über Nacht blieben in dem kleinen Zimmer und in Ernas Bett schliefen, gab es viele. Patricia: »Das ging ja auch so weit – wie ich geschlafen habe – ich habe da nie was mitgekriegt, nicht, muss ich ganz ehrlich sagen. Das erste Mal habe ich was mitgekriegt, wo mein Vater das erste Mal hier war. Da bin ich nachts wach geworden.« Sie redet sehr schnell bei dieser Passage, und ihre Stimme wird während des Sprechens noch schneller und lauter. »Bin wach geworden, auf Deutsch gesagt, weil sie gevögelt haben, die beiden. Da habe ich zwar nicht gesehen, was die gemacht haben, aber – tja, sie waren auf jeden Fall beide nackt, okay?«

»Das ist mein neuer Freund«, sagte Erna ihrer Tochter, und: »Sag Opa ja nichts!« Patricia verstand nicht, warum sie die Existenz des neuen Mannes an Mutters Seite vor Opa geheim halten musste. Aber sie bekam drastisch vorgeführt, dass Opa diesen Mann nicht im Haus haben wollte. Eines Abends klopfte der Großvater an die Tür und trat in Ernas Kammer. Und sah Rudolf M. am Tisch sitzen. In einem für seine Enkelin unverständlichen Wutausbruch packte Opa den Mann an den Schultern, riss ihn hoch, stieß ihn auf den Flur hinaus und warf ihn die Treppe hinunter. Danach schrie er mit Erna: »Das ist ein Schwein! Ich will nicht, dass der hierherkommt!«

Zwei Tage später war er doch wieder da, heimlich, und nahm Patricia zur Seite. Irgendwie klingt ihre Stimme heute noch ein wenig empört, wenn sie davon erzählt: »*Mein* Vater hat mir dann gesagt, dass er mein Vater ist! Zwei Tage später, nachdem ihn mein Opa da nach unten getreten hat. Da habe ich dann verstanden, warum ich ihn nie gesehen habe.«

Rudolf M. sagte ihr, er will eigentlich mit ihr zusammen sein, aber er darf nicht, all die Probleme, da ist das nicht möglich. Patricia erzählt nicht, wie sich das angefühlt hat für eine Elfjährige. Und auch nicht, wie es ihr kurze Zeit später ging, als Erna Schluss machte mit ihrem Vater. Sie sagt bloß lapidar: »Die hatte ja Schiss vor meinem Opa, nicht, weil es ging ihr ja gut, sie musste keine Miete bezahlen, nur das Essen für uns.« Genau so lapidar fährt sie fort: »Und dann ist er weg, und dann konnte ich ihn nur noch telefonisch erreichen, meinen Vater. Da wusste aber meine Mutter nichts davon, das habe ich immer heimlich gemacht.«

»Dein Vater hat in Linz gelebt?«, frage ich.

»Nein, nein, der war in Amsterdam. Der war von Amsterdam nach Linz gekommen und hat heimlich meine Mutter besucht.«

## 7

Das war eine Art Guantanamo Bay für Buben, habe ich gesagt, das gefällt Patricia, sie muss lachen, »ja«, sagt sie, »und meins war Guantanamo für Mädels.« Die Rede ist von Baumgartenberg und Gleink, zwei Erziehungsheimen für schwererziehbare Kinder in Oberösterreich. Gleink bei Steyr war quasi die letzte Station für Burschen, die man mit keiner anderen Erziehungsmaßnahme in den Griff bekam, Baumgartenberg im idyllischen Mühlviertel die härteste Unterbringungsstätte für Mädchen. Beides Orte, mit denen man noch vor dreißig, vierzig Jahren den Kindern drohte, wenn sie nicht brav waren. In diversen offiziellen Chroniken heißt es beinahe verschämt, es habe sich damals, vor einem halben Jahrhundert und mehr, um »Heime für verhaltensauffällige Jugendliche« gehandelt. Doch die Sprache war damals, in den sechziger und siebziger Jahren des vorigen Jahrhunderts, eine ganz andere, und genauso war der Umgang der Erzieher und Erzieherinnen mit den jungen Menschen wesentlich härter, als es die politisch korrekte heutige Benennung der Einrichtung suggerieren will.

Patricia war in Baumgartenberg gelandet. Dieses Kloster, gegründet von den Heiligenkreuzer Zisterziensern nach einer Stiftung durch Otto von Machland im Jahr 1141, spielte in jenem Teil des Mühlviertels in den erbitterten Glaubenskriegen vergangener Jahrhunderte eine Rolle. Dreimal wurde es von Hussiten aus dem nahen Böhmen geplündert und gebrandschatzt, im 17. Jahrhundert bekam der Baumgartenberger Abt von Amts wegen den Auftrag zur Rekatholisierung der protestantischen Hochburgen in Münzbach, Altenburg und Pergkirchen. 1865 kauften die Schwestern vom Guten Hirten das Kloster; zu den sozialen Engagements zählte von da an auch der Betrieb eines Heimes für schwererziehbare Mädchen.

In dem Dorf, in dem ich aufgewachsen bin, hatte ich Freunde, die in Gleink eingesperrt gewesen waren. Wenn von dem, was sie erzählten, nur die Hälfte stimmte, müssen dort brutale Bedingungen geherrscht haben.

Zwölf Jahre alt war Patricia, als ihr »das alles« zu viel geworden war. Was genau, benennt sie nicht, sie redet bloß von der Schule, sagt flapsig, dass sie sowieso die ganze Zeit »keine Böcke« hatte auf regelmäßigen Schulbesuch. Es ist eine eigenartige Formulierung, ständig sagt sie »keine Böcke«, wenn sie meint, dass sie auf irgendetwas keine Lust hat.

Dabei war sie ein kluges Kind von rascher Auffassungsgabe, lernen sei ihr kein Problem gewesen, erzählt sie. Sie hatte nur keine Böcke, was naturgemäß bald zu Problemen mit den Lehrern führte. Patricia provozierte, demonstrativ setzte sie sich stundenlang mit dem Rücken zu den Lehrern. »Manchmal fand ich es auch tierisch langweilig«, sagt sie, »weil das, was die erzählt haben, habe ich schon gewusst.« Jedes Jahr, sobald die Sommerferien näher kamen, hörte sie denselben Spruch von den Lehrern: »Patricia, du bleibst heuer sitzen.« Dann strengte sie sich an, sie war auf Zack für ein paar Wochen, tat gerade so viel, dass sie wieder eine Klasse weiterkam. Jahr für Jahr wäre sie, hätte man nur die Leistung dieser paar Wochen beurteilt, die Klassenbeste gewesen. Dann schaltete sie wieder ab.

Ihre Schulzeugnisse bilden das recht klar ab. Im ersten Schuljahr an der Mädchenhauptschule in der Linzer Goethestraße hatte sie durchschnittliche Noten, im zweiten wurden sie eine Spur schlechter. Durchgehend über die Jahre mit Sehr gut bewertet wurden ihre Leistungen in Musikerziehung und meist auch in Handarbeit, Turnen und Religion, in den anderen Fächern dominieren die Noten Gut und Befriedigend. Deutsch, Englisch und Naturgeschichte waren nicht ihr Ding, die ganze Hauptschulzeit über erhielt sie da fast nur die Wertung Genügend. Im Halbjahreszeugnis der dritten Klasse fasste sie in Mathematik ein Nicht genügend aus, das zum Schulschluss auf ein Genügend ausgebessert war. In der vierten Klasse dann der Bruch: zwei Nicht genügend im Halbjahreszeugnis, in allen Fächern schlechtere Noten, sogar bei Musikerziehung nur noch ein Befriedigend. Und die Noten für Betragen und

Fleiß, bis dahin immer mit der bestmöglichen Bewertung eingetragen, sanken plötzlich um zwei Stufen.

Ein Abschlusszeugnis gab es für Patricia von der Goetheschule nicht mehr. Da war sie schon abgehauen und im Heim gelandet. Das Abschlusszeugnis zur Bestätigung der Schulpflicht bekam sie in Baumgartenberg, und zwar für das Schuljahr 1974/75. Die Noten sind wesentlich besser geworden, sie hat fast nur Zweier und Dreier bekommen, allerdings kein einziges Sehr gut. Eine Betragensnote gibt es gar nicht, in der betreffenden Spalte namens »Verhalten in der Schule« geht nur ein langer Strich quer über das leere Feld. An das Zeugnis angehängt ist eine Bestätigung über einen Erste-Hilfe-Kurs des Roten Kreuzes der Bezirkshauptstadt Perg, den sie laut diesem Dokument im April und Mai 1975 absolviert hat.

Patricia erzählt mit erkennbarem Stolz die Geschichte von einem Schulpsychologen, der einen Intelligenztest an ihr vorgenommen hat. Sie schnitt damals blendend ab: »Die haben herausgefunden, dass mein IQ so tierisch hoch war, dass ich eigentlich beinah die *Schulbeste* sein könnte, nicht Klassenbeste, die *Schulbeste*. Hab ich aber damals alles nicht begriffen, verstehste, oder wollte ich nicht begreifen. Ich denke eher, dass ich's nicht begreifen wollte.« Die Lehrer hat das Ergebnis des Tests und die Nicht-Reaktion der Schülerin »natürlich tierisch« geärgert. Sie luden die Mutter in die Schule vor, es gab eine Aussprache zwischen Klassenvorstand, Erna und Patricia. Die nichts brachte: »Da weiß ich noch, dass die Lehrer geschimpft haben und gesagt haben: Ja, sie kann es, wenn sie will, aber sie will nie. Und dass meine Mutter dann gesagt hat, ja, was soll ich denn tun?!«

Die fünfzigjährige Patricia weiß, was sie damals gebraucht hätte: jemanden, der ihr einen Schubs gibt. So jemand war aber nicht in ihrer Umgebung. Sie kam von der Schule nach Hause, da war nie jemand, der sagte: Du, setz dich jetzt hin, mach deine Aufgaben. Die Mutter war den ganzen Tag in der Arbeit, Patricia war de facto ständig sich selbst überlassen. »Tja«, sagt sie, »als Kind, hallo, da denkst du nicht dran, deine Hausaufgaben zu machen. So clever bist du in der Zeit noch nicht.«

In Patricias Klasse ging ein Mädchen, das im selben Haus am Keißlerplatz wohnte. Dieses Mädchen beneidete Patricia. Weil die Mitschülerin von der Mutter »in den Arsch getreten wurde«, wenn es um die Hausaufgaben ging. Weil sie zu fixen Zeiten ins Haus gerufen wurde, zum Essen mit der Familie. Patricia heute: »Ich wollte so sein wie sie, obwohl alle gesagt haben, das ist eine Streberin.« Patricia wollte die Freundin dieser Nachbarin sein und wurde es auch für kurze Zeit, sie begleitete die andere ein paarmal nach Hause, um gemeinsam zu lernen. Die Eltern der Freundin stellten das umgehend ab. Sie wollten nicht, dass ihre Tochter Umgang mit *der da* hatte; *die da* war eine schlechter Umgang, Kind einer ledigen Mutter, und wer weiß was noch alles die Leute redeten. Patricia sagt dazu: »Na ja, also eigentlich hab ich immer eine Familie gesucht, wahrscheinlich.«

Sie setzt sich gerade hin und zündet eine weitere Zigarette an. Jetzt wird die Geschichte dramatisch, die sie zu erzählen hat. »Ja«, sagt sie, »irgendwann ist mir das alles zu blöd geworden, oder hatte ich einfach den Drang – Neugierde vielleicht – ich bin auf jeden Fall weggelaufen von zu Hause.«

Patricia war gerade dreizehn geworden, als sie abhaute aus dem unendlich engen Zimmer im dritten Stock am Keißlerplatz. Wo sie damals untertauchte, mit wem, was sie alles erlebt hat, erzählt sie nicht. Es bedarf einigen Nachfragens, dass sie wenigstens ein paar Informationen herausrückt: In einem Lokal in Linz lernte sie einen Mann kennen, der war Lastwagenfahrer bei einer Speditionsfirma, mit dem war sie im LKW unterwegs. Sie lacht kurz auf: »Wie das so ist, wenn du als Kind wegläufst, lernst du natürlich auch Männer kennen. Mit dem bin ich dann durch halb Österreich gefahren.«

»Also nicht nur eine Nacht weggeblieben?«

»Eine ganze Woche, ja. Nach einer Woche sind wir wieder in Linz gewesen, da haben sie mich dann aufgepackt.«

Ich verstehe nicht gleich, was sie mit diesem seltsamen Wort meint, frage, ob sie aus Eigenem zurückgekommen ist. Nein, nein, sagt sie, und dass sie auch niemals freiwillig zurückgegangen wäre. Sie liefert folgende, für mich nicht nachvollziehbare Begründung: »Die Männer, die ich kennengelernt habe, die wussten ja nicht, dass ich erst dreizehn war. Die dachten alle, dass ich schon sechzehn, siebzehn bin, ich war für mein Alter tierisch reif. Nicht nur körperlich, sondern auch geistig, nicht.«

Ihre Mutter Erna oder das Jugendamt hatten allem Anschein nach eine polizeiliche Suchaktion nach dem vermissten Teenager veranlasst. Als Patricia und ihr Kraftfahrer-Freund auf einer Autobahnraststätte in eine Verkehrskontrolle gerieten, dachten sie sich nicht viel dabei. Als die Formalitäten erledigt waren, wollte das Pärchen ins Restaurant gehen. Da aber standen plötzlich zwei Polizisten und nahmen Patricia mit.

Eine Nacht verbrachte die Dreizehnjährige auf der Polizeistation. Am nächsten Morgen tauchte eine Frau auf vom Jugendamt, die sagte nur: »Du gehst jetzt nicht nach Hause.«

»Warum?«, fragte Patricia.

»Weil du ins Heim kommst.«

Das Mädchen wusste damals nicht, was da vorging und wie es dazu gekommen war. Später erst hat es Details erfahren. In der Woche von Patricias Lastwagen-Tour durch Österreich war Erna zum Jugendamt gegangen und hatte geklagt, dass sie mit ihrer Tochter nicht mehr zurechtkäme, dass sie das alles nicht mehr könne und wolle. Dann muss sie ins Heim, antworteten die Beamten. Erna hatte damit offensichtlich kein Problem. Ein Beamter machte sie auf die genaue Rechtslage aufmerksam: Wenn sie, die Mutter, nicht damit einverstanden sei, könne keine Heimunterbringung durchgesetzt werden. Erna aber war einverstanden, sie bestätigte es schriftlich.

Patricia wird laut und heftig: »Hätte sie damals was gesagt – ne, ich probier es doch noch mal, dann wäre ich nicht ins Heim gekommen. Okay? Da sie natürlich sofort unterschrieben hat, bin ich dann nach Baumgartenberg gekommen!« Sie versucht sich zu erinnern, wie das war mit der Vormundschaft, wahrscheinlich hatte die gleich das Amt übernommen, beim ersten gröberen Vorfall mit dem ledigen Kind, meint sie, aber der Mutter war ein Mitspracherecht eingeräumt worden. Während sie diese Überlegungen anstellt, wiederholt sie dreimal nur leicht variiert den Satz: »Hätte meine Mutter damals nein gesagt, wäre ich nicht ins Heim gekommen.«

Die Dreizehnjährige wird direkt aus dem Polizeigewahrsam ins Erziehungsheim geschafft. Wie die fünfzigjährige Patricia das erzählt, ist gruselig. »Dann haben sie mich am nächsten Tag nach Baumgartenberg gebracht«, sagt sie tonlos, und danach zweimal quasi ironisch: »Ja, das war sehr schön. Das war sehr schön.« Es ist eine grausige Form von Ironie, weil sie dabei keinerlei Regung zeigt, kein Augenzwinkern, kein Grinsen, keine Änderung in Tonfall und Körperhaltung. Ein vereister Mensch sitzt da, zu einem Eisblock geworden durch eine endlose Kette früh beginnender Verletzungen, und berichtet mit maskenhafter Starre von seinen Kränkungen, Schädigungen und Selbstbeschädigungen. Und zündet dann eine Zigarette an, murmelt: »Ja, da war ich dreizehn.«

Man sagte dem Mädchen im Kloster, dass es ein Jahr in Baumgartenberg bleiben werde, dies sei mit der Mutter so vereinbart. Patricia beginnt zu schniefen und sich die Nase zu reiben bei dieser Geschichte, sie gibt ihrer Stimme einen sarkastischen Klang, als ob sie bei mir, dem Zuhörer, nur ja nicht den Verdacht aufkommen lassen möchte, das Erzählen setze ihr zu. »Dann wartet man ein Jahr drauf, dass man wieder rauskommt da. Die hatten ja auch immer so tolle Sprüche drauf, die Nonnen: Ja, du bist noch nicht reif, in die Welt entlassen zu werden!«

Die Zöglinge im Kloster Baumgartenberg waren in vier Gruppen aufgeteilt, die nach Blumen benannt waren. Die moderateste Behandlung gab es in der Sonnenblumengruppe, da waren die Kinder und die bravsten älteren Mädchen zusammengefasst. Die, die am leichtesten zu behandeln waren. In diese Gruppe kam Patricia als Erstes. Dann aber hatte sie Streit mit einer Nonne, und sie schrie der Ordensfrau schließlich ein »Leck mich am Arsch« ins Gesicht. Das genügte, um in die nächste Gruppe abzusteigen, in jene der Margeriten. Die wurde geführt von einer jungen Nonne, die im ganzen Haus gefürchtet war. Ein »richtig harter Besen«, so beschreibt sie Patricia. Damals, als Mädchen, war sie beim Umstieg in die härter geführte Gruppe und aus Angst vor der strengen jungen Nonne gleich krank geworden, drei Wochen lag sie im Bett. Vor allem eine Geschichte setzte ihr zu: Die Mädchen, die schon länger in Baumgartenberg saßen, erzählten immer wieder, dass einem diese Nonne als Strafe gerne die Haare abschnitt. Patricia: »Das war für mich ziemliches Gift, so was zu hören.«

Was sie noch nervte: Nur einmal im Monat durften die Mädchen zwei Stunden lang Besuch empfangen und dabei auch unbeaufsichtigt das Kloster verlassen. Die einzigen zwei Stunden ohne ständig »die Nonnen um dich rum, die dir immer auf die Finger gucken, auf den Mund gucken, überall gucken«, die waren was Wertvolles, das schon bei kleinen Verfehlungen gestrichen wurde. Patricia redet sich in Rage: »Es war alles so psychologisch, weißt du, immer auf Angst bedacht: Ich mach den Kindern Angst, dafür tun sie alles, was ich will. Das habe ich damals aber nicht begriffen, da war ich einfach noch zu jung dafür, das habe ich erst später alles begriffen.«

## 8

Praktisch alles ängstigte und stresste die Dreizehnjährige im Heim. Nur eine Sache existierte als ein Hauch von Helligkeit in all der bedrückenden Düsternis rundherum, und die war in Patricias Kopf: die Telefonnummer ihres Vaters. Bei einem der monatlichen Ausgänge schaffte sie es, Rudolf M. in Amsterdam anzurufen, ihm zu erzählen, dass sie eingesperrt war. Der reiste dann an, um die Tochter herauszuholen, das wusste die Vierzehnjährige aber nicht. Das Einzige, was sie mitbekam: Bei einem der sonntäglichen Spaziergänge »in der Welt draußen«, sprich über Wiesen und Feldwege nahe dem Klosterareal mit den Margeriten-Mädchen, beaufsichtigt von mehreren Nonnen, sah sie vor dem Stiftsgebäude eine große schwarze Limousine mit getönten Scheiben stehen.

Im protzigen Wagen saß Rudolf M., begleitet von ein paar Chinesen von der Amsterdamer Drogenmafia. Patricia nahm ihn nicht wahr, erst Jahre später hat es ihr der Vater erzählt. Ihrer Schilderung nach hatte sich M. hochgearbeitet in der Halb- und Unterwelt Westeuropas, er dürfte als eine Art Kurier Diamanten von Belgien in die Niederlande geschmuggelt haben, Genaues sagt Patricia darüber nicht. Ihr Vater hatte damals die Nonnen gebeten, sein Mädchen sehen zu dürfen. Die hatten das strikt untersagt. Darum saß er nun in der Limousine vor der Klosterpforte.

Die erwachsene Patricia erzählt es mit einer Art Sarkasmus: »Das Lustige war – na ja, ich fand's lustig, nachher, wo ich es rausgefunden hatte: Er stand da draußen mit einem schwarzen Wagen, er hat mich sogar laufen gesehen, das hat er mir alles später erzählt. Mit ein paar Chinesen, von Amsterdam, nicht, also so – halbe Drogenbarone oder was. Der wollte mich da rausholen. Mit Maschinenpistolen und lauter so'n Zeug, ja, echt wahr.« Dann lacht sie ein helles vergnügtes Lachen, sie macht ihr Spaß, heute noch, diese Geschichte. Auch Tamara mag die Episode. Als sie das Band mit Patricias Interview das erste Mal hört, kichert sie bei dieser Passage und ruft kokett: »He, ich habe also einen Gangsterboss mit Maschinenpistole als Opa!«

Die Halbweltherren aus Amsterdam haben dann doch nicht zugeschlagen. Warum sie unverrichteter Dinge wieder abgereist sind, klingt ein wenig verwirrend in Patricias Erzählung. Da waren zu viele Kinder rund um sie, da wollte Rudolf M. nicht mit Maschinenpistolen raus und auf die Nonnen losgehen, und irgendwie spielt auch ein Streifenwagen eine Rolle, anscheinend war gerade ein Wagen der Gendarmerie vorbeigefahren, und das hatte den Vater schlussendlich resignieren lassen. Patricia lacht noch einmal, dann schnupft sie in ein Taschentuch, zwei-, dreimal. Kündigt sich da eine Verkühlung an, oder braucht sie bald eine Methadon-Ration? Oder setzt ihr das Erzählen doch zu, obwohl sie so cool ist, denke ich. Oder interpretiere ich da was hinein?

Ich höre ihr zu und versuche, ganz gelassen zu bleiben, sie nicht mit Fragen zu unterbrechen, es ist eine lächerliche Übung, das fällt mir aber erst später auf, als ich die Tonmitschnitte abhöre. Ständig ist wie ein rhythmisches Hintergrundrauschen zu ihrer hellen Stimme ein Brummen von mir zu hören, abwechselnd »ja, ja« und zustimmendes »mhm«. Dabei war ich alles andere als ruhig und gelassen gewesen, die ganze Zeit ratterte in meinem Kopf ein Beurteilen und Einschätzen. Ein stetes Versuchen, das, was Tamaras Mutter erzählte, in eine Beziehung zu setzen mit Tamaras Leben, wie ich es als ihr Vater wahrgenommen hatte und wahrnehme. Und ein Versuchen, aus dem Beurteilen und Einschätzen kein Verurteilen werden zu lassen.

Patricia sprach in das Mikrofon vor ihr auf dem Tisch, und ich war beim Zuhören beschäftigt mit einem dauernden Suchen nach Ähnlichkeiten. Und nach Erklärungen, warum Tamara so ist, wie sie ist. Wieso die Tochter Nonnen hasst wie die Mutter, wieso sie das erste Mal mit dreizehn Jahren von zu Hause abhaut wie die Mutter, wieso sie sich wie die Mutter ohne jede Anstrengung durch die Schule wursteln kann, durchschnittliche Noten schafft ohne Lernen, dabei immer im Krieg mit den Lehrern. Überträgt sich so was auf geheimnisvolle Art, auch wenn die Mutter die Tochter nur ein paar Stunden nach der Geburt bei sich gehabt und dann erst wieder nach zwei Jahrzehnten gesehen hat? Werden Klugheit und Intelligenz, die einen Menschen locker alles schaffen lassen, und die Wildheit des Wesens, das sofortige Wüten gegen die kleinste Ungerechtigkeit, Benachteiligung und Verletzung, womit man sich jede Autoritätsperson umgehend zum Feind macht, und zwar zu einem erbitterten, genauso vererbt wie die Form der Nase und der Schnitt des Gesichts?

Patricia hat während des Interviews nicht gemerkt, wie wenig unbeteiligt ich in Wahrheit gewesen bin, denke ich, weil sie zum einen aufgewühlt war von dem, was sie äußerlich so cool und teilnahmslos erzählte, und zum anderen, weil sie wohl auch sehr damit beschäftigt war, sich ihr Aufgewühltsein nicht anmerken zu lassen. Da schon habe ich begonnen, etwas wie Sympathie für sie zu fühlen. Weil sie nicht versucht hat, irgendetwas zu erklären oder sich zu rechtfertigen. Sie erzählt mir, was ich wissen will, weil sie gefragt wurde. Weil ihre Töchter wollen, dass die Geschichte öffentlich gemacht wird, und da meint sie allem Anschein nach, das sei sie ihnen schuldig.

Im schönen Mühlviertel, Anfang der siebziger Jahre des vorigen Jahrhunderts, ging das Jahr zu Ende, das Patricia abzusitzen hatte. Viele der Mädchen packten Koffer, es gab so etwas wie ein paar Wochen Ferien zu Hause. »Wann gehe ich nach Hause?«, fragte Patricia die Nonnen, und erhielt eine enttäuschende Antwort: »Du bist noch nicht reif genug, um in die Welt entlassen zu werden!« Ohne dass man sie informiert hätte, ohne dass irgendjemand mit ihr gesprochen hätte, war ihre Heimunterbringung verlängert worden, auf unbestimmte Zeit. Unterricht gab es im Sommer nicht – Patricia hatte im Heim die fünfjährige Hotelfachschule begonnen, eine Ausbildung mit Lehrabschluss –, doch für ein paar Ferienwochen nach Hause durfte sie auch nicht. Die Mädchen, die im Heim blieben, wurden zu Küchen- und Gartenarbeiten eingeteilt. Patricia: »Also in der Zeit von Urlaub und Schwimmengehen hast du im Garten gebuddelt, mit einer Nonne zusammen.«

Sie begann ernsthaft nachzudenken, wie sie aus der Anstalt rauskommen könnte, und entwickelte einen obskuren Plan – der aber funktionierte. Sie erklärt mir relativ umständlich, dass Erna, ihre Mutter, ständig Groschenhefte mit Grusel- und Horrorgeschichten gelesen hatte. Tamara lacht, als sie diesen Abschnitt hört: »Ja, die Oma hat jetzt noch immer solche Hefte in der Wohnung herumliegen, mit achtzig Jahren!« Patricia hatte aus Langeweile schon im frühen Schulalter begonnen, diese Gespenstergeschichten zu lesen. Und jetzt sollten sie ihr zur Freiheit verhelfen: Sie beschloss, die Nonnen mit Erzählungen von Geistererscheinungen und Satansritualen zu schocken, wie sie sie aus den Heften kannte.

Sie ging gezielt und geplant vor. Sie nahm sich ein Mädchen zur Seite, von dem sie wusste, dass es umgehend zu den Nonnen laufen und alles ausplaudern würde. Dieser Mitgefangenen vertraute sie sich zum Schein an und verriet ihr, was sie noch nie jemandem erzählt hatte: All das, was sie in der einen Woche getan und erlebt hatte, als sie mit dem Lastwagenfahrer unterwegs gewesen war.

Sie habe da so eine Gruppe kennengelernt, log Patricia der anderen flüsternd vor, das seien Satansjünger gewesen, hätten den Teufel angebetet. Einmal sei des Nachts der Teufel als Ziegenbock vor ihr gestanden, und sie habe ihm den Arsch geküsst. Patricia spricht verschwörerisch leise, als sie mir das schildert: »Was ich da drin gelesen habe in diesen Schundheftchen, das habe ich der erzählt. Und habe ihr gesagt: Da darfst du aber nix der Nonne erzählen!«

Genau das, was sie erwartet hatte, traf ein. Die andere lief umgehend zu den Nonnen und gab einen detaillierten Bericht ab über die Ungeheuerlichkeiten, die sie gehört hatte. Patricia wurde auf der Stelle zur obersten Schwester, der Heimleiterin, befohlen und ins Gebet genommen. Die Vierzehnjährige zog eine Riesenshow ab. Sie führte sich auf, als wäre Satan gerade in diesem Moment in sie gefahren und habe sich ihrer sündigen Mädchenseele bemächtigt. Dabei spielte sie der entsetzten Nonne doch nur Szenen aus Ernas Groschenromanen vor. Sie fluchte ordinär, spuckte auf ein Kreuz und machte einen Höllenlärm, als sie das Kreuz berühren sollte, so, als würden ihre Hände verbrennen.

Die Oberin rief nach einem Exorzisten, der reiste aus München an und begann gleich mit dem schaurigen Ritual. »Apage satanas«, rief er und bespritzte Patricia mit Weihwasser. Die wand sich in Schmerzen und fauchte und zischte. Im belgischen Trailerpark spielt sie mir das vor, sie steht auf, windet sich und ruft schrill, aber nicht sehr laut: »Ah, ah, das tut so weh!« Wie lang der Exorzist sie malträtierte, weiß sie nicht mehr, und auch nicht, was er im Einzelnen getan hatte. Nur so viel: Nach ein paar Tagen gab der Priester auf und fuhr zurück nach München. Es war nichts zu machen bei diesem schweren Fall.

Patricia: »Die haben das echt geglaubt. Das ist bei denen so echt rübergekommen, also ich muss da wirklich sagen – ich war da richtig stolz drauf, dass ich die so am Leim hatte!«

»Bei diesem Exorzismus –«, frage ich.

»Ja, das war ein echter Exorzismus.«

»Wurde da irgendjemand informiert? Wurde deine Mutter um ihr Einverständnis gefragt?«

»Nein, nein, da war ich vierzehn, da ist niemand gefragt worden. Meine Mutter wusste das ja gar nicht.«

Danach hatte sie Ruhe. Sie bekam ein Einzelzimmer, und allen anderen Mädchen wurde jeglicher Kontakt mit ihr untersagt. Einmal sprach Patricia eine an, aber die flüsterte nur, »du, ich darf nicht mit dir reden, sonst kriege ich eine Strafe«, dann war sie wieder isoliert. Allerdings nur eine Woche lang. Dann hatte sie erreicht, was sie wollte: Man schmiss sie aus dem Erziehungsheim raus. So hatte sie es damals empfunden, und so sieht es Patricia auch heute noch. Was da alles unternommen wurde von der Heimverwaltung, wie das Jugendamt reagiert hat, weiß sie nicht. Sie erklärt es sich selbst so: »Die sind nicht mit mir fertiggeworden, und darum haben sie mich rausgeworfen.«

Tatsächlich scheinen die Behörden einfach resigniert zu haben. Eine Spur dieser Vorgänge findet sich in einem »Sozialbericht«, den das Linzer Jugendamt zwei Jahre nach Patricias Rauswurf aus Baumgartenberg an die Ämter in Holland schickte, aus Anlass der Turbulenzen um ihr Kind, das sie in Amsterdam zur Welt gebracht hatte. Darin heißt es unter anderem: »Das Heim war dann nicht mehr bereit, Patricia zu behalten. Sie hatte schon dreimal die Gruppe wechseln müssen, weil sie immer wieder versucht hatte, die Beziehungen in der Gruppe zu stören, die Gruppenmitglieder gegeneinander auszuspielen, zu intrigieren und Ähnliches mehr. Ihre Mutter hatte sie in ihrer Haltung gegen das Heim und gegen die jeweilige Gruppe unterstützt. Als dann Patricia zu ihrer Mutter zurückkehrte, lehnte diese jede Zusammenarbeit mit der Sozialarbeiterin ab.«

Und so stand also Patricia an einem Sommertag vor dem Kloster, mit dem Koffer in der Hand, und wusste nicht, wie sie nach Hause kommen sollte. Sie rief an, aber in der Wohnung am Keißlerplatz hob niemand ab. Erna verbrachte im Sommer üblicherweise viel Zeit in einem alten Bauernhaus auf dem Land, das ihrer Freundin gehörte, der Tante Maria. Dort wird sie sein, dachte Patricia, und ließ sich mit dem Taxi hinfahren. Erna war tatsächlich bei der Freundin. Ihr erstes Wort, als sie die Tochter mit dem Koffer sah: »Um Gottes willen, bist du abgehauen!?«

Ein paar Tage später war sie noch einmal in Baumgartenberg. Erna war mit ihr hingefahren, um die Sachen der Tochter abzuholen, die noch im Heim geblieben waren. Erna hatte eine längere Besprechung mit der Oberin. Wahrscheinlich sind dabei die amtlichen Erledigungen zur endgültigen Entlassung abgewickelt worden. Patricia: »Da hat vielleicht meine Mutter noch was geklärt, ich weiß es nicht, ich war nicht dabei, gelt.« Das letzte Wort sagt sie in breitem oberösterreichischen Dialekt. Es ist das erste Mal in den eineinhalb Tagen, seit wir uns unterhalten, dass sie mit österreichischer Sprachfärbung spricht.

## 9

Es zieht mir den Magen zusammen, wenn ich mir die Aufnahmen von Patricia und Tamara auf dem Digitalrekorder anhöre, bei den Passagen, wo Patricia erzählt, wie ihr Leben damals nach dem Rausschmiss aus dem Erziehungsheim war. Weil es sich genau so anhört wie das, was Tamara ins Mikrofon gesprochen hat über ihre wilden Teenager-Jahre. Eigentlich haben sie beide, meine Tochter und ihre Mutter, mit einem Abstand von 24 Jahren, ihre Zukunft weggeworfen, ohne es zu wollen und zu wissen, ja, ohne es zu bemerken. Es war nicht viel mehr als ein ziel- und perspektivloses

Streunen durch die oberösterreichische Landeshauptstadt, nicht viel Erlebenswertes passierte; so, wie sie es schildern, ging es vor allem darum, die Zeit totzuschlagen, und der Antrieb, aber das sagen sie beide nicht, war wohl, wegzukommen, woanders zu sein und etwas anderes zu tun als das Langweilige, das ihnen geboten wurde.

Irgendwann einmal habe ich Tamara gefragt, ob sie sagen kann, warum sie immer wieder weggelaufen ist von zu Hause, und sie sagte, am Anfang sei sie bloß heimlich abgehauen zur Donau hinunter, um zu rauchen. »Da war ich – vielleicht dreizehn. Habe heimlich geraucht. Später bin ich dann heimlich in der Stadt gewesen und bin in der Stadt herumgerannt. Einfach nur so bummeln. Mir war alles wurscht, und ich wollte nicht in die Schule gehen, weil die Lehrer dort so idiotisch waren, überhaupt der Klassenvorstand, an den kannst dich eh erinnern, oder? Der Herr A. Ich habe mir das deswegen gemerkt – A. wie Arschloch!«

Als Tamara in Linz die Zeit totschlug, war ihre leibliche Mutter in Thailand, oder in Holland, oder in nicht näher erklärten Geschäften im Nahen Osten unterwegs, so genau weiß man es nicht. Als Patricia fünfzehn, sechzehn Jahre alt war, da war Linz zum letzten Mal ihr Lebensmittelpunkt. Irgendetwas im bürgerlichen Verständnis Sinnvolles hat sie nicht mehr getan. Sie ging nicht zur Schule, sie setzte die in Baumgartenberg begonnene Hotelfachlehre nicht fort. Sie wohnte wieder bei ihrer Mutter am Keißlerplatz, hing herum in dem kärglichen Zimmer oder streunte durch die Stadt. Sie tat nur, was ihr Spaß machte. Was das war, erklärt sie heute so: »Ich war eigentlich nur am Überlegen, wie komme ich am besten an einen Haufen Kohle, damit ich mir selber irgendwo einen Platz suchen kann, weißte, denn ich wollte doch nicht bei meiner Mutter bleiben. Irgendwann habe ich auch angefangen zu saufen. Ich habe mehr gesoffen als gegessen zu der Zeit, muss ich sagen.«

Ein kaltes Mutter-Tochter-Verhältnis muss das gewesen sein. Patricia spricht 35 Jahre später noch mit einer beängstigenden Mischung aus Gleichgültigkeit und Hass von Erna. Nicht einmal zu deren Begräbnis würde sie nach Linz kommen, sagt sie. Und Frank, ihr Lebensgefährte, erzählt mir, als Patricia nicht dabei ist, von einer geplanten Reise nach Österreich, im Jahr 2009 hatten sie vor, Tamara in Wien zu besuchen, und anschließend auch mit ihr zu uns nach Oberösterreich zu kommen. Sie hatten schon alle Koffer und Taschen im Auto verstaut, er hatte den Motor angelassen, da war Patricia wieder ausgestiegen. Sie sei nicht bereit gewesen für die Reise an die Orte ihrer Kindheit und Jugend, sagte Frank, und dass er vermute, dass sie einen Horror gehabt hätte, möglicherweise Erna zu treffen, ihre Mutter.

Die Fotos aus Ernas Wohnung geben keine Hinweise auf diese unterkühlte Nicht-Beziehung. Neben dem großen Album gibt es auch noch ein kleines im A5-Format, das enthält 21 Bilder von Patricia als Baby und Kleinkind. Entzückend ihre Frisur, noch kein Jahr dürfte sie da alt gewesen sein, die dünnen Härchen sind zusammengekämmt nach oben und stehen wie ein struppiger Hahnenkamm von dem kreisrunden Babykopf ab. Eine kurze Fotoserie in Farbe stammt von einem professionellen Fotografen, »Studio Foco, Mozartstraße 5, Linz/D.« ist auf diese Bilder gestempelt. Die Aufnahmen hat der Vater jenes Motorradrennfahrers gemacht, dessen Verwicklung in einen spektakulären Mordfall die österreichischen Medien seit Jahrzehnten beschäftigt. Baby Patricia blickt auf den meisten Bildern vorsichtig in die Welt, auf manchen lächelt sie zart, auf zweien schaut sie drein, als ob sie gleich zu weinen beginnen würde.

Die Abbildungen im großen Album erzählen die Geschichte einer ereignisreichen Kindheit und Jugend mit vielen Wanderungen, Reisen und Festen. Eine unglaubliche Fülle von Urlaubsfotos ist da eingeklebt, von vielen unterschiedlichen Orten. Auf den vorderen Seiten ist meist die junge Erna zu sehen, vor Berghütten, an Stränden, in Narzissenwiesen, in alpinen Schneelandschaften, manchmal allein, meist aber in Gruppen wechselnder Besetzung, ab und zu auch mit einem Mann, ihrem Ehemann, von dem sie sich gegen den Willen ihres Vaters hatte scheiden lassen. Und die gleichen Bilder, diesmal aber mit Erna und Patricia als Kind und jungem Mädchen, folgen Seite um Seite. Patricia am Meer, vor einer mediterranen Fassade flankiert von zwei dunkelhaarigen Burschen, Patricia vor Almhütten, Patricia in Venedig, Patricia in einer furchterregend hohen schmalen Klamm. Einige Bilder zeigen Mutter und Tochter an der Donau bei Linz, Patricia, so um die fünfzehn Jahre alt, posiert kokett in der Wiese, auf einem anderen Foto stehen sie eng beisammen, Erna richtet offensichtlich irgendetwas an Patricias Bluse. Gelegentlich sieht man eine von ihnen oder auch beide vor einem Wohnwagen stehen oder in ein großes Campingzelt kriechen. Erna muss in den fünfziger und sechziger Jahren viel gereist sein, erst ohne, dann mit der Tochter. Das irritiert mich. Etwas stimmt hier nicht. Ich, der ich ebenfalls aus einfachen Verhältnissen komme, habe das Meer zum ersten Mal gesehen, als ich 21 Jahre alt war. Die Fotos aus den Alben passen nicht zu Patricias Erzählung von Fabriksarbeit und Proletarierwohnungselend. Damals konnten sich nur »bessere Leute« regelmäßige Reisen ans Mittelmeer leisten. Die Bilder stimmen nicht überein mit dem, woran sich Patricia erinnert, sie illustrieren ihre Geschichte von einer kalten grauen Kindheit nicht.

Wie auch immer. Patricia wollte weg, einfach nur weg. Als sie sechzehn war, gelang es ihr. Sie verliebte sich. Ob es ein gleichaltriger Bursche war, will ich wissen. »Ne. Ne, ne«, sagt sie, »er war älter. Also ich war sechzehn und er war dreißig. Und ich hab mich so gut verstanden mit dem, weil das war ein sehr lustiger Mann. Das war der Vater von Tania, der hat damals in Scheidung gelebt.«

In den Jahren, in denen Tania begann, nach ihrer Herkunft zu forschen und sie zuerst ihre Schwestern, dann ihre biologische Mutter fand, kursierten widersprüchliche Angaben zu diesem Mann. Mir hat Tania etwa ein Jahr vor Entstehen dieses Buches, als sie sich schon ein paarmal mit Patricia getroffen hatte, Folgendes über ihren Vater gesagt: »Ich weiß nur aus den Erzählungen von Patricia, dass es ein verheirateter Mann war, mit einer einflussreichen wichtigen Position in der Politik oder Verwaltung in Österreich, er war verheiratet und hatte Kinder.« Und sie zeigte mir eine Kopie aus ihrem Adoptionsakt, auf der eine Aussage von Patricias Vater dokumentiert war. In den Wirren rund um Tanias Geburt und Adoptionsfreigabe an die holländischen Behörden hatte Rudolf M. gegenüber den Beamten angegeben, er kenne die Person, die »Patricia das Baby gemacht hat«, es sei ein älterer Mann, verheiratet, mit Familie. Später gab er an, der Vater des Kindes sei ein Beamter in diplomatischem Dienst, der in Österreich geheim halten wolle, dass seine blutjunge Geliebte schwanger geworden sei und ein Kind geboren habe. Tania blätterte in den Akten, als sie das erzählte, und murmelte dabei: »Aber einen Namen sieht man da nicht.«

Patricia redet heute noch mit einem warmen zärtlichen Unterton vom Vater ihres ersten Kindes: »Ich hatte immer Spaß mit ihm, es war immer was los. Ich war doch ein Teenie, weißt du, bei einem Teenie muss immer was los sein. Das hat mir gefallen. Nur – woran wir beide nicht gedacht haben, war, ja, hallo, ich kann ja schwanger werden. Und genau das ist passiert.«

Sie rief ihren Vater an und sagte ins Telefon: »Ich bin schwanger.«

Der sagte: »Ja, das ist doch alles überhaupt kein Problem, komm, setz dich in den Zug, kommst du halt nach Amsterdam, zu mir.«

Patricia hatte lange nichts gemerkt von der Schwangerschaft. Sie hatte noch dreimal ihre Periode, ihr Gewicht änderte sich kaum. »Da mein Kind ziemlich hinten lag, hatte ich beinahe keinen Bauch, es hat so ausgesehen, als ob ich ein bisschen zugenommen hätte«, erzählt sie mit einem Grinsen. Nach weiteren drei Monaten ging sie in Linz zu einem Arzt. Um das Baby abtreiben zu lassen. Der Doktor meinte lapidar: »Sie sind im siebten Monat schwanger, da geht nichts mehr mit Abtreiben.«

Patricia: »Ich habe doch bis vor zwei, drei Monaten meine Tage gehabt. Wie gibt's das denn, dass man seine Tage noch haben kann?«

Der Arzt: »Ja, das passiert schon manchmal. Selten, aber es passiert.«

Jetzt musste sie etwas tun, das ihr schwerfiel: die Mutter informieren. Erna reagierte wie von der Tochter erwartet. Patricia zitiert sie mit schriller, keifender Stimme. »O Gott, was werden die Nachbarn denken«, hatte sie damals gekreischt, »was machen wir denn jetzt!«

Patricia: »Vater hat gesagt, ich kann zu ihm nach Amsterdam kommen.«

Erna: »Ja, ja, geh du da hin!«

Patricia heute: »Das war das Einzige, was ich zu hören

bekommen habe! Wie ich gesagt habe, dass mein Vater angeboten hat, ich kann nach Amsterdam, war sie sofort Feuer und Flamme. Also da hat sie mich auch nur abgeschoben, auf Deutsch gesagt! Wegen der Nachbarn. Mir war das sowieso recht, ich wollte sowieso zu meinem Vater.«

Im achten Schwangerschaftsmonat bekam sie einen richtigen Bauch. Jetzt konnte es jeder sehen. Das war ihr aber egal, und auch für Erna war es kein Problem mehr, denn Patricia war schon in Amsterdam.

Womit genau Rudolf M. seinen Lebensunterhalt verdient hat, sagt Patricia anfangs nicht. Sie deutet nur mehrfach an, dass er eine große Nummer war in der Unterwelt und dass er immer viel Geld hatte, aber keine eigene Wohnung. Wegen seines Jobs lebte er in Hotels, den besten und teuersten natürlich. Als seine Tochter zu ihm kam, wohnte er gerade im Marriott am Stadhouderskade, einer vornehmen Adresse direkt zwischen Leidseplein und Vondelpark, fünf Minuten vom Rijksmuseum entfernt. In diesem brandneuen Hotel – es war das erste der Marriott-Gruppe in Europa – residierte er in einer Suite mit allem Drum und Dran, mit Blick auf das gehobene Amüsier- und Ausgehviertel des damaligen Amsterdam.

Als seine Tochter zu ihm kam, zog Rudolf M. um in ein zwar ebenfalls gutes, aber kleineres Hotel. »Wir nehmen uns ein Hotel, das in der Nähe von einem Krankenhaus ist, wenn irgendwas passiert, mit dem Kind oder so«, sagte er laut Patricias Erinnerungen. Die beiden wohnten dann im De Toren an der Keizersgracht, »das war in der Nähe der Amsterdamer Universitätsklinik«, sagt Patricia. Was nicht stimmt. Das De Toren, das im Behördenschriftverkehr jener Wochen des Jahres 1977 als Wohnort von Rudolf M. angegeben wird, liegt im Zentrum der Stadt, gleich ums Eck beim Anne-Frank-Haus. Und das ist etwa vier Kilometer entfernt vom Ziekenhuis, der Gebärstation an der Universitätsklink der Vrije Universiteit Amsterdam am Nieuwe Meer, noch weiter weg als das Marriott.

Der Vater verwöhnte die hochschwangere Tochter, ging mit ihr shoppen, aber ein richtig tolles Erlebnis war das nicht, gekauft wurden in erster Linie »so richtige Schwangerschaftsklamotten«, denn Patricia hatte ja gar nichts. Bei einer dieser Bummeleien, die zwei waren gerade auf der Kalverstraat unterwegs, jener noblen Einkaufsstraße nahe dem De Toren, die vom Königlichen Palast weg in Richtung Singel und Leidseplein führt, rann auf einmal etwas aus dem Leib der Sechzehnjährigen. Patricia wusste nicht, was geschah, sie fühlte nur die Nässe. Betont lässig spricht sie darüber: »Ich sag noch zu meinem Vater, ich hab mir in die Hose gemacht, das weiß ich noch. Dann sind wir sofort zum Arzt, der sagt, ja, Fruchtblase geplatzt! Und eine Stunde später war Tania da.«

## 10

»Jong meisje uit goed milieu zoekt voor haar in februari verwacht kind voor langere tijd lieve pleegouders.« Eine Kleinanzeige mit diesem Satz erschien am 22. Jänner 1977 im Inseratenteil der Amsterdamer Zeitung *N.R.C Handelsblad*. Junges Mädchen aus gutem Milieu sucht für ihr im Februar erwartetes Kind für einen längeren Zeitraum freundliche Pflegeeltern. Aufgegeben hatte die Kleinanzeige Rudolf M., Patricias Vater. Für Mitte Februar war der Geburtstermin berechnet worden. Tatsächlich kam Tania zwei Wochen zu früh zur Welt, am 2. Februar, elf Tage, nachdem sie ihr

Großvater per Werbeeinschaltung zur Abgabe gegen Bargeld angeboten hatte.

Diese drei Zeilen im schmalen Zeitungsspaltenformat lösten massive Turbulenzen aus. Sie setzten eine Abfolge von Ereignissen in Gang, die mit dem Abstand von mehr als dreißig Jahren nicht zur Gänze zu verstehen und auch nicht zu rekonstruieren sind anhand der wenigen schriftlichen Zeugnisse, die zugänglich sind. Der Einzige, der wirklich Licht in die Sache bringen könnte, Rudolf M., ist verschollen, lebt wahrscheinlich nicht mehr. Erna kann nicht befragt werden. Und Patricia versichert glaubhaft, von all dem damals nichts mitbekommen zu haben.

Wie professionell Rudolf M. in seinen illegalen Aktivitäten mit Diamanten und Drogen sonst gewesen sein mag, er unterschätzte doch gewaltig die Sensibilität der niederländischen Behörden, wenn es um einen vermuteten Handel mit einem Baby ging. Kurz nach Erscheinen der Anzeige, bereits mehrere Tage vor der Geburt Tanias, wurden regionale Ämter aktiv. In ihrem Adoptionsakt, den Tania ein Vierteljahrhundert später einsehen konnte, gibt es einen internen Schriftverkehr, der vorsichtig formuliert ist. Man kann den Schriftstücken aber entnehmen, dass offensichtlich sehr viele Leute auf das Inserat reagiert hatten, die das noch ungeborene Kind haben wollten, und dass sich einige dieser durchwegs kinderlosen Ehepaare an öffentliche Stellen gewandt hatten. Ein Beamter aus der Provinzialverwaltung der Region Nordbrabant meldete als Erster nach Amsterdam, dass bei ihm ein adoptionswilliges Ehepaar aus Teteringen vorgesprochen habe, einem dörflichen Vorort der Provinzhauptstadt Breda. Dieses Paar interessiere sich für das Baby aus der Zeitung, aber die Sache sei den Leuten nicht ganz geheuer. Es handle sich bei der Frau, die das Kind weggeben wolle, gab das Paar an, offensichtlich um eine sehr junge Österreicherin, die seit etwa einem Monat in Amsterdam wohne, begleitet von einem Mann, der sich als ihr Vater vorgestellt habe, ebenfalls Österreicher, mit Wohnsitz Deutschland.

Kurz darauf eine weitere behördliche Mitteilung aus Breda. Das holländische Paar, eine »angesehene« und bereits von niederländischen Behörden »amtlich als geeignet für eine Adoptivelternschaft« eingestufte Familie, nennt nun den Namen, Rudolf M. heiße besagter Österreicher. Der habe ihnen seine Heimlichtuerei damit erklärt, dass der Kindsvater ein prominenter Mann in Österreich sei, verheiratet, ein hochrangiger Diplomat. Die Nordbrabanter Beamten erwägen, ob und in welcher Form man dem adoptionswilligen holländischen Ehepaar Schutz angedeihen lassen sollte. Am 1. Februar 1977, einen Tag vor Tanias Geburt, berichtet der Beamte aus Breda dem Amsterdamer Jugendamt, dass er telefonisch mit Herrn M. ein Treffen vereinbart habe. Als Resümee steht dann unter diesem Schreiben nur ein Wort: Afwachten. Abwarten.

Tania sitzt im Garten ihres außerordentlich schönen Reihenhäuschens im Amsterdamer Vorort Landsmeer und lacht schallend, als sie die Geschichte erzählt, wie sie zu diesen Kopien aus ihrem Adoptionsakt gekommen ist. Sie lacht oft und viel. Als diese Geschichte über drei Schwestern zu entstehen begann, sind mir irgendwann einmal Tschechows »Drei Schwestern« in den Sinn gekommen. Wegen einer zugegeben eher simplen Analogie: Wenn wir bloß in Moskau sein könnten, dann fänden wir das Glück, das wir in der öden metropolenfernen Gouvernementstadt vergeblich suchen, dies ist das durchs ganze Stück gehende Motiv bei Tschechow; wenn wir bei der richtigen Mutter leben hätten können, dann wären wir glücklich, das trieb und treibt Patricias Töchter aus Amsterdam, Linz und Wien an. Wenn dies also Tschechows Stück wäre, dann wäre Tania nicht Olga, die älteste Schwester bei Tschechow, und auch nicht Mascha, sondern Irina, die jüngste, die am ehesten so was wie robust, tatkräftig, umtriebig ist.

Landsmeer ist ein putziger Amsterdamer Vorort, keine zwanzig Autominuten vom Stadtzentrum entfernt, aber idyllisch wie ein Projekt verdichteter Niedrigverbauung irgendwo auf dem flachen Land. Die Häuser sehen alle ziemlich neu aus und besitzen einen ganz eigenen Charme. Die schmalen Reihenhäuser haben hinter dem Haus jedes ein kleines Stück eigenes Grün, an der Straße gibt es einen öffentlichen Grünstreifen, der an ein Gewässer grenzt. Sieht aus wie die Miniaturversion einer typisch holländischen Gracht, mit schmalen gewölbten Fußgängerbrücken zu den einzelnen Häusern. Gleich um die Ecke münden diese Zier-Grachten in einen relativ breiten Kanal, auf dem sich an Sonntagnachmittagen die jungen Leute des ganzen Viertels auf Booten herumtreiben. Ganz in der Nähe wohnen Tanias Vater und Mutter. Sie meint immer und ausschließlich ihre Adoptiveltern, wenn sie von Vater oder Mutter spricht.

Den Großteil des Bodens in ihrem Gärtchen hat Tania vor kurzem erst mit Steinen ausgelegt, Abtei-Steine heißen die in den holländischen Baumärkten, sehen aus wie große Ziegel in hellem Ocker, manche mit einem Hauch von Rot dabei. Ihr Vater Dirk hat eigentlich die meiste Arbeit geleistet, sie selbst hat vor allem die Blumen, Sträucher und Bäumchen ausgesucht, die sie dann in Töpfe oder große Steintröge gepflanzt hat. Tania hat eine dicke Mappe in den Garten gebracht, Fotos, Dokumente und lose Kopien. Das alles zeigt sie nun Tamara und mir.

Kopien hat sie nicht recht viele, sagt sie, weil sie nicht viel Zeit hatte damals. Es ist jetzt an die zehn Jahre her, dass sie begonnen hatte, nach ihren Wurzeln zu suchen. Der erste Schritt war eine Fahrt nach Den Haag gewesen. Ihr Adoptionsakt befand sich im Archiv einer Regierungsstelle, welche genau das war, weiß sie nicht mehr. Ihr damaliger Partner fuhr Tania die rund siebzig Kilometer, begleitete sie hinein in die Büros. Die Beamten in Den Haag waren freundlich und hilfsbereit, doch sie wiesen ihr Anliegen zurück: In den Akt könne sie nur Einsicht nehmen mit Zustimmung der biologischen Eltern.

Tania: »Aber der biologische Vater ist unbekannt, und die Mutter wird man nie finden!«

Nach einigem Hin und Her hatten die Regierungsbeamten ein Einsehen und boten ihr an, sie einfach eine Weile im Archiv allein zu lassen. Und sie ließen sogar Kopien aus den amtlichen Unterlagen zu. Eigentlich sei das nicht erlaubt, aber man werde für eine halbe Stunde die Augen zudrücken. Und ja: Eine Kopie koste zehn Gulden, also an die fünf Euro. Tania wurde blass, da erbarmten sich die Beamten und gestatteten ihr, den Amtskopierer selbst zu bedienen, dafür würde man dann nicht den offiziellen Preis verlangen.

»Das schaffe ich doch nicht alleine«, rief Tania. Und begann zu weinen. Die Beamten holten ihren Freund herein, der draußen warten musste. Und jemand von den Archivaren rief, damit die aufgelöste junge Frau, die da aus nichtigem Anlass in ihren Amtsräumen Rotz und Wasser heulte, endlich aufhörte: »Sie zahlen nur den Preis für das Papier! Keine zehn Cent pro Blatt!«

Allein mit ihrem Freund im Archivraum mit dem Kopierer überfiel Tania eine leicht panische Hyperaktivität. In den Regalen fand sie zwei Bestände mit ihrem Familiennamen, sie nahm zuerst den dünneren heraus, das war der ihres jüngeren Bruders, den ihre Eltern ein paar Jahre nach ihr adoptiert hatten. Ihr eigener Akt war viel dicker. Sie begann sich festzulesen in den Seiten, schaffte es nicht, Wichtiges von Unwesentlichem zu unterscheiden, reichte einfach jedes Blatt nach dem Lesen ihrem Freund zum Kopieren.

»Kopieren! Kopieren! Nicht hineinlesen, einfach die Blätter nehmen und kopieren.« So trieb sie der Freund an, aber sie hörte nicht auf ihn, las weiter, nach zehn Minuten hatten sie gerade einmal fünf Kopien geschafft. Da schrie sie der Freund an: »Lies es später, lies das zu Hause! Kopier, kopier!« Es ist von grotesker Komik, wie sie das heute darstellt, laut und mit ausladenden Gesten spielt sie sich selbst, wie sie damals am Durchdrehen war, sie kreischt: »Okay, das und das und das. Kopieren!« Dann wird sie ruhiger und sagt: »Ich habe kopiert wie eine Irre, aber wir haben nur ganz wenig geschafft.« Und nach einer Pause: »Ja. So war das.«

Quer durch die Ereignisse, ungeordnet und oft ohne Datierung, so erzählen die Schriftstücke von jenen turbulenten Wochen im Amsterdamer Spätwinter 1977. Die nicht sonderlich große, aber üppige und starke Frau war auf die Welt gekommen als zartes zerbrechliches Wesen, zu früh, zu klein und zu mager. Geburtsgewicht 2480 Gramm. Man musste Tania sofort nach der Geburt »in een couveuse« geben, steht auf einem behördlichen Dossier, in einen Brutkasten.

Das Baby wurde bewacht. Vor dem Zimmer mit dem Inkubator saß ständig ein Polizist. Warum der dort postiert war, wird in den Protokollen der diversen Ämter nur angedeutet. Das Krankenhauspersonal hatte sich gewundert, weil so viele Leute ins Spital kamen, um die junge Mutter und ihr Neugeborenes zu besuchen. Immer waren es Paare. Den Ärzten und Schwestern fiel bald auf, dass diese Besucher offenkundig keine Verwandten waren, es waren ausschließlich Holländer, die meist gar kein Deutsch sprachen, die da am Bett der Österreicherin standen und das Baby in Augenschein nahmen. Irgendjemand schlug schließlich Alarm.

Wer dies tat, und bei welcher Behörde, geht aus den Akten nicht hervor. Es sind jedenfalls mehrere Stellen aktiv geworden, als erste allem Anschein nach die Justiz und der Amsterdamer Raad voor de Kinderbescherming (das Jugendamt) und die Regionalbehörde in Breda, dann die FIOM (Federatie van Instellingen voor de Ongehuwde Moeder en haar Kind), eine Stiftung, die sich seit Jahrzehnten der Probleme lediger Schwangerer, Mütter und deren Kinder annimmt, schließlich die ISS in Den Haag und Wien (International Social Service, eine weltweit operierende Non-Profit-Organisation, die vor allem Familien berät und unterstützt, die länderübergreifend in Schwierigkeiten geraten) und bald auch die Jugendbehörde in Linz. Alle diese Einrichtungen und Institutionen kommunizierten in den Wochen nach dem 2. Februar ausgiebig miteinander.

Ein paar Tage nach Tanias Geburt lud das Amsterdamer Jugendamt Rudolf M. zu einer Aussprache vor. Mit dabei war auch jener Mann aus Teteringen, der sich mit seiner Frau als Erster für das Baby aus dem *Handelsblad*-Inserat interessiert hatte. Sozialarbeiter hatten in den Tagen vor Tanias Geburt mehrmals versucht, mit Rudolf M. Kontakt über die chiffrierte Kleinanzeige aufzunehmen, jedoch ohne Erfolg. Erst als das Baby auf der Welt war und die Universitätsklinik ebenfalls die Behörden einschaltete, wurde der Österreicher, der allem Anschein nach viel Zeit im Spital bei Patricia verbrachte, für die Behörden greifbar.

Der Beamte vom Raad wollte bei dieser Aussprache offensichtlich herausfinden, wer Rudolf M. war. Aus dem Protokoll dieses Treffens geht hervor, dass man ihm mit höchstem Misstrauen begegnete, so wird etwa dezent angedeutet, dass das Verhalten von Herrn M. den Verdacht aufkommen lasse, er sei nicht nur Patricias Vater – was er durch Vorlage eines österreichischen »Dokuments zur Vaterschaftsanerkennung« belegte –, sondern auch der »verwekker«, der Erzeuger von Patricias Baby. Ein Verdacht, der auch noch in ein paar anderen Akten auftaucht. Und am Ende des Gesprächsprotokolls wird festgehalten, dass Herr M. auffällig nach Alkohol roch und dass dies auch von anderen Personen berichtet worden sei, die mit ihm Kontakt gehabt hätten.

Der Amsterdamer Beamte konfrontierte Rudolf M. mit den Namen von zwei weiteren Familien, einer aus De Lier, einer aus Stadskanaal, die ebenfalls nach dem Erscheinen der Kleinanzeige mit ihm Kontakt aufgenommen hatten. Ob beziehungsweise wie viel Geld Herr M. für Tania von diesen Leuten verlangt hat, steht nicht im Protokoll. Aus Andeutungen kann man den Schluss ziehen, dass er mit mehreren Ehepaaren ernsthafte Gespräche geführt und auch versucht hat, diese bei der Höhe des Kaufpreises gegeneinander auszuspielen. Woraufhin sich mindestens jene drei Familien, die in den Unterlagen namentlich erwähnt werden, an die Polizei oder an die FIOM gewandt hatten. Vermutlich wollte der Behördenvertreter bei dieser persönlichen Aussprache Rudolf M. nicht nur aushorchen, sondern auch unter Druck setzen. Er konfrontierte den Österreicher nämlich mit der aktenkundigen Aussage einer FIOM-Sozialarbeiterin aus Rotterdam, die Patricia noch am Tag der Geburt oder spätestens einen Tag danach in der Universitätsklinik besucht hatte.

Sie hatte die junge Mutter gefragt, ob ihr Baby ein unerwünschtes Kind oder ein Wunschbaby sei. Patricias Antwort: »Ein erwünschtes.« Der unausgesprochene Vorwurf in der Amsterdamer Amtsstube: Sie, Herr M., wollen Ihr Enkelkind verkaufen, obwohl Ihre Tochter das Kind behalten möchte!

Tania in ihrem schmucken Gärtchen in Landsmeer überfordert Tamara und mich ziemlich, als sie uns stundenlang all die Dokumente und Unterlagen zu ihrer Adoptionsgeschichte zeigt. Was heißt zeigt, sie liest sie vor, ausschnittsweise zwar nur, aber es fällt ihr schwer zu gewichten, was bedeutsam ist und was nicht, und darum trägt sie viel zu viel vor. Es ist anstrengend, weil sie die in holländischer Sprache abgefassten Akten auf Englisch vorliest und dabei aber immer wieder ins Holländische fällt. Und umgekehrt versuchen Tamara und ich, ihr die Papiere aus Österreich ins Englische zu übersetzen, und können ihr viele bürokratische Ausdrücke doch nicht wirklich verdeutlichen.

Zweimal jedoch wird diese quirlige Frau, die mit ihren 33 Jahren viel mädchenhafte Unternehmungslust und Elan ausstrahlt, sehr ruhig. Das eine Mal, als sie das Protokoll der amtlichen Vorladung ihres Großvaters vorliest. »Gewenst«, sagt sie, »een gewenste baby.« Gewünscht, ein gewünschtes Baby. Und das andere Mal hält sie inne, als in den Unterlagen von der strahlenden und überglücklichen Patricia die Rede ist. Diese Formulierung kommt in mehreren Dokumenten vor, einmal auf Englisch, zweimal auf Holländisch. Sie sagt es nicht, und auch wir sagen kein Wort, aber es ist mit Händen zu greifen, wie wichtig es für sie ist, als gewolltes und erwünschtes Wesen in diese Welt gekommen zu sein.

Und mir wird dieser Moment der Ruhe, herbeigesehnt in dem hektischen Herumwühlen in und Rezitieren aus den

Papieren, auf der Stelle unerträglich. Denn es ist nicht nur Tania, die innehält, weil da etwas ist, das ihr Leben als ein im Prinzip geglücktes bestätigt, oder das zumindest verspricht, dass ein geglücktes Leben möglich ist. Auch Tamara wird still und zieht sich in den Stuhl zurück, aber es ist eine finstere Stille. Denn sie hat dieses Gefühl nicht, das Tania gerade sanft und weich macht. Sie kämpft mehr oder weniger zeit ihres Lebens mit selbstzerstörerischer Wucht und Energie an gegen die Zumutung, ungewollt und unerwünscht zu sein. Sie schweigt, wenn Tania »gewenst« sagt und »radiant and overhappy«. Erst an einem späteren Tag unseres Aufenthalts in Holland, während eines kerzenbeschienenen nächtlichen Gesprächs in der Sitzgarnitur auf den Abtei-Steinen, werden die Schwestern darüber reden. Jetzt aber zieht sich Tamara zusammen und klammert sich an die Zigarette, als könnte die ihr Hilfe geben oder zumindest Trost. Weil Tanias zufriedenes Schweigen all das aufwirbelt und hochkochen lässt, was in Tamaras Innerem schmerzt. Das kann ich nicht ertragen, denn Tamara ist mein Kind, und mein Kind sollte glücklich sein.

## 11

Wie aus dem Nichts taucht Erna auf in den amtlichen Dossiers und Protokollen zu Tanias Geburt. Ganz selbstverständlich wird mehrfach erwähnt, dass sie ebenfalls in Amsterdam war in jenem Februar 1977, immer wieder notieren Beamte in ihren Berichten, dass sie befragt, um Stellungnahme ersucht oder zum Handeln aufgefordert wurde. Wann sie gekommen ist und warum, bleibt unklar, Patricia sagt dazu nichts, Erna sowieso nicht.

Die Rotterdamer FIOM-Mitarbeiterin hat Patricia offenkundig mehrfach im Spital besucht. Bei einem dieser Treffen drang sie in die Sechzehnjährige, sie möge doch die Identität des Kindsvaters preisgeben, oder zumindest einen plausiblen Grund für die Geheimhaltung nennen. Worauf Patricia antwortete, dass sie Angst habe: Wenn das Jugendamt in Österreich erführe, dass sie ein Kind habe von einem doppelt so alten, verheirateten Liebhaber, käme sie selbst wahrscheinlich wieder in ein Erziehungsheim, und man würde ihr das Baby wegnehmen und es ebenfalls in ein Heim stecken. Und auf einmal steht dann Ernas Name in diesem Bericht der Sozialarbeiterin: Die Mutter der jungen Frau und Großmutter des Babys bestätige, dass die Befürchtungen Patricias berechtigte seien.

Zwei, drei Tage nach der Geburt wurde die internationale Hilfsorganisation ISS eingeschaltet, zuerst die niederländische in Den Haag, die wandte sich in der Folge an die ISS in Wien, und diese nahm Kontakt auf mit dem Jugendamt in Oberösterreich. Eine Mitarbeiterin der ISS sprach ausführlich mit Rudolf M. und versuchte ihm klarzumachen, dass die Art und Weise, wie er versuche, in Holland Pflegeeltern für seine Enkelin zu finden, von den niederländischen Behörden nicht akzeptiert werde. Es ist alles sehr vorsichtig und zurückhaltend formuliert in diesen Amtsberichten und Aktennotizen, aber man darf annehmen, dass Rudolf M. klipp und klar gesagt wurde, dass man ihn mit aller Härte des Strafrechtes verfolgen werde, falls er tatsächlich ein Baby gegen Geld abgebe. Zwischen 5. und 8. Februar scheint Patricias Vater dann nur noch auf Schadensbegrenzung aus gewesen zu sein.

Das Misstrauen der holländischen Stellen gegen M. zeigt sich allein schon in dem Umstand, dass fast immer, wenn von ihm als Vater der minderjährigen Kindsmutter die Rede ist, das Wort »vader« in Anführungszeichen gesetzt wird. Etwa im Protokoll eines Amtstermins am 8. Februar 1977, zu dem Rudolf M. und Erna R. vorgeladen wurden. Dabei erklärten die beiden, sie hätten geglaubt, in Holland gehe man mit solchen Angelegenheiten locker um, nun, da man sie vom Gegenteil überzeugt habe, seien sie selbstverständlich zur Kooperation mit den Behörden bereit, und sie seien einverstanden, dass das Amsterdamer Jugendamt die Sache übernehme. Ein namenlos bleibender Beamter präsentierte einen Vorschlag: Als Erstmaßnahme soll Patricias Kind für drei Monate zu einer Pflegefamilie kommen, mit dem Jugendamt Linz sollen alle zwischenstaatlichen Fragen abgeklärt werden, und anschließend soll das Baby zu einer vom Raad und noch einzusetzendenen Experten ausgewählten Adoptivfamilie in den Niederlanden kommen.

Dann ein bemerkenswerter Satz im Protokoll: »Beide Eltern Patricias, vor allem die Mutter, schienen erleichtert zu sein, durch diese Vorgangsweise von einem großen Problem erlöst worden zu sein.«

Erna sagte noch, dies sei die beste Lösung für ihre Tochter, denn die sei bereits dabei, Abstand von ihrem Kind zu entwickeln. Und: »Meiner Meinung nach ist Patricia zu jung, sie hat keinen Schulabschluss und ist nicht imstande, selbst für ein Kind zu sorgen.« Rudolf M. sagte, er sei erleichtert, wenn sich auf diesem Wege viele Probleme erledigten, die er sich selbst aufgehalst habe, ganz zu schweigen von den finanziellen Sorgen im Zusammenhang mit dem Aufenthalt von Patricia und dem Baby an der Universitätsklinik. Die Verwaltung der Universitätsklinik hatte nämlich bereits mit dem Amsterdamer Jugendamt Kontakt aufgenommen, man wollte wissen, wer denn nun die Krankenhauskosten für Mutter und Kind übernehmen werde. An Herrn M. würden in dieser Hinsicht keine Ansprüche gestellt, vermerkt das Protokoll, was Rudolf M. mit Zufriedenheit quittierte. Bei diesem Anlass brachte er eine abgewandelte Version zur Identität des Kindsvaters: Es handle sich um einen verheirateten vierzigjährigen Business-Mann mit mehreren Kindern.

Nach dem Treffen mit Patricias Eltern telefonierte der Amsterdamer Jugendbeamte mit dem niederländischen Justizministerium, Abteilung Jugendwohlfahrt. Er erbat eine Ermächtigung, mit der sein Amt im Falle dieses Babys österreichischer Staatsbürgerschaft mit Handlungsvollmacht ausgestattet werde. Diese wurde erteilt, da das Kind demnächst »ohne die Obhut von Autoritätspersonen in Amsterdam verbleiben« werde. Der Formalakt dazu erfolgte am 9. Februar 1977, das Jugendamt bekam vom Gericht offiziell die vorläufige Obsorge über Tania übertragen. Der Leiter des Jugendamtes schickte dazu einen ausführlichen Bericht an ISS in Den Haag, in dem die weitere Vorgehensweise mitgeteilt wurde: Tania wird auf »neutrales Terrain« gebracht, in ein Kinderheim, bis alle Kompetenzfragen zwischen den verschiedenen Behörden in Holland abgeklärt sind, dann soll sie für einen begrenzten Zeitraum von voraussichtlich drei Monaten zu einer Pflegefamilie kommen. In dieser Zeit sollten alle offenen Fragen zwischen Holland und Österreich behandelt und gelöst werden. Danach soll sie zu geeigneten Adoptiveltern kommen. Der Jugendamtsdirektor erörterte, wie die weiteren Schritte im Kontakt mit den österreichischen Kollegen zu setzen seien, und er empfahl, Mutter und Großmutter des in Frage stehenden Kindes stets einzubeziehen. Von Erna schien dieser hochrangige Beamte allerdings nicht viel zu halten, in seinem

Schreiben findet sich die Bezeichnung Großmutter, »grootmoeder«, konsequent in Anführungszeichen.

In einer internen Zusammenfassung des Behördengesprächs mit Erna R. und Rudolf M. heißt es, Patricias Vater habe das Treffen vom 8. Februar erleichtert verlassen. Vor allem deshalb, so wird gemutmaßt, weil sein Versuch »finanzieller Manipulationen« im Zusammenhang mit dem Baby straffrei blieb, und »besonders zufrieden« habe ihn die Information gemacht, dass der niederländische Staat alle anfallenden Kosten übernehmen werde. In Wirklichkeit dürfte M. ganz und gar nicht froh gewesen sein. In einer anderen Aktennotiz wird jemand zitiert, der an diesem 8. Februar mit M. im Auto unterwegs war, die Identität wird nicht angegeben, es dürfte sich aber um den Mann aus Teteringen handeln, der als Erster die Behörden auf das Baby-Inserat aufmerksam gemacht hatte. Der teilt nun dem Jugendamt mit, das »Herr M. auf dem Autorücksitz sehr böse war«, weil Holland zu gar nichts fähig und imstande sei. Und dann habe er losgeschimpft, und etwas in der Art von sich gegeben: Am besten wäre es, man würde das Baby aus dem Spital holen, in eine Decke wickeln und es der Familie in Teteringen vor die Haustür legen.

Rudolf M. hat an jenem Tag gemerkt, dass ihm die Felle davonschwimmen. Er scheint einen letzten verzweifelten Rettungsversuch gestartet zu haben, das geht aus einer anderen Aktennotiz hervor. Weitergegeben wird die Information als Gerücht, das einem Beamten im Zusammenhang mit dem Fall Tania zu Ohren gekommen ist. Wenn die Geschichte wahr ist, dann hat M. einem Gynäkologen an der Amsterdamer Universitätsklinik 10 000 Gulden, umgerechnet 5000 Euro, geboten, wenn er das Baby aus dem Krankenhaus schmuggelt.

Dann sind plötzlich alle verschwunden, bis auf Tania. An diesem 8. Februar 1977 müssen sie überstürzt abgereist sein. Die Ämter scheinen erleichtert, nur ganz kurz und lapidar wird mehrfach erwähnt, dass Patricia und ihre Mutter nach Österreich zurückgekehrt seien, und Herr M. habe Holland ebenfalls verlassen. Man schlägt vor, umgehend in Kooperation mit den österreichischen Behörden eine Lösung zu suchen. Und das Baby, so wird angeordnet, möge vorläufig noch im Spital bleiben, da es nach wie vor untergewichtig sei.

Die erwachsene Tania liest uns noch immer aus den Dokumenten vor, nur selten versucht sie etwas zu umschreiben, wenn ihr kein englisches Wort einfällt. Nur an dieser Stelle, als es um das Abhauen ihrer Mutter und ihrer Großeltern geht, sechs Tage nach ihrer Geburt, gibt sie einen Kommentar ab. »Herr M. war sehr erleichtert, als ihm die holländischen Behörden die Kosten abgenommen haben. Da fand er alles wunderbar.« Sie lacht und sagt, immer noch lächelnd, als ob sie einen Witz erzählte: »Wunderbar, dieser Februar 1977 – good bye, Amsterdam, good bye, baby!«

## 12

All diese Geschichten über Babyverkauf und das Weggeben eines Kindes tut Patricia heute mit einer ärgerlichen Handbewegung ab. Ich habe sie gefragt, wie das denn nun gewesen sei, als ihr Vater versucht haben soll, das Baby zu verkaufen, denn so was könne man in etlichen Dokumenten der Amsterdamer Behörden lesen.

»Zu verkaufen?!« Sie ist echt überrascht. Das hat sie so noch nie gehört.

»Ja. Verkaufen.«

»Ne, das war nie der Plan, das zu verkaufen, ne, ne, ne, das ist Blödsinn. Ne.« Sie macht eine lange Pause, bevor sie fortfährt: »Das hat wahrscheinlich so ausgesehen, weil er es blöd angepackt hat, nicht. Er hat das anhand von einer Annonce gemacht, und so.«

»Also Geld war nicht im Spiel?«

»Ne, ne, ne, davon war nie die Rede, überhaupt nicht. Das hätte er gar nicht nötig gehabt. Das wären Peanuts für ihn gewesen.« Sagt sie und lacht verächtlich. Mit seinen Geschäften hat ihr Vater damals mehr als genug verdient, knurrt sie, und dass sie denkt, dass wohl die Jugendämter in Österreich und Holland das so dargestellt haben, weil sie damit Argumente für die vermeintliche Notwendigkeit bekommen haben, das Baby der Mutter wegzunehmen und es zur Adoption zu geben. Und: »Mein Vater war ja sowieso beim Jugendamt verschrien. Er war für die der Vater, der sich nie um mich gekümmert hat.«

»Die Sache mit Spanien, war die dem Amt bekannt in diesem Zusammenhang?«

»Ja, ja, deswegen war er auch verschrien. Und darum wird es wahrscheinlich auch geheißen haben, dass er das Kind von mir verkaufen wollte, deswegen, nicht.«

Und dann erzählt sie, wie sie diese Woche in Amsterdam in Erinnerung hat. Ihr Vater hat damals versucht, einen guten Platz für das Kind zu finden, und zwar weil es schon einige Zeit davor Druck auf sie, die sechzehnjährige Schwangere, gegeben hatte. Noch in Linz hatte damals Erna, sobald sie von der Schwangerschaft gehört hatte, das Jugendamt informiert. Das lud Patricia vor in die Sonnensteinstraße im Stadtteil Urfahr, es war ein schwerer Gang für sie, das erste Mal, dass sie seit Baumgartenberg wieder »mit denen«

zu tun hatte. Die Behörde sagte unmissverständlich, wie das Weitere ablaufen werde: Sie wird das Kind zur Welt bringen, und gleich wenn es geboren ist, wird es in ein Heim kommen.

»Mein Kind kommt nicht in ein Heim«, antwortete Patricia.

Die Beamtin: »Ja, da hast du überhaupt nichts zu sagen, das ist so!«

Das war der letzte Anstoß für sie gewesen, nach Amsterdam zu fahren. Als Tania auf der Welt war, hatte sich das Linzer Jugendamt gemeldet, ob bei Patricia selbst oder bei Rudolf M., wird aus ihrer Erzählung nicht klar. Die Linzer forderten, dass Patricia das Kind nehme, sobald es transportfähig sei, zurückkomme und das Baby im Heim abgebe.

»Nein«, war Patricias Antwort, »ich sitze in Amsterdam, und das Kind bleibt hier.«

Sie wollte beim Vater bleiben mit Tania. Dem stimmte das Linzer Amt nicht zu. Wie sollte das denn gehen, ein Baby mit minderjähriger Mutter bei einem Mann, der ausschließlich in Hotels lebt? Patricia beharrte auf ihrem Nein zu einer Heimunterbringung. Das Jugendamt wandte sich nun an Erna und fragte, ob sie helfen würde, das Kind großzuziehen.

Jetzt wird Patricia im Wohnwagen aufgeregt, ihre Stimme klingt energisch: »Da hat meine Mutter gesagt: Ich will nicht so einen schreienden Balg bei mir haben, das will ich nicht. Also hat das Jugendamt gesagt, okay, dann kommt das Kind ins Heim. Und dann habe ich wieder gesagt: Nein! Ich war im Heim, und das tu ich meinem Kind nicht an. Und da habe ich zu meinem Vater gesagt, kümmere dich drum. Hilf mir. Und dann hat mein Vater sich drum gekümmert, um eine Familie, für das Kind. Da ich ja nichts hatte, offiziell, und eigentlich nur Probleme mit meiner Mutter. Und bei ihm im Hotel wohnen durfte ich auch nicht.«

An dieser Stelle schweift sie ab und schildert irgendwie verschmitzt und gleichzeitig stolz, dass ihr Vater immer in den Suiten der teuersten Hotels gewohnt habe, das sei notwendig gewesen für seine Geschäfte. Es ist das erste und einzige Mal, dass sie klipp und klar sagt, was für Geschäfte das waren.

Nicht um Geld für das Baby zu kriegen, hatte er damals eine Familie gesucht, erzählt sie weiter, sondern um zu verhindern, dass die Kleine ins Heim gesteckt wird. In ihrer Version sind die holländischen Behörden vom Krankenhaus eingeschaltet worden. Jedenfalls war das Amsterdamer Jugendamt gleich bei ihr am Wochenbett gestanden. Die niederländischen Behördenvertreter boten Patricia eine Lösung des Problems, die ihr besser vorkam als die Variante der Linzer: kein Heim für Tania, sondern eine stabile dauerhafte Unterbringung bei einer Familie aus bester Gesellschaft.

Patricia heute: »Ich sagte, okay, das mach ich. Übernehmt ihr das und sucht ihr eine Familie für sie. Aber kein Heim! Und dann habe ich unterschrieben für die Adoption. Aber hätte damals meine Mutter gesagt, ja«, sehr laut und emotional presst sie dieses Ja hervor, gleich noch einmal, »ja, dann wäre das Kind nie weggekommen. Weil dann wäre ich mit dem Kind nach Hause und hätte das alleine hochgezogen, nicht.«

»In den Papieren steht ein Satz von einem Arzt«, sage ich, »du seist radiant and overhappy gewesen. Stimmt das?«

»Ja, ja, das war ich auch«, sagt sie mit sehr sanfter Stimme und leise.

Dann streckt sie ihren Körper, setzt sich gerade hin und

spricht eine Weile mit dem Tonfall eines trotzigen Kindes: »Ich wollte sie auch nicht hergeben. Das wollte ich auf gar keinen Fall. Ich habe geheult, ich habe geheult wie ein Schlosshund. Ich wollte das Kind nicht hergeben. Aber mir ist ja nichts anderes übriggeblieben. Dafür zu sorgen, dass sie zu einer guten Familie kommt, und nicht in ein Heim, war die beste Möglichkeit. Weil hätte ich das Kind nach Österreich gebracht, wäre es dann in ein Kinderheim gekommen, wäre dort vielleicht jahrelang gewesen, weil in der Zeit war es ja nicht so, dass vielleicht sofort eine Familie gefunden werden konnte, das hat man mir ja damals gesagt, es hat geheißen, das kann ein, zwei Jahre dauern, vielleicht auch länger, bis sie eine geeignete Familie finden, nicht. Das kam für mich überhaupt nicht in Frage, dass *mein* Kind in ein Heim kommt.«

»Ich habe es ja probiert, mein Kind zu behalten«, sagt sie, ich will sie unterbrechen mit der Frage, wie sie es probiert hat, doch ich frage nicht, auch später nicht, als ich ihr eine Reihe von Zusatzfragen stelle, die ich mir die ganze Zeit über notiert habe. Es ist eine zu labile Situation, ich bin ihr Gast, Tamara und Christiane sind mit mir gekommen, ich habe Angst, dass sie das Gespräch abbricht und uns hinausschmeißt. Oder dass sie nichts mehr sagt.

»Ach, heute wäre das kein Problem«, fährt sie fort, »ich bitte dich! Aber damals gab es das ja alles gar nicht. Überhaupt nicht, betreutes Wohnen minderjähriger Mütter und so Sachen. Zumindest haben sie mir nichts davon gesagt, dass es so was gibt. Zu mir haben sie nur gesagt: Du hast keinen Schulabschluss, du hast keine Arbeit, du hast nichts. Und deine Mutter will dir auch nicht helfen, also kommt das Kind ins Heim. Und ich habe alles Mögliche versucht, ich habe gebettelt, ich bin sogar auf Knien gelegen, ich habe gesagt: Nehmt's mir nicht weg! Ich werde alles machen, was ihr wollt, habe ich zu denen gesagt, ich werde mir eine Arbeit suchen, alles, was ihr wollt. Ne! Ich war ja nicht gut genug. Und dann habe ich zu denen vom Jugendamt in Linz gesagt, okay, wenn ihr so seid, dann mach ich es so, wie ich es will.«

Die Geschichte, wie Tania auf die Welt gekommen ist und von ihrer Mutter zurückgelassen wurde, ist eine voller Widersprüche und offener Fragen. Wenn Rudolf M. wirklich hohe Geldbeträge verlangt hat für sein ungeborenes Enkelkind, warum wurde keine Polizei eingeschaltet? Wieso hat ihn die Justiz die ganze Zeit über in Ruhe gelassen, bei all den so offenkundig aufklärungsbedürftigen Aktionen und den Gerüchten über versuchte Bestechung eines Arztes und geplante Entziehung eines Säuglings aus der Obsorge des Jugendamtes? Und wo er doch die ganze Zeit greifbar war, viel Zeit bei seiner Tochter in der Klinik verbrachte und allem Anschein nach jeder Vorladung des Jugendamtes Folge leistete. Wieso haben mehrere Behördenvertreter mehrfach einen Inzest-Verdacht in ihre Dossiers und Protokolle geschrieben? Und wenn es stimmt, was Patricia sagt, dass ihr Vater als Kurier für Diamantenkartelle gearbeitet hat und in die Amsterdamer Drogenmafia involviert war – weshalb hätte er so viel riskieren sollen, wenn er das Geld nicht nötig hatte? Und wenn es ein versuchter Verkauf eines Babys in Bereicherungsabsicht war – warum hat ihn der erfahrene, gewiefte Gangster so dilettantisch angestellt, mit einem Inserat in einem Massenblatt? Aber wenn Patricias Version stimmt und das Ganze ein ungeschickter Versuch war, eine gute Familie für das Baby zu finden, warum haben dann Herr M., Erna und Patricia Amsterdam so fluchtartig verlassen?

Patricia hat sich beruhigt, ist wieder die coole kontrollierte Erzählerin. »Und da ich sowieso die Österreicher – sorry – gehasst habe, ich habe Österreich gehasst wie die Pest, wegen all der Dinge, die mir passiert sind. Aber die Holländer, die waren mir schon immer sympathisch, auch durch meinen Vater und so. Weil ich da immer nur schöne Sachen erlebt habe, einfach. Ob's die Schwangerschaft war, die letzten zwei Monate, ich habe da nur super Erfahrungen gemacht, auch die Leute, so offen alles, nicht so – sorry – gequetscht wie die Österreicher, wie sie früher waren. Weil da hat's ja immer nur geheißen – ja, was sollen denn die Nachbarn denken! Das gab's in Holland nicht. Und da habe ich gesagt, okay, habe ich gesagt. Und das haben mir die auch schriftlich gegeben, dass das Kind nicht länger als zwei Tage irgendwo bleibt in einem Heim. Und das war dann auch so. Ich glaube, nach einer Woche war sie dann schon – die war, glaub ich, zwei Tage in einem Auffangheim, danach war sie bei einer Pflegefamilie für eine Woche oder was, und danach hatte sie die Familie. Und damit war ich einverstanden.«

## 13

Da lag nun dieses verlassene untergewichtige Wesen allein in seinem Bettchen im Krankenhaus. Hat sie viel geschrien in den Nächten? Hat sie rasch an Gewicht gewonnen? Hat sie gelächelt, wenn jemand an die Gitter des Bettes trat? Man weiß es nicht, es gab niemanden, der Tanias erste Tage auf Erden festgehalten hätte mit Fotografien oder mit regelmäßigen Eintragungen in einem liebevoll gestalteten Baby-Album. Und so prompt, wie Patricia es darstellt, fand das kleine Wesen nicht Zuflucht in einer schützenden und fürsorglichen neuen Familie.

Nach dem Verschwinden der Kindsmutter und ihrer Eltern aus Amsterdam kam die amtliche Maschinerie erst richtig in Gang. Ein intensiver Schriftverkehr zwischen Österreich und Holland hob an, wobei in den Kopien aus Tanias Adoptionsakt auffällt, dass hauptsächlich die Landesvertretungen der nichtstaatlichen Organisation ISS miteinander kommunizierten und offensichtlich die Rolle des Boten und Vermittlers zwischen den Behörden der beiden Länder übernahmen. Nur ab und zu begegnet einem die Kopie eines amtlichen Schriftstücks, etwa eine Benachrichtigung durch die Provinzverwaltung in Breda, dass das Ehepaar aus Teteringen sich nun definitiv distanziere von dem Vorhaben, das Baby der ledigen Österreicherin zu adoptieren. Oder ein ISS-Schreiben vom 11. Februar von Den Haag nach Wien mit der kurzen Information, dass Patricia im Krankenhaus mündlich der Abgabe ihres Babys zugestimmt und dies am 4. Februar ja auch schon schriftlich bestätigt habe, allerdings mit einer formlosen Unterschriftsleistung von unklarer Rechtskraft. Die Holländer bitten die Wiener Kollegen, bei Erna, Patricia und dem Linzer Jugendamt eine definitive Absichtserklärung zur Adoptionsfreigabe zu bewirken, die allen österreichischen Rechtsvorschriften entspreche.

In jenen Wochen tauchen erstmals Tanias spätere Adoptiveltern in den Berichten auf. Alle Interessenten, die mit Rudolf M. verhandelt hatten, wurden vom Amsterdamer Raad als mögliche Kandidaten ausgeschlossen, gesucht wurde nun eine Familie von der Warteliste des Amtes. Es ist ein sehr holländisches Ehepaar, ruhig und gelassen, von feinem Humor, der sich einem nicht gleich erschließt. Zu

Tanias Haus sind sie mit Fahrrädern gekommen, als ich sie treffe. Sie wohnen ganz in der Nähe in Landsmeer, in einem ähnlichen, nur ein bisschen größeren Haus als jenem Tanias. Dirk zeigt mir sein Rad, es ist eines mit Elektro-Hilfsmotor. »Man wird älter«, sagt er und lacht.

Tania hat noch immer Blatt für Blatt aus ihrer Mappe genommen und Sätze, manchmal ganze Absätze vorgelesen, als die Türglocke schellt. Tania springt auf und zerdrückt hektisch ihre nur halb gerauchte Zigarette im Aschenbecher, »das sind Mama und Papa«, sagt sie, »sie glauben, ich habe es geschafft, mit dem Rauchen aufzuhören«. Da dämpft auch Tamara ihre Zigarette aus, hüpft hoch und schnappt sich den zweiten Aschenbecher, um ihn in die Küche zu tragen. Mittendrin fällt den beiden auf, wie lächerlich das ist, jetzt beginnen die 33-Jährige und die 26-Jährige herumzualbern wie kichernde Teenager-Schwestern, sie leeren den Inhalt beider Aschenbecher bis auf ein paar Kippen in die Gartenmülltonne und stellen dann beide in meiner Nähe auf den Tisch. Ich bin ihr Alibi-Raucher, ich darf, nein, ich muss weiterqualmen, damit es für Tanias Eltern eine Erklärung gibt für die benutzten Aschenbecher. Feixend und lachend geht Tania zum Haustor und holt ihre Eltern in den Garten.

Auf dem Programm steht ein gemeinsames Mahl im Freien. Tania hat gekocht, Tamara hat ihr geholfen, sie tischen große Mengen an Speisen auf, Hühnerspießchen, Koteletts, Fisch, Wurst, viel Brot und Gemüse, eine tolle Saté-Sauce. Tania lässt sich eine Weile von mir Komplimente machen für die exzellente Zubereitung dieser Köstlichkeit aus pürierten Erdnüssen, die mir besser schmeckt als in allen asiatischen Restaurants, wo ich sie bisher probiert habe. Ihre Eltern schmunzeln, sie lacht es schließlich heraus: »Das kriegst du in Holland in jedem Supermarkt, ich habe einfach ein Glas gewärmt!«

Später, bei Kaffee und ein paar Gläsern Bier und Wein, beginnen ihre Eltern und ich Geschichten und Episoden auszutauschen aus der Erfahrungswelt von Adoptiveltern. Die Schwestern hören aufmerksam zu. Tania kennt die Erzählungen ihrer Eltern offensichtlich gut, hat sie wohl schon Dutzende Male gehört. Und Tamara kennt meine Geschichten genauso gut. Aber so was einmal als Zuhörerin von letzten Endes fremden Menschen zu hören, stimmt beide Schwestern ruhig, lässt in der beginnenden Dämmerung im Vorstadtgärtchen eine entspannte, zufriedene Atmosphäre Raum greifen. Weil es ähnliche, beinahe gleiche Geschichten sind, die Joke, Dirk und ich erzählen.

Die beiden können ein paar Lücken im Adoptionsakt schließen. Sie haben Tania das erste Mal gesehen, als sie vier Monate alt war, und zwar in einem Heim mit vielen Kindern. Was bedeutet, dass sie nach dem Aufenthalt an der Universitätsklinik vom Jugendamt Amsterdam in dieser Form von »neutralem Terrain« untergebracht worden war. In dieser Zeit ging viel Post zwischen Amsterdam, Den Haag, Wien und Linz hin und her. Aus den Fragmenten dieser Korrespondenzen kann man rekonstruieren, dass die Holländer als Erstes eine offizielle Bestätigung der Zuständigkeit des niederländischen Staates wollten. Als die vorlag, fühlte das Amsterdamer Jugendamt via ISS vor, ob die Österreicher etwas dagegen hätten, wenn das Baby an niederländische Adoptiveltern vergeben würde. Das zog sich eine Weile hin, dann schien man sich in Linz allmählich mit diesem Gedanken angefreundet zu haben.

Ein weiteres der wenigen amtlichen Schreiben unter Tanias Kopien stammt vom holländischen Jugendamt, darin wird die Behörde in Linz ersucht, einen »social report«, einen Sozialbericht, über die ledige Mutter und ihre Familie zu übermitteln. Diesen Report hat Tania kopiert, allerdings ist das Blatt nicht datiert, es lässt sich also nicht sagen, wann die Linzer damals reagiert haben.

Aus diesem Bericht klingt ein rauher Ton. So heißt es etwa über Erna: »Sie ist früh gealtert, verhärmt, ziemlich nervös, schwer zugänglich und zu ihrer Umwelt eher abweisend; sie lebt auch mit Patricia ziemlich isoliert. Um Patricia hat sich Erna R. im Großen und Ganzen in materieller Hinsicht gekümmert ... Es fehlte den Beziehungen in der Familie immer an Herzlichkeit und Wärme. Auch das Verhältnis zwischen Patricia und deren Mutter war zeitlebens davon geprägt.«

Über Patricia wird reportiert: »Ihre Schwierigkeiten waren in der Pubertät verständlicherweise groß. Sie war vorher ein stilles, etwas bequemes Mädchen gewesen, das es in der Schule nur zu eher schwachen Leistungen gebracht hatte. Disziplinäre Schwierigkeiten gab es jedoch in der Schule kaum. Erst in der zweiten Klasse Hauptschule lernte Patricia in der Schule nicht mehr mit, schwänzte den Nachmittagsunterricht und trieb sich herum.« Weil sie durch die Familie nicht mehr beeinflussbar gewesen war und auch das Amt keine Chance sah auf Änderung der Familienbeziehungen, »kam Patricia auf Grund eines Antrages ihrer Mutter in das eher streng geführte Mädchenheim der Schwestern zum Guten Hirten in Baumgartenberg«. Dann folgt die bereits zitierte Passage, dass sich die Baumgartenberger Schwestern nicht mehr in der Lage sahen, Patricia zu behalten, weil sie intrigierte, die anderen gegeneinander ausspielte »und Ähnliches mehr«.

Dieses Dokument ist in deutscher Sprache abgefasst, als

Tamara und ich gemeinsam den Inhalt Zeile für Zeile in ein bescheidenes Englisch übersetzt vorlesen, lacht Tania auf bei dem Satz mit »Ähnliches mehr«. Es ist eher ein Zischen als ein Lachen, und dazu sagt sie: »Now I know!« Soll das bedeuten, dass sie selbst auch so war als Teenager und nun weiß, wo das herkommt? Oder bezieht es sich auf Patricia, mit der sie in dieser Zeit gerade in eine kleine Streiterei verwickelt ist, bei der sich Tania vor allem daran stößt, wie Patricia ihre Umwelt manipuliert? Weder Tamara noch ich fragen nach.

Und weiter im *social report* aus Linz: »Patricia ist nun entschlossen, ihr Kind zur Adoption freizugeben; ihre Mutter unterstützt dieses Vorhaben, weil sie sich nicht mehr in der Lage fühlt, für Patricia und das Kind zu sorgen. Patricias Verhältnis zur Wirklichkeit scheint jetzt ziemlich gestört zu sein, sie träumt von einem Leben, das es ihr ermöglichen würde, nur gelegentlich, und zwar ›künstlerisch‹, zu arbeiten und nicht wie andere ›dumme Leute‹ täglich einer Arbeit nachzugehen und nur drei Wochen im Jahr ›das Leben zu genießen‹. Patricia wäre – wenn das Kind bei ihr aufwachsen müsste – kaum fähig, sich Tania dauerhaft und liebend zuzuwenden. Es würde dem Kind auch an den materiellen Lebensgrundlagen fehlen. Patricias Mutter ist wie erwähnt auf keinen Fall bereit, aber auch nicht in der Lage, Mutter und Kind bei sich aufzunehmen.«

Gezeichnet ist der Sozialbericht »i. A.«, also im Auftrag des Amtsleiters, dann steht ein Name dort, den ich kenne. Im Jahr 1977 habe ich gerade begonnen, bei einer Linzer Lokalzeitung zu arbeiten, und in den Folgejahren hatte ich mit diesem Mann aus der Kommunalverwaltung gelegentlich berufsbedingte Kontakte. »It's a funny little world«, sagt Tania, als ich ihr das erkläre.

Das Drängen der Holländer auf eine Entscheidung in Österreich wurde intensiver. Am 16. Februar 1977 schrieb ISS Den Haag an ISS Wien. Der Raad voor de Kinderbescherming in Amsterdam wolle so bald als möglich passende Adoptiveltern in seinem Verwaltungsbereich suchen und: »Wie Sie verstehen werden, werden die vom Raad keinerlei Probleme haben, welche zu finden.« Allerdings bräuchte man dazu so schnell wie möglich eine formelle schriftliche Einverständniserklärung von Patricia, die der österreichischen Rechtsordnung entspricht. Nicht ausgesprochen, aber unmissverständlich ist die Botschaft dieses Schreibens: ISS Wien möge den Druck auf das Jugendamt Linz erhöhen. Abschließend erteilt Den Haag »abgesehen von all diesen Formalitäten« den Österreichern noch einen weiteren Ratschlag: Man möge auf das Linzer Jugendamt einwirken, für die Kindsmutter Patricia und deren Mutter in Linz eine Betreuung durch Sozialarbeiter zu organisieren, denn die beiden müssen »in Amsterdam eine ziemlich belastende Zeit verbracht haben«. Und ganz am Schluss noch ein Satz, den man als Drohung interpretieren könnte: Sollte es keine baldige Bestätigung der Freigabe zur Adoption durch Patricia geben, so erwarten die Amsterdamer Jugendbehörden, dass die Kollegen in Linz in jeder Hinsicht die volle Verantwortung für Tania übernehmen und dafür sorgen, dass das Kind zu seiner Mutter gebracht wird.

Wochen später ging ein Schreiben von »Landeshauptstadt Linz, Jugendamt« an ISS Wien. Der Brief ist in einem leicht gekränkten, frustrierten Tonfall gehalten, es wird mitgeteilt, dass man den Antrag gestellt habe, das Jugendamt Linz zum Amtsvormund für Tania zu bestellen, die Erledigung stünde allerdings noch aus. Und es wird mitgeteilt, dass man bereits vor einiger Zeit die niederländischen Stellen informiert habe über einen österreichischen Sozialpädagogen, der in Holland lebe, einen Akademiker, der zusammen mit seiner Gattin Interesse daran habe, das in Holland geborene Baby einer österreichischen Mutter zu adoptieren. Der niederländische Rat für den Kinderschutz habe bisher darauf nicht reagiert, man bitte darum, so bald als möglich bekanntzugeben, ob diese Bewerbung in Betracht gezogen werde.

ISS Wien schrieb daraufhin an ISS Den Haag. Vorsichtig wird formuliert, dass im Falle einer Adoptionsfreigabe in den Niederlanden es natürlich den holländischen Dienststellen überlassen bliebe, die Entscheidung über die Unterbringung des Kindes zu treffen. Aber: »Es wäre denkbar, dass es dem Jugendamt (Linz; Anm.) Unannehmlichkeiten bereiten würde, wenn der Antrag des österreichischen Ehepaares nicht in Betracht gezogen wird.« Zwei Wochen später die Antwort von ISS Den Haag. Zuerst wird ein wenig um den heißen Brei herumgeredet, von wegen, man müsse erst klären, ob diese österreichischen Interessenten permanent in Holland lebten, und ob sie bereits die zur Adoption notwendigen vorbereitenden amtlichen Prozeduren absolviert hätten. Dann wird man deutlich: Das betreffende Ehepaar wohne in Utrecht, also im Zuständigkeitsbereich der dortigen Jugendwohlfahrt. Das Jugendamt Amsterdam werde aber auf jeden Fall eine Adoptivfamilie aus seinem eigenen Zuständigkeitsbereich aussuchen.

Am 25. März 1977 ist es so weit. Patricia unterschreibt beim Magistrat der Landeshauptstadt Linz die Adoptionsfreigabe. Es ist eine kurze, dürre amtliche Notiz. »Es erscheint die Obgenannte und gibt an: Ich, X. Patricia, Mutter des Kindes Tania X., geboren am 2. 2. 1977, stimme hiemit ausdrücklich zu, dass mein obgenanntes Kind durch Pflegeeltern, die bereits vom Jugendamt Linz bzw. vom Rat für den Kinderschutz in Amsterdam ausgesucht wurden, adoptiert wird. Diese Erklärung gebe ich freiwillig, rechtsverbindlich, unwiderruflich und unbeeinflusst ab. Ich nehme zur Kenntnis, dass bei der Auswahl der Adoptiveltern nur die Interessen des Kindes ausschlaggebend waren. Gemäß § 259 Außerstreitgesetz verzichte ich auf die Bekanntgabe des Namens und der Anschrift der Adoptiveltern sowie auf die Zustellung des Bewilligungsbeschlusses.«

Darunter steht: »Das Jugendamt Linz als gesetzlicher Amtsvormund der minderjährigen X. Patricia stimmt ebenfalls der Inkognito-Adoption zu.« Das Dokument ist im untersten Viertel gleich zweimal mit dem Amtssiegel der Stadt Linz bestempelt, und zweimal vom zuständigen Beamten unterschrieben. Und seitlich, wie weggedrängt von den Amtssiegeln, die Unterschrift der Kindsmutter, beginnend mit dem Familiennamen, dann erst der Vorname. Patricia. Sie hat geschrieben mit einer dünnen krakeligen Kinderschrift.

## 14

»Ja, das weiß ich noch«, sagt die fünfzigjährige Patricia. Die Vorladung zum Linzer Jugendamt vor 33 Jahren kann sie detailliert beschreiben. Wie die dort sich »tiiierisch« darüber aufgeregt haben, weil sie in Holland eine Einwilligung zur Adoption unterzeichnet hat und nicht in Österreich. Wie die sie »zusammengeschissen« haben, was sie sich denn einbilde, das Kind in Holland zu lassen. Wie sie zu »dem Typen da« in den Amtsräumen an der Sonnensteinstraße in Linz-

Urfahr gesagt hat: »Du spinnst, Alter! Meinst du, ich gebe mein Kind in ein Heim!?«

Sie grinst, als sie ausführlich beschreibt, wie der Beamte, es war der Mann, mit dem ich damals als Journalist manchmal zu tun hatte, einmal sein Büro für ein paar Minuten verlassen hatte. Allein in der Amtsstube, war sie um den Schreibtisch geflitzt und hatte die Papiere durchgeblättert. »Ich wollte unbedingt wissen, wo Tania ist.« Sie las etwas von der südholländischen Stadt Breda und zog Schlüsse: »Ich dachte damals, dass das ihre Familie gewesen ist, das waren wahrscheinlich aber nur die Pflegeeltern, wo sie da war.« Ein Irrtum, wahrscheinlich hatte sie beim Überfliegen der Akten etwas aufgeschnappt von der Familie aus Teteringen, dem Vorort von Breda, die da allerdings schon dabei war, ihr Bemühen um das Baby aufzugeben. Sie konnte nur wenig lesen, weil der Beamte schon wieder hereinkam und misstrauisch fragte: »Hast du gerade in die Papiere geschaut?« Nein, natürlich nicht.

Patricia hört auf zu grinsen und schweigt lange. Dann folgt ein seltsamer Satz auf dem Tonmitschnitt, der nicht wirklich einen Sinn ergibt: »Ich hätte das Kind ja nie abgegeben, wenn ich es nicht abgegeben hätte!« Sogar auf der technischen Aufzeichnung unseres Gesprächs ist deutlich wahrzunehmen, wie Patricia bei dieser Erinnerung es einen Moment lang nicht schafft, die *toughe* Fassade aufrechtzuerhalten. »Hätte meine Mutter damals nur einen kleinen Wink gegeben und hätte gesagt, ich helfe dir dabei – hätte ich das Kind nie weggegeben.«

Die kühle, stets sehr beherrschte Frau, immer beobachtend, immer irgendwie *lauernd*, auf alles achtend, was rund um sie passiert, im Kopf ständig damit beschäftigt, alles zu analysieren und einzuordnen und interpretierbar zu machen, die sackt an dieser Stelle ein klein wenig weg. Einen winzigen Hauch von Klage hört man da, oder eher einen Anflug von Kläglichkeit in all der abgebrühten Coolness. Was beklagt sie? Den Verlust? Die vergebene Möglichkeit eines Lebens als Mutter dreier Töchter? Oder sich selbst, die sie trotz des physischen Vorhandenseins einer Mutter das erste mutterlose Kind war und ist in dieser Kette verlassener Mädchen? Ihre Stimme bleibt an der Oberfläche kühl und sachlich, doch ein leiser neuer Unterton schwingt mit, etwas wie Entrüstung und Vorwurf, da muss man aber schon sehr genau hinhören, um es wahrzunehmen, weil sie strengt sich an, cool zu wirken, ungerührt. Knallhart und gelassen, so stellt sie sich dar, und es gelingt ihr auch, nur bei dieser Passage wird spürbar, wie schwer es ihr fällt, diese Selbstinszenierung nicht entgleisen zu lassen.

Es lag nur an Erna, sagt sie schließlich, und dass dies so Sachen seien, die sie ihr nie vergeben werde. Dann schweigen wir beide eine Weile, bis ich frage, ob sie damals wieder bei Erna in Linz gelebt hat. Nicht wirklich, sagt sie, sie sei dauernd zwischen Linz und Amsterdam hin und her gependelt, die meiste Zeit habe sie eher mit ihrem Vater verbracht, bei dem habe sie sich einfach wohler gefühlt. »Ich habe Geschäfte mit ihm zusammen gemacht, auch mit Diamanten und so. Ich habe mir da mein eigenes Geld verdient.«

»Gab es weiter Kontakt mit dem Vater von Tania?«

»Nein. Das Problem war: Als ich ihn kennenlernte, war er in Scheidung. Nur – danach ist er doch wieder mit seiner Frau zusammengegangen. Und dann habe ich mir gesagt, ne, das kann ich nicht bringen und das kaputtmachen und sagen, ich bin jetzt schwanger von ihm. Das wollte ich dann auch nicht. Da mochte ich ihn einfach zu gerne, den Mann, weißte. Es hat zwar tierisch wehgetan, aber da mochte ich ihn zu gerne.«

Natürlich hätte er Unterhalt bezahlen müssen, sagt sie, quetscht unwirsch ein »ja, ja, ja«, heraus, doch auch das wollte sie nicht. Weil das seine Familie zerstört hätte. Und das habe sie einfach nicht übers Herz gebracht. Sie begründet es mit einem erstaunlichen Satz: »Für mich war Familie immer etwas Heiliges!« Weil sie selbst nie eine gehabt hatte, setzt sie hinzu.

Ich will wissen, was Tanias Vater nun wirklich war, ein Business-Mann, ein hoher Beamter in der oberösterreichischen Verwaltung, ein Diplomat?

»Nein«, sagt sie, »das war eigentlich ein ganz normaler Familienmann. Der hat auf einem Schrottplatz gearbeitet, der hat – äh, äh – der hat eben den Schrott vom Schrottplatz weggeschafft. Ist mit dem Lastwagen gefahren. Lastwagenfahrer, ja, das war cr.«

»Also kein Mann der Öffentlichkeit, wo es einen Skandal gegeben hätte?«

»Ne, ne, ne, ne, ne. Überhaupt nicht. Ganz normaler Mann, ganz normale Familie. Aber es waren auch Kinder da. Die hatten zwei Kinder zusammen, und, wie gesagt, ich wollte das nicht kaputtmachen. Ja, man tut sich selber weh damit, nur bei mir war abzuwägen, weißt du: Mach ich die Familie kaputt, das sind zwei Kinder – ich hab's ja gesehen, wie ich –«

An dieser Stelle wird sie langsam und seufzt einmal kurz. Das Gespräch dauert nun schon den halben Vormittag. Möglicherweise wird sie unkonzentriert, weil sie wieder Methadon bräuchte, denke ich. »Äh, nicht – also hab ich mir gedacht, was soll's. Pff! Bei mir ist –« Plötzlich lacht sie ein gepresstes Lachen heraus, stottert, dass irgendetwas eh schon gewesen sei, bricht wieder ab, ruft laut »Ha«, was ein Lachen sein soll, aber es hört sich an wie ein Schrei, nein, eher wie ein Bellen, »ich hab eh nie was gehabt«, sagt sie noch, dann lacht sie leiser und sehr verlegen.

Das ist der Moment, wo ich diesen gequälten Menschen irgendwie rütteln möchte, aufrichten, damit sie hinausschaut aus dem kleinen, engen, mühseligen Dasein, das ihr das Leben geboten hat. Ist doch egal, wenn's mir wehtut, sagt sie mir gerade, ich bin es eh gewohnt. So sollte aber kein Mensch von sich selbst denken, denken müssen. Ihr schauriges, unendlich bitteres Lachen macht die Szene noch bedrückender. Sie fängt wieder zu reden an, bringt ein »also« hervor, dann hört es sich an, als würde ihr das Lachen die Luft abschneiden, »es klingt schlimm«, fährt sie fort. Schlagartig wird sie ruhig, spricht weiter mit ihrer üblichen Junkie-Ungerührtheit. »Aber ich habe mir damals gedacht, na, bei mir ist es eh schon so schlimm, und ich will nicht, dass das jemand anderer auch mitmacht.«

Tania ist die Einzige, der sie je gesagt hat, wer ihr Vater ist, vor drei Jahren, als sie sich kennengelernt haben, sonst niemandem. Obwohl sie immer wieder gefragt worden war, damals, von den Fürsorgern der Jugendbehörden in Holland und Österreich und von ihrer Mutter. Es sei mittlerweile auch nicht mehr wichtig, meint sie. Schließlich habe sie seit Tanias Geburt keinen Kontakt mehr mit diesem Mann gehabt.

## 15

»Ach, sie hatte keine Ahnung, was passiert. Sie war erst vier Monate alt«, sagt Joke und lächelt. Tanias Adoptiveltern, Joke und Dirk, erzählen mir ihre Geschichte zweimal. Das erste Mal beim gemütlichen Zusammensitzen im Garten ihrer Tochter, alle sind dabei, Tania und Tamara, Tanias Sohn und ich. Die beiden Schwestern haben gerade eine Gemeinsamkeit in ihren Biografien gefunden, nicht die erste an diesem Tag: Als Joke und Dirk das erste Mal an Tanias Bettchen getreten waren, hatte das Baby sie angelacht; als Christiane und ich sieben Jahre später Tamara das erste Mal sahen, hat sie, laut Aussagen der Pflegerinnen erstmals seit Tagen, plötzlich gelächelt. Da sagt Joke, dass die Kleine doch erst vier Monate alt war und keine Ahnung hatte, was passiert.

Und Dirk sagt: »Sie hat keine Angst gehabt. Wir haben sie am Schoß gehabt.«

Joke: »Ruhig, sehr, sehr ruhig.«

Dirk: »Ein süßes Baby, gleich beim ersten Anblick. Und ja, es stimmt, sie hat gelächelt. Sie hat uns angelacht. Und so ruhig.«

Joke: »Ja, die ganze Kindheit lang war sie sehr ruhig.«

Tania hockt zwischen Tamara und ihren Adoptiveltern, ein wenig gequält schaut sie drein, zum einen wie ein Teenager, dem es peinlich ist, wenn die Alten in Gegenwart Dritter über einen reden, als ob man nicht anwesend wäre, zum anderen, weil sie immer nervöser wird, denn sie hat jetzt seit Stunden keine Zigarette mehr geraucht.

Das zweite Mal, am nächsten Nachmittag, bin ich mit Joke und Dirk allein. Ich habe erwartet, nun Versionen ihrer Erzählung zu hören, die anders sind, weil die Tochter nicht dabei ist. Doch dem ist nicht so. Ich weiß nicht, was ich erwartet habe. Dass sie alles ein wenig schöner gefärbt haben in Anwesenheit von Tania, und dass sich alles konfliktreicher anhören wird ohne diese Zuhörerin, düsterer, aufgeladen mit mehr Leid und Frust und uneingestandenen Zweifeln und Ängsten. Aber sie erzählen vor dem Mikrofon genau dasselbe, mit den gleichen Worten meist und im gleichen Tonfall. Dirk strahlt irgendwie, wenn er von Tania redet. Joke ist vorsichtiger. Reserviert. Was ich verstehe, letzten Endes bin ich, auch wenn unsere Töchter Schwestern sind, ein Fremder, und das scheint in ihr eine Art von Rechtfertigungsdruck zu erzeugen, den ich nur zu gut kenne.

Als jemand, der ein Kind adoptiert hat, fühlt man sich bei Unterhaltungen zu diesem Gegenstand gegenüber Außenstehenden immer unter besonderer Beobachtung. Fühlt sich verpflichtet, die anderen davon zu überzeugen, dass man aus lautersten Motiven jemandem das Kind weggenommen hat, und dass man Elternschaft mindestens so gut, wenn nicht besser leistet als *normale* Eltern. Und für Adoptivmütter scheint es noch einen Zusatz-Rechtfertigungsdruck zu geben: erklären müssen, warum man nicht imstande war und ist, ein Kind aus dem eigenen Leib auf die Welt zu bringen.

Und wieder der Blick auf Fotos. Tanias Adoptiveltern haben Familienalben mitgebracht, in großen Mengen. Tanias Leben ist mehr oder weniger lückenlos dokumentiert, zumindest die Jahrzehnte, in denen sie im Haus der Eltern lebte. Auf den allerersten Bildern ist sie gar nicht drauf, sie zeigen die dekorierte Wohnung, mit Luftballons und Papierschlangen geschmückt für die große Nachbarschaftsparty zum Empfang des Babys. Dann Tania als Säugling, als Kleinkind, als Kindergartenkind, zu Hause, auf Spielplätzen, in Urlaubsorten. Joke und Dirk, zwischen fünfzig und sechzig Jahre alt, sind beide schöne Menschen, von einer Schönheit, die sich aus Gelassenheit speist. Auf den mehr als dreißig Jahre alten Bildern sieht man sie, wie sie noch nicht so gelassen waren. Sie eine große schlanke Blondine, er ein Mann, dem man so was wie sanfte Wildheit ansieht. Auf den Fotos sehen sie aus, wie sich ein oberösterreichischer Dorfbewohner in den sechziger und siebziger Jahren des vorigen Jahrhunderts Holländer vorstellte. Auf einem Bild ist Tania kaum zu erkennen, weil sie in einen unglaublich dicken Overall eingepackt ist, ihre Eltern, die mit ihr an einer hohen Düne vor einem sehr breiten Sandstrand stehen, tragen Pullover, wattierte Jacken und Wollmützen. »Das war ein ungeheuer harter Winter«, sagt Dirk, ich werfe ein, dass doch kein Stäubchen Schnee zu sehen ist, er erklärt mir, dass ungeheuer hart bedeutet, dass die Temperaturen tagelang unter null Grad geblieben waren. Da müssen wir alle drei lachen, als ich ihnen auf dem Handy ein Bild von einem ganz normalen Schneewinter im Mühlviertel zeige.

Warum und seit wann Joke und Dirk den Wunsch hatten, ein Kind zu adoptieren, habe ich sie nicht gefragt. Sie erzählen bloß, dass sie irgendwann im Jahr 1974 formelle Schritte unternahmen. Sie meldeten sich bei der Behörde an, wurden dann überprüft, ob sie als potenzielle Adoptiveltern geeignet sind. Das dauerte ein Jahr, dann bekamen sie die amtliche Verständigung, dass sie auf die Warteliste genommen wurden. Und nun machten sie die Sache ein wenig öffentlich: Die künftigen Großeltern wurden eingeweiht. Sonst erfuhr niemand davon, keine Freunde, Nachbarn, Arbeitskollegen. Dirk: »Niemand hat gewusst, dass wir auf ein Kind warten. Damit sie dich nicht dauernd fragen: Wann ist es so weit, wann kommt es!«

Das Warten dauerte weitere zwei Jahre. Dann ging alles

wahnsinnig schnell. Dirk: »Wir haben einen Anruf bekommen: Wir haben ein Kind für Sie! Und am nächsten Tag sollten wir gleich kommen, das Kind ansehen. Uns entscheiden – und wir hatten ein Kind!« Joke lächelt: »Wir mussten lange darauf warten, aber dann –!«

Beide können sich nicht mehr erinnern, wie das genau hieß, wo Tania damals war, sie sprechen von einem großen Gebäude, in dem sehr viele Babys waren, und auch größere Kinder, bis zu vier Jahre alt. Eine gute Woche lang besuchten sie Tania jeden Tag. Damit man in Kontakt kommt mit dem Kind, erklärt Dirk, und damit man lernt, wie man ein Baby füttert, wickelt, badet, kurz, wie man richtig umgeht mit so einem kleinen Menschen. Beide hoben Tania gleich beim ersten Besuch aus dem Bett, nahmen sie nacheinander eine Weile auf den Schoß. Und waren entzückt, weil die Kleine sie anlächelte.

Ich frage, ob sie detaillierte Informationen über die Herkunft des Kindes bekommen hatten. »Nein«, sagt Joke, »sie haben uns nichts gesagt. Ich habe gefragt, aber sie haben nichts gesagt. Wir haben nichts gewusst. Das hat sich erst später geändert, die Behörden haben ihre Haltung geändert.«

»Das war für euch kein Problem, nichts zu wissen?«

Joke: »Nein, das war nicht wichtig.«

Dirk: »Na ja, natürlich will man was wissen über die Gesundheit der leiblichen Eltern, wie es denen gegangen ist. Das genügt. Aber auch dazu haben wir keine Informationen bekommen. Es gab nur ganz wenige Informationen, über ihre Mutter, dass sie aus Österreich ist, wie alt sie war, das war alles.«

Dass Tania in einem Spital in Amsterdam zur Welt gekommen war, das wurde ihren künftigen Eltern mitgeteilt.

Und in Andeutungen auch die wilde Geschichte rund um ihre Geburt, dass eine Weile ein Polizist vor ihrem Zimmer postiert war, weil »irgendetwas« das Neugeborene gefährdete. Dass es ein dubioses Inserat gegeben hatte.

Nach acht oder neun Tagen bekamen sie vom Übergangsheim eine Liste und einen Stundenplan, wann Tania isst, was sie isst, was sie zu trinken bekommen muss, wann sie schläft. Dirk: »Und dann sagten sie: Tschüss!« Es fällt ihm auf, dass sein letzter Satz sarkastisch klingt, drum setzt er gleich nach: »Nein, die zuständige Schwester war sehr, sehr nett, hilfreich und freundlich.« Joke ergänzt: »Ich bekomme noch immer jedes Jahr eine Weihnachtsgrußkarte von ihr, und ich schicke ihr eine.«

Dass sie, das Paar ohne Kinder, plötzlich mit einem Kind nach Hause kamen, darauf reagierte die Umgebung gelassen. Alle freuten sich mit Joke und Dirk. Ihr Haus war brechend voll, als sie vom Heim zurückkehrten. Die neuen Großeltern, Freunde, Verwandte, alle Nachbarn waren gekommen zu der großen Begrüßungsparty.

Joke: »Jemand hat fotografiert und gefilmt.«

Dirk: »Es war eine große Party! Im ganzen Viertel waren wir die Ersten mit einem adoptierten Kind. Es gab viele junge Paare mit Kindern, da wurde einfach gefeiert, dass wir jetzt auch ein Kind haben.«

Joke: »Sie war jünger als die anderen Kinder.«

Dirk: »Ein bisschen, ja.«

Fünf Monate war Tania alt, als sie nach Landsmeer kam, wo sie heute noch wohnt. Wie es ihre Adoptiveltern schildern, zog sehr schnell Ruhe und Routine ein in ihr neues Leben. Die neuen Eltern gingen mit ihr liebevoll und unaufgeregt um, die Nachbarn und Freunde nahmen sie mit größter Selbstverständlichkeit als Mitglied der Gemeinschaft auf. Nur eins setzte Joke und Dirk zwei Jahre lang zu: Tania war formal noch nicht ihre Tochter. In den Papieren trug sie als Familiennamen nach wie vor den ihrer Mutter. Bis heute aufgehoben hat sie einen österreichischen Reisepass aus den Jahren 1978 und 1979. Ein freches Mädchen mit Kurzhaarfrisur schaut vom Passbild, bei Größe steht Kind, bei Farbe der Augen blau. Als Beruf haben die österreichischen Behörden hineingeschrieben: Kind. Und zu ihrem Status in Holland existierte damals ein zweites Dokument, eine Art Personalausweis des Königreichs der Niederlande mit der Aufschrift: verblijf voor onbepaalde duur, für den Aufenthalt von unbestimmter Dauer. Auf dem Passbild dieses Ausweises ist Tania ein paar Monate jünger, ihr Gesicht runder und die Haare sind kürzer.

Die Adoptiveltern warteten auf die endgültige gerichtliche Zustimmung der Annahme an Kindes statt durch die holländischen und österreichischen Behörden. Am 20. Juni 1978 hatte Patricia ein zweites Mal eine Zustimmungserklärung zu einer Inkognito-Adoption unterzeichnet. Im September 1979 stimmte das Jugendamt Linz als gesetzlicher Amtsvormund Patricias ebenfalls zu, dass das niederländische Ehepaar Joke und Dirk Patricias Tochter an Kindes statt annimmt. Am 10. September 1979 wurde alles offiziell. Tania war adoptiert. Joke wird unruhig, wenn sie von diesen zwei Jahren erzählt. Am Ende habe sie sich praktisch täglich gefürchtet, wenn der Postbote klingelte, gefürchtet vor der Enttäuschung, wenn wieder kein positiver Bescheid kam. Und noch mehr gefürchtet vor der Möglichkeit, dass es sich die leibliche Mutter Tanias doch noch überlegt haben könnte.

## 16

Was Joke und Dirk nicht wussten: Auf den Straßen von Amsterdam hätten sie damals der Mutter ihres Adoptivkindes jederzeit begegnen können. Patricia wohnte wochen- und monatelang immer wieder bei ihrem Vater in verschiedenen teuren Hotels. Sie beteiligte sich an den Geschäften von Rudolf M., bis sie »ein hübsches Sümmchen« zusammen hatte. Mit diesem Geld kehrte sie nach Linz zurück. Dort hatte sich etwas verändert. Erna hatte die Kammer in der Eisenbahnerwohnung am Keißlerplatz verloren und war in die Innenstadt gezogen. Weil ihr Vater, der Bundesbahnadjunkt im Ruhestand Josef X., nämlich nicht mehr lebte. Gestorben war er schon am 30. April 1976, also in etwa zu jener Zeit, als seine Enkelin Patricia mit ihrem ersten Kind schwanger geworden war. Beerdigt wurde Josef X. am 5. Mai am Barbarafriedhof in Linz. 4790 Schilling kostete die Beerdigung, 21 576 Schilling das Grabmal, zusammen also rund 1800 Euro. Ob viele Trauergäste der Zeremonie beiwohnten, ist nicht bekannt. Auf dem Foto der Kondolenzzettel, die beim Begräbnis verteilt wurden, schaut Patricias böser Opa wie ein netter pensionierter Bankbeamter aus, leicht rundlich, mit Glatze und dicker Hornbrille. Seiner Tochter Erna hat er nach Abzug der Begräbniskosten ein Erbe von 1900 Schilling hinterlassen. 140 Euro. Laut Meldeauskünften des Magistrats Linz ist Erna jedenfalls am 1. August 1977 von dem Arbeiterviertel weg in die Linzer Innenstadt gezogen.

Patricia erwähnt den Tod ihres Großvaters mit keinem Wort, genauso wenig wie jenen ihrer Großmutter Rosalie zwölf Jahre früher. Nichts davon, ob ihr das damals als Kind und als Teenager zugesetzt hatte. Sie erzählt auch nur ganz wenig von Iris, ihrer mittleren Tochter. Es scheint, als fühlte sie sich nur in den Angelegenheiten von Tania und Tamara zu Auskünften verpflichtet, jener beiden Mädchen, die in fremden Familien aufgewachsen sind. Iris ist ja in der eigenen Familie groß geworden, zwar ebenfalls de facto ohne Mutter, aber dafür, so suggeriert Patricia, sei nicht sie verantwortlich zu machen, dies sei ausschließlich dem Kindsvater anzulasten.

Josef M. hieß dieser mit Geburtsnamen, ein junger Mann aus Linz, nach der Eheschließung nahm er Patricias Familiennamen an. Die erste Begegnung der beiden ist eine kurze, ein wenig unverständliche Geschichte. Patricia hatte einen Bekannten, einen Freund von Josef, der erzählte ihr eines Tages: Die Schwester von Josef sei gestorben. Und er habe sie in den Tod getrieben. Am selben Tag sah Patricia diesen Josef zum ersten Mal, und ihr kam er nicht so übel vor. Er war ihr sympathisch, er sah gut aus, sie mochte ihn auf Anhieb. Und dann ging es offensichtlich schnell. »Na ja«, erzählt sie heute, »wir waren verliebt, und dann habe ich geheiratet. Und dann bin ich schwanger geworden. Mit Iris.«

Und das ist schon alles, was Patricia zu Iris' Vorgeschichte preisgibt. Dass die Trauung am 22. September 1978 stattgefunden hat, steht irgendwo im Adoptionsakt von Tamara, als kurze Information über den Status der abgebenden Mutter, dann kann man noch lesen, dass Patricia X. nach dem ersten Kind, welches in Holland bei einer Adoptivfamilie lebt, im Jahr 1979 eine zweite Tochter in aufrechter Ehe geboren hat, Iris, welche beim leiblichen Vater lebt. Und dann noch, dass die Ehe 1982 geschieden wurde, kein Tag ist angegeben, und kein Monat.

Iris ist ein Sonntagskind. Sie wurde in der Linzer Kinderklinik geboren am 1. April 1979. Es war ein kalter April, mit Minusgraden bis in den Vormittag hinein und häufigen Regenschauern. Sonntagskindern schenkt das Schicksal ein glückliches Leben, heißt es. In diesem Falle irrte der volkstümliche Aberglaube. Iris war auf der Welt, und Ehemann Josef zeigte sein wahres Gesicht. Patricia: »Er war ein Spiegeltrinker. Wenn er dann besoffen war, hat er mich gedroschen. Und da hatte ich so Angst, dass Iris was passiert, weil er hat ja wirklich gedroschen, er hat nicht geschlagen, er hat gedroschen. Da hatte ich so eine panische Angst, dass dem Kind was passiert!« Sie wandte sich an Erna um Hilfe, die wollte aber nichts davon wissen, ein Kleinkind bei sich aufzunehmen. Als Nächstes versuchte es Patricia bei Josefs Eltern. Mit Erfolg: »Am Schluss habe ich es so weit gekriegt, dass Iris bei seiner Mutter bleiben konnte.«

Wie alt die Kleine da war, erzählt Patricia nicht, wahrscheinlich hat all dieser Stress recht bald nach der Geburt begonnen. »Ja, ich habe es selbst gleich nicht mehr ausgehalten mit ihm«, sagt sie. Jeweils drei Wochen lang sei Josef der liebste Mann gewesen, den man sich vorstellen könne, aber nach diesen drei Wochen sei er eine Woche lang an jedem einzelnen Tag vollkommen besoffen nach Hause gekommen. Patricia: »Und jedes Mal die Angst: Irgendwann mal bringt er dich um. Und er hätte mich auch irgendwann umgebracht, das weiß ich, das weiß ich echt. Weil er hat mich ja auch gedroschen, wo ich schwanger war.« Und nach einer Pause: »Ich wollte das einfach nicht. Tja, und so war mein zweites Kind auch wieder weg, nicht.«

Den zeitlichen Ablauf der damaligen Ereignisse bringt sie nicht wirklich auf die Reihe, sie schildert zusammenhanglos einige wenige Ereignisse aus ihrer kurzen Ehe. Einmal hatte sie Josef gesagt, dass sie sich scheiden lassen will.

Seine Antwort: »Da bringe ich dich eher um, als dass du dich von mir scheiden lässt.« Patricia war klar, dass er es ernst meinte. Sie sah keinen Ausweg mehr. Die Grundstimmung ihrer bisherigen Existenz – von niemandem ist Hilfe zu erwarten, du bist total auf dich allein angewiesen – schwoll in jener Phase zu immer bedrohlicherer Intensität an. Sie flüchtete zu dem Einzigen, bei dem sie sich halbwegs geborgen fühlte: dem Diamantenschmuggler von Amsterdam, ihrem Vater.

»Dem habe ich das alles erzählt, und mein Vater hat gemeint, ne, bleib bei mir, und so. Und ich, dämlich wie ich war, rosarote Brille, ich habe immer gehofft, dass der Josef sich doch mal ändern würde, mit achtzehn, da ist man ja saublöd, auf Deutsch gesagt.«

»Saublöd« nennt sie sich selbst, weil sie auf Josef wieder reingefallen war. Während sie in Amsterdam wohnte, hat er sie anscheinend mit Telefonanrufen überschüttet. Für dich werde ich mit dem Saufen aufhören, für dich werde ich alles ändern, du bist der einzige Mensch, für den ich es tun würde, versprach Josef seiner fernen Ehefrau. Und sie glaubte ihm und fuhr zurück nach Linz. Drei Wochen lang war er tatsächlich der beste, liebevollste Gatte, dann ging alles wieder von vorne los, und noch schlimmer als zuvor.

Eines Nachts drehte Patricia beinahe durch. Josef schnarchte besoffen im Ehebett, sie stand davor und schaute auf ihn hinunter. Da ergriff ein Gedanke Besitz von ihr: »Ich stehe da und habe völlig ruhig und ernsthaft überlegt, wie ich ihn am besten umbringe.« Wie lange sie dastand, weiß sie nicht mehr. Irgendwann setzte doch wieder der Alltagsverstand ein. »Da habe ich gedacht: Ui, jetzt wird es gefährlich. Jetzt sollte ich besser abhauen. Weil sonst gehe ich in den Knast, und ich gehe für niemanden in den Knast!« Sie sagt noch einmal sehr laut: »Für niemanden!« Dann macht sie eine Pause, reibt mit einem Taschentuch an ihrer Nase herum, dabei schaut sie mich die ganze Zeit fragend an, als ob sie eine Bestätigung will, dass ich es verstanden habe: Freiheit ist ihr wichtiger als andere Menschen. Ja, ich habe verstanden, will ich sagen, unterlasse es aber.

Das Ende ihrer Ehe schildert sie extrem knapp und lapidar: »Und dann bin ich nach Wien gegangen.« Dort wohnte sie bei dem Sohn von Tante Maria, Ernas Langzeitfreundin, jedoch nicht lange, weil dessen Freundin bald protestierte. »Dann war ich nachts ein paarmal ausgegangen, da habe ich ein Mädchen in meinem Alter kennengelernt, die hat getanzt, in so einer Nachtbar, und dann hat sie gemeint, hast du nicht Lust, da auch irgendwas zu machen, oder so. Da habe ich mir gedacht, na ja, warum nicht, probieren, alles probieren.«

Draußen vor dem Trailer tauchen ein paar Kinder auf. Mein Hund, der stundenlang brav unter dem Tisch gelegen ist, steht langsam auf, geht zur halboffenen Wohnwagentür und bellt ein paarmal in Richtung der Kinder. Patricia fragt irgendwie unangebracht schüchtern, beinahe devot, ob ich das Aufnahmegerät kurz stoppen könnte, und verschwindet für eine Weile in der Dusch- und WC-Kabine. Wochen später, beim Abtippen, denke ich, wahrscheinlich hat sie da ihre Methadon-Tablette genommen. Denn anschließend wird sie allmählich wieder fitter und lebendiger, hält locker weitere drei Stunden Interview durch.

## 17

»Wo waren wir?«, fragt sie, als sie sich wieder zum Mikrofon setzt.

»Wir waren in Wien. Tanzbar.«

»Genau, genau. Das hat mir irgendwie nicht gefallen, dass ich jeden Tag so besoffen war bis zum Gehtnichtmehr. Animierdame eben, nicht, und« – sie denkt kurz nach, sagt dann: »Auf der einen Seite hat es mir wohl gefallen, auf der anderen Seite nicht. Auf der einen Seite, weil ich mehr oder weniger alles vergessen konnte, was da vorher passiert ist, auf der anderen Seite war es doch nicht schön, weil da kam ja immer das böse Erwachen morgens, nicht.«

Als ich diese zwei Worte Patricias abtippe, Animierdame eben, überkommt mich so was wie eine stille Freude und eine kleine Zufriedenheit. Ein Problem, das meiner Tochter Tamara zugesetzt hatte zeit ihres Lebens, hat sich unversehens in Nichts aufgelöst. Es quälte sie, seit sie mit vierzehn Jahren begonnen hatte, mehr Zeit mit ihrer leiblichen Großmutter zu verbringen. Die war nicht zimperlich in ihren Äußerungen, und bald schon berichtete Tamara uns, die Oma habe ihr erzählt, dass Patricia so abhängig sei von Drogen, dass sie dafür herumgehurt habe, dass es nur so eine Schande sei. Ein paar Jahre, in den Phasen von Tamaras Weglaufen und Herumtreiben und wahllosen Männergeschichten und selbstbeschädigenden Aktivitäten, schrammte sie immer wieder an die Grenze heran, zum Überleben auf der Straße den eigenen Körper zu benutzen. Es ist ihr rücksichtslos egal, auf was sie sich da einlässt, weil sie jetzt weiß, dass ihre Mutter *auch* so eine war, dachte ich, und das üble Schimpfwort kam mir in den Sinn, mit dem in dem Dorf meiner Kindheit uneheliche Kinder bezeichnet wurden.

Jetzt hat es Patricia selbst auf meinen MP3-Rekorder gesprochen. Sie hat getanzt in Nachtbars, eine kurze Zeit, als sie achtzehn war, und hat Männer zum Trinken animiert, aber mehr nicht. Die Mutter meiner Tochter ist keine Prostituierte. Ich sprach mit Tamara darüber, nachdem sie den Mitschnitt gehört hatte. Es schien ihr egal zu sein. Nichts von der Erleichterung, die ich spürte.

Ein paar Wochen später, Erna war mehr oder weniger aus heiterem Himmel ins demente Verdämmern gesunken und in einem Pflegeheim gelandet, übernahm Tamara die Sachwalterschaft für ihre Oma. Beim Suchen nach Dokumenten und offenen Rechnungen in Ernas Wohnung fand sie zwei Briefe, die Patricia in den achtziger Jahren aus Thailand an Erna geschrieben hatte. Sie gab sie mir zum Lesen, mit Stolz. Da war eine Mitteilung ihrer Mutter, zumindest eine davon erkennbar ein oder zwei Jahre vor ihrer, Tamaras, Geburt verfasst, das schien ihr Stärke und Halt zu geben und so was wie eine Versicherung der eigenen Existenz. Gleich im zweiten Absatz des ausführlicheren Schreibens, in dem Patricia ihre Mutter um Verzeihung bittet für all den Kummer, den sie ihr bereitet hat, entwirft sie Pläne für die Zukunft von Iris. Die soll einmal auf eine höhere Schule gehen, damit sie einem gutbezahlten Beruf nachgehen kann. Und dann steht da: »Nicht so wie ich ihr Geld am Strich dazu verdienen.«

In der österreichischen Umgangssprache gibt es einen Ausdruck für nichtkörperlichen Schmerz, der aus Enttäuschung und gebrochenen Hoffnungen gespeist wird: Etwas gibt einem einen Stich. Genau das geschah bei diesem Satz in Patricias Brief: Es gab mir einen Stich. Ich sah meine Tochter an. Ich konnte sie nicht fragen, wie es ihr geht mit diesem Satz. Ich würde ihre Antwort nicht ertragen. Sie sprach im Plauderton mit mir über die Briefe, meinte, es sei doch interessant, dass sowohl Erna als auch Patricia ihr Verhältnis in den achtziger Jahren so darstellen, als ob sie sich gegenseitig abgrundtief gehasst hätten, und einander bis heute vorwerfen, damals habe die eine das Leben der anderen ruiniert; in diesen Schreiben auf dünnstem Luftpost-Papier aber klänge Patricia wie die brave rücksichtsvolle Tochter, die das Mütterchen zu trösten und aufzurichten versucht, weil das Kind so frohgemut und gedankenlos in die weite Welt hinausgegangen ist. Ja, interessant, sage ich, und verstehe nicht, warum Tamara nicht zu wüten beginnt, wie sie es früher immer getan hatte, wenn nicht alles so war, wie es für sie sein sollte, und warum sie sich nicht zusammenzieht und in schweigende Düsternis flüchtet, wie sie es als Erwachsene tut, wenn sie Probleme aus der Vergangenheit einholen.

Aber da kommt nichts. Keine Reaktion von ihr. Und auf einmal wird mir klar: Es ist mein Problem. Nicht ihres. Die Vorstellung, dass meine Adoptivtochter möglicherweise das Kind einer Prostituierten ist, einer Drogensüchtigen, eines kaputten Menschen, hat nicht Tamara gequält, sondern mich.

»Ich habe mir mit dem Mädchen da in Wien zusammen eine Wohnung genommen«, sagt Patricias Stimme vom Media Player, »dann hat sie einen Jungen kennengelernt, der kam auf einmal mit der brillanten Idee: Wir fahren alle gemeinsam in Urlaub. Nach Thailand. Und so bin ich nach Thailand. Das erste Mal. Ja.« Ich tippe es einfach ab. Ich versuche, es wie Tamara anzugehen. Dieses diffuse Bild von der Mutter hat meine Tochter bedroht, es hat ihre Seele verletzt und sie eine Zeitlang verwildern lassen, aber es hat sie nicht bleibend beschädigt. Und jetzt ist es bloß noch eine Geschichte, die eines fremden Menschen. Man kann sich ansehen, was sie mit der eigenen Geschichte zu tun hat, aber sollte dem nicht zu viel Bedeutung beimessen.

Ein Jahr lang war Patricia damals mit dem befreundeten Pärchen in Thailand geblieben. »Tja, das war meine Kindheit«, sagt sie, bevor sie zu der Erzählung von ihren Jahrzehnten mit dem Heroin anhebt. Es ist ihre Unterteilung des eigenen Lebens: Teil eins ist die Kindheit, die reicht bis zur Geburt der zweiten Tochter, Teil zwei die Zeit in Thailand, Teil drei die Rückkehr nach Europa und der Kampf um eine Existenz ohne Drogen.

Unvermittelt kommt sie von den paar Sätzen über Iris zur Geschichte ihrer dritten Tochter. Sie versucht mir zu verdeutlichen, dass Tamaras Zeugung eine Art Unfall im Zusammenhang mit Rauschgift gewesen ist, bringt die Geschichte aber nicht mehr in einer plausiblen Abfolge zustande. Dass sie in Thailand angefangen hat, Heroin zu rauchen, so fängt sie an, korrigiert sich selbst gleich, die erste Drogenerfahrung hat sie bereits in Linz gemacht, als sie noch mit Ehemann Josef in einer gemeinsamen Wohnung lebte. Da gab es ein befreundetes Paar, »das waren Zigeuner«, sagt Patricia, die kamen regelmäßig zu Josef X. Mit Diebsgut, »geklaute Sachen, weißt du, vom Wolfspelzmantel bis zu teuren Sachen eben, bis zum Ring und Collier und so«, Josef und Patricia nahmen denen das Zeug ab und verkauften es weiter.

»Die beiden waren aber Gebrauchers«, sagt Patricia. Das holländische Wort gebruiker, Benutzer, übersetzt sie einfach mit Gebraucher, überträgt damit eine Slang-Bezeichnung von einer Sprache in die andere. Gebruiker ist im Holländischen der Straßen-Ausdruck für drugverslaafde, also Drogensüchtige. Später erläutert sie in einem ausführlichen Exkurs den Unterschied zwischen Junkies und Gebrauchern, der – in ihrer Welt zumindest – ein himmelhoher ist.

»Wie ich mit meinem Mann noch zusammen war, allerdings ziemlich am Ende schon, da hatte ich irgendwann die glorreiche Idee, ach, ich könnte es doch einmal probieren«, sagt sie. Eines Abends, sie war wieder einmal weggelaufen vor dem prügelnden Gatten, traf sie zufällig das Zigeunerpaar auf der Straße. Sie sprach sie an: »Du, ich möchte das einmal probieren.« Die Frau versuchte sie davon abzubringen, Patricia sagte, wenn die ihr nichts gäben, würde sie sich allein etwas besorgen, da nickte die Frau und nahm sie mit zu einem Dealer.

Patricia schweift ab zu einer Erläuterung, die ich nicht ganz verstehe, offensichtlich will sie mir erklären, dass die richtige Art des Heroinkonsums das Rauchen wäre, aber: »In Österreich ist ja so ein Zeug nicht geraucht worden, das ist ja sofort gedrückt worden. Sofort mit Injektion und so.«

Sie setzt sich auf und beschreibt ihr erstes Mal: »Da hab ich mir das erste Mal einen sogenannten Schuss setzen lassen. Und da war mir so was von übel und schlecht! Gekotzt habe ich wie ein Reiher. Aber nachdem dieses Gefühl vorbei war, ging es mir blendend! Da war mir mein Mann so was von wurscht, der konnte mir einfach nicht mehr wehtun, weder körperlich noch geistig. Das hat mich einfach nicht mehr interessiert. Ja, und das war ein tierischer Reiz, nicht. Was der Alkohol nicht geschafft hat, hat natürlich das Heroin gebracht, nicht.«

Danach rührte sie Heroin längere Zeit nicht mehr an, es ging ihr davon zu beschissen. In Thailand aber kam sie an eine andere Art von Stoff: »Ich habe da ein paar kennengelernt, die geraucht haben. Ich wusste damals aber noch nicht, dass thailändisches Heroin was ganz was anderes ist als das, was bei uns da rumfliegt. Dass das ja – hundertmal stärker ist, nicht. Ich hab's damals nicht gedrückt, ich hab's geraucht, einfach in einer Zigarette drinnen, nicht. Ich wusste eigentlich nicht so richtig, auf was ich mich da einlasse, es hat immer nur geheißen, Pfoten weg, pack das nicht an, aber was die Auswirkungen sind, dass du dann abhängig wirst, dass du dann kotzt und und und – das hat nie jemand erzählt. Es hat immer nur geheißen, Pfoten weg, das ist nicht gut. Aber warum es nicht gut ist – das wusste ich nicht.«

Mit einer Mischung aus Koketterie und Trotz spricht sie weiter: »Tja, die haben da jeden Tag geraucht. Da habe ich auch jeden Tag geraucht. Und meine Freundin auch. Und dort ist es ja auch tierisch billig, kostet ja nix dort. Ja. Das war der Anfang.«

Unter Ernas Sachen gibt es ein paar Postkarten aus Thailand, die aus jenem ersten Jahr ihrer Tochter in Fernost stammen müssen, die Datierungen auf den Poststempeln sind allerdings unleserlich. Die Karten stammen aus Bangkok, Manora, einem Badeort im Süden an der Grenze zu Malaysia, und aus Pattaya, einem Strand-Ressort in der Nähe von Bangkok, sie zeigen Sonnenuntergänge, riesige vergoldete Buddha-Statuen und Tänzerinnen in traditioneller Tracht. Viele Grüße sendet Patricia, und mach dir keine Sorgen, steht auf einer Karte, auf einer anderen: Liebe Mutti, hoffe, du bist nicht sehr böse, weil ich mich nicht schon früher bei dir gemeldet habe; und quer ganz unten am Rand: Viele Bussis an Iris. Auf einer Karte mit längerem Text heißt es zur Einleitung: Liebe Mutti, die besten Grüße sendet dir deine böse Tochter Patricia, dann die umständlich formulierte Bitte, Erna möge ihr Telefonnummern von

Josef oder Tante Maria zukommen lassen. Die Karte endet mit: Viele Bussis an Iris und dich.

Warum sie nach einem Jahr wieder nach Linz gekommen ist, sagt Patricia nicht. Sie fängt einen Satz an: »Weißt du, wie hart das ist, wenn du nach Hause kommst, und deine Tochter sagt zu dir –«, dann bricht sie ab, ihre Stimme ist leise und weich geworden, hört sich an, als wolle sie zu weinen beginnen, sie tut es aber nicht. Und ich bemerke erst beim Abtippen der Aufnahme, dass ich ihr an dieser Stelle dauernd reingeredet habe, nicht einmal Fragen sind es, sondern eine Art von Kommentierung, ich habe wohl gedacht, ich tu das, damit sie merkt, dass ich Verständnis habe. In Wirklichkeit aber ist es wohl so, dass ich es nicht ertrage, ihr bei diesen Sätzen, die mein Bild von ihr auf den Kopf stellen, einfach zuzuhören. Und auch, weil ich die Kommentare, die mir eigentlich auf der Zunge gebrannt haben, so irgendwie wegzublenden versuchte. Denn sie ist letzten Endes mitschuldig an einer Jahre währenden schlimmen Phase meines Lebens, als Tamara so wütend gegen ihr Dasein und gegen sich selbst agierte, sich beinahe final selbst beschädigte, was eine enorme Belastung war für alle rund um sie, die sie doch liebten. Mitschuldig an einer Phase, die beinahe meine Ehe zerstörte. An all dem trägt letzten Endes Patricia Schuld, denn wenn sie keine Drogen genommen hätte, nicht nach Thailand abgehauen wäre, ihre Kinder behalten hätte, dann hätte sich diese horrormäßige Leidensgeschichte nicht so unauflösbar mit meinem Leben verknüpft. Jetzt soll ich ihr zuhören, wie sie sich rechtfertigt? Nein, nicht rechtfertigt, das ist das falsche Wort. Sie *erklärt* einfach, was sie getan hat und warum. Und es klingt plausibel. Und das kann ich allem Anschein nach nicht hören, darum quatsche ich ihr genau während dieser paar Minuten der

Tonaufnahme dauernd dazwischen, sodass ihre Worte beim Abhören nur schwer zu verstehen sind.

Sie sagt, immer noch in weinerlichem Tonfall, irgendwas wie: »Ich bin ja weggelaufen von meinem Mann, weil ich so tierische Angst vor ihm hatte, und da musste ich auch gezwungenermaßen mein Kind wieder zurücklassen! Und dann komme ich nach einem Jahr zurück, weil ich denke, vielleicht hat sich doch was geändert, ich komme also zurück, und *meine* Tochter ist bei *meiner* Mutter, und meine Mutter sagt zu mir: Du bist die Tante. Und meine Tochter sagt zu mir: Hallo, Tante Patricia!« Die drei Worte spricht sie mit heller Kinderstimme, dann redet sie weiter, blitzartig gefasst und lakonisch: »Und ich sage: Wieso bin ich denn die Tante? Und meine Mutter sagt zu mir: Wir haben ihr erzählt, dass du tot bist. Also hallo! Ja, und das alles war mir – einfach zu viel.«

Sie zündet sich eine neue Zigarette an, blickt hoch zu mir und sagt: »Okay?«

## 18

Die Schwester, die den Eindruck macht, als hätte diese disparate Familiengeschichte an ihr die größten Verwüstungen und Beschädigungen hinterlassen, ist Iris. Sie war die Tochter, die eine Familie hatte, wenn auch nur für ein paar Jahre; Vater, Mutter, Kind im eigenen Heim plus Opa und zwei Omas und etlichen Onkeln und Tanten, die regelmäßig besucht wurden. Aber im Vergleich zu ihren Schwestern, die weggegeben worden waren, schien sie die Verlassenste von allen dreien.

Als ich sie zum ersten Mal gesehen habe, war sie siebzehn

oder achtzehn Jahre alt, ein schlankes, bildhübsches Mädchen mit einer unglaublich langen blonden Mähne, sie war sich ihrer Schönheit und ihrer Wirkung auf Männer bewusst und benahm sich wie eine verzogene Prinzessin, die sich die Welt gar nicht anders vorstellen kann als eine, die ihr zu Füßen liegt. Vier, fünf Jahre später, sie hatte gerade ein Kind auf die Welt gebracht, hatte sie vierzig oder mehr Kilo zugenommen, legte sichtlich keinen Wert mehr auf ihr Äußeres und, so behauptet zumindest Tamara, die damals nur noch selten mit ihr in Kontakt stand, hatte seelische Probleme, die sie nur mit massiven Dosen von Psychopharmaka in den Griff bekam.

Das letzte Mal habe ich sie gesehen, da war sie 31 Jahre alt. Abgemagert bis auf die Knochen, in einer kaputten Wohnung mit Graffiti-übersäten Wänden und dem ganzen Hausrat samt Kleidung und Wäsche auf buchstäblich allen Möbeln und Sitzgelegenheiten verstreut, stand sie in der Tür und erkannte mich nicht. Wie auch ich sie nicht erkannte, »Iris?«, fragte ich, sie sah mich misstrauisch an, erst als ich sagte, ich bin Tamaras Vater, Adoptivvater, hellte sich ihr hageres Gesicht auf. Sie ließ mich trotzdem eine Weile nicht in die Wohnung, als sie es dann doch tat, verstand ich, warum.

Iris ist diejenige, die stiefmütterlich behandelt worden ist. Vom Schicksal, vom Leben, wie immer man es nennen will. Und stiefmütterlich behandelt wird sie auch von dieser Geschichte, denn sie kommt im Vergleich zu Tamara und Tania kaum vor, nur als ein Schemen, als eine blasse Ahnung hinter allen Horizonten. Als fast gänzlich verdrängte Bedrohung, welche die Lebensentwürfe der beiden anderen Schwestern radikal auf den Kopf stellen und damit hinfällig machen würde, wenn man den bedrohlichen Gedanken zuließe: So elend und mickrig sieht es also aus, das Glück, das darin besteht, von dieser Mutter *nicht* zu fremden Menschen gegeben worden zu sein.

In diesem Bericht kommt Iris deswegen so selten vor, weil kaum Erzählungen über ihr Dasein existieren. Und die, die etwas sagen könnten, reden nicht über sie. Patricia erwähnt sie immer nur nebenbei, wenn überhaupt, Erna sagt gar nichts zu ihrer mittleren Enkelin. Und Iris selbst kann oder will nichts von sich erzählen und von ihrem Leben. Sie kann sich an das meiste nicht erinnern, sagt sie, und ich glaube es ihr.

Wir wechseln ein paar Sätze, darüber, wie es Tamara geht. Iris weiß nicht, dass ihre Schwester verheiratet ist. Dass sie in Wien lebt, hat sie gehört, mehr nicht. Vor zehn, zwölf Jahren haben sie viel Zeit miteinander verbracht, sich die Nächte um die Ohren geschlagen, »es sich voll gegeben«, wie sie diese durchtanzten Nächte und mehrtägigen Touren durch Bars und fremde Betten nennen. Dann, noch als junge Frauen, haben sie den Kontakt verloren, erst Jahre später, als Iris' Baby noch ganz klein war, haben sie sich wieder ein paarmal gesehen. »Ja«, sagt Iris, »wir haben wegen irgendwas gestritten, weiß nicht mehr, was, es ist eben auseinandergegangen damals.« Dass es schade sei, sagt sie, und beginnt für ein paar Minuten eine Art von trauriger Schwärmerei für Tamara.

Das sei der Mensch, für den sie Gefühle wie für eine Schwester habe, sagt sie, mit Tamara einfach nur zusammenzuhocken und nichts zu tun, außer zu tratschen oder fernzusehen, das wünsche sie sich. Für Tania dagegen empfinde sie nichts. Als Tamara vor ein paar Jahren einmal mit Tania in Linz war und auch in ihrer damaligen Wohnung, sei die ihr völlig fremd geblieben, ja, irgendwie sogar auf die

Nerven gegangen. Dann spricht sie wieder von Tamara, ihre die ganze Zeit leise, kalte und irgendwie seelenlose Stimme klingt kurz warmherzig, man spürt Sehnsucht, man fühlt, dass sie eine Schwester haben möchte, richtig haben, hier in ihrer Nähe, nicht so eine, die in Wien sitzt mit einem Ehemann und seit Jahren nicht mehr anruft.

Irgendwann sagt sie, dass sie doch erzählen will von Patricia, von dem bisschen, das sie noch im Gedächtnis hat, und dass es kein Problem sei, wenn ich das aufnehme. Ich schalte den MP3-Rekorder ein, und sie antwortet auf meine Fragen, kurz angebunden, wortkarg und seltsam verloren, als rede sie über etwas, das nichts mit ihr zu tun hat. Manchmal lacht sie hysterisch auf, immer bei Worten oder Sätzen, die überhaupt nicht lustig sind. Ein, zwei Stunden redet sie, sagt dabei aber kaum etwas, sie spricht von ihrem so offensichtlich nicht geglückten Leben, als würde sie in Stichworten und knappsten Sätzen den Inhalt irgendeines Romanheftchens nacherzählen, unterbrochen von kurzen Kommentaren wie »nein, war eigentlich eh normal« oder »das war schon okay so«. Ein, zwei Stunden erzählt sie, und setzt sich dabei kein einziges Mal, für mich hat sie einen engen Platz freigeräumt auf einer schmuddeligen Couch, sie steht vor mir und tritt von einem Bein auf das andere.

»Na ja, die Patricia ist ja eine sentimentale Person«, sagt sie, »da musst du aufpassen. Es war oft nicht leicht, weißt du, für mich als Tochter.« Sie ist verwirrt, sagt Sachen, die keinen Sinn ergeben, zu nichts passen. »Ich war ja auch so eine, die gerne fortgerannt ist«, meint sie, »und das ist der Patricia gleich zu stark geworden, weißt du, wenn ich wo hingegangen bin oder so.« Das kann keine korrekte Erinnerung sein, denn Patricia ist aus dem Leben von Iris verschwunden, da war die Kleine keine fünf Jahre alt. Und diejenige, die fortgerannt und für Wochen, manchmal Monate verschwunden ist, war die Mutter, nicht die Tochter im Kindergartenalter. »Aber so ist sie in Ordnung«, sagt sie dann, »ich wüsste nichts zu sagen über sie.« Am Ende kämmt sie die zwei auffallend dünnen langen Haarsträhnen links und rechts an ihren Schläfen so nach vorne, dass man nicht sieht, dass der Rest ihres Kopfes unregelmäßig kurzgeschoren ist. Sie stellt sich starr vor eine Graffiti-Wand im Wohnzimmer, damit ich sie fotografieren kann, für Tamara, die wird sich sicher freuen.

Am Abend dieses Tages mache ich einen Fehler. Ich stelle zwei Fotos von Iris auf Tamaras Facebook-Seite, ohne Vorwarnung, nur mit dem kurzen Kommentar, dass ich heute ihre Schwester getroffen habe, die jetzt nicht mehr fett ist, sondern *so* ausschaut. Kurz darauf ruft Tamara an. Sie ist entsetzt und geschockt, »Iris sieht ja aus, als sei sie todkrank, was ist mit ihr«, schreit sie ins Telefon. Vielleicht schaut sie so aus wegen Antidepressiva, stottere ich, oder vielleicht hat sie ein Alkoholproblem, sie habe irgendwas erwähnt, dass ihr Vater manchmal den Alkohol verstecke.

Tamara ist erschüttert, ich bereue, dass ich die Fotos gepostet habe, ohne vorher mit ihr gesprochen zu haben. Weil es wahrscheinlich nicht nur die Angst und die Sorge um die Schwester ist, die Tamara so fertigmacht. Sondern, und das hat meine Frau gleich erkannt, dass diese Situation Tamara in eine unhaltbare, nicht bewältigbare Position bringt. Da ist zum einen die Freude, die über das Handy zu spüren war, als sie hörte, dass Iris Sehnsucht nach ihr empfindet, und da sind intensive geschwisterliche Gefühle. Damit aber paart sich Sorge, und etwas noch Schlimmeres: das Gefühl, etwas tun zu müssen, der Schwester helfen zu müssen, sie retten zu müssen aus diesem tiefen, düsteren Tal von Verwirrung und Depression. Und zugleich das Wissen, so eine Aufgabe nicht bewältigen zu können, aus sachlichen Gründen zum einen, weil die eine in Linz lebt, die andere in Wien. Vor allem aber, weil Tamara wahrscheinlich weiß oder ahnt oder spürt, dass sie von so einem Hilfseinsatz hoffnungslos überfordert wäre, und dass er sie selbst in Gefahr bringen würde.

Kurz danach ruft sie wieder an. Sie hat mit Tania gechattet, sagt sie, und die bitte darum, ihr die Bilder ebenfalls zu schicken. Die Reaktion der Schwester in Landsmeer ist dieselbe: Schock und Entsetzen. Danach telefoniere ich lange mit Tamara. Sie will Details wissen, will erfahren, was Iris gesagt hat. Du bist offensichtlich ihre Lieblingsschwester, sage ich, mit Tania sei Iris damals nicht warmgeworden, für sie, Tamara, hege sie aber auch in ihrem paralysierten Zustand offenkundig Zuneigung. Und es tue ihr sichtlich leid, dass sie sich zerstritten hätten.

»Sie muss total verwirrt sein«, sagt Tamara. »Sie hat Tania nie getroffen. Vor drei Jahren, als Tania in Wien war, sind wir für einen Tag nach Linz gefahren, haben dort euch besucht und Erna getroffen. Es war ausgemacht, dass auch Iris zu diesem Treffen kommt, aber sie ist nicht aufgetaucht.« Einen Tag später erst hatte Iris angerufen und sich entschuldigt, sie habe nicht aus dem Haus gehen können, das Baby sei krank geworden.

Da fällt es mir ein. Bei Tania in Landsmeer habe ich Fotos gesehen von diesem Besuch. Die Jahreszeit auf dem Bild ist Sommer, die beiden Schwestern tragen Leibchen mit Spagettiträgern, wenn man nicht sähe, dass die eine ein paar Jahre älter ist, könnte man sie für Zwillinge halten. Sie stehen an einem schmiedeeisernen Zaun vor einem Gründerzeithaus in der Linzer Innenstadt, Erna zwischen den beiden, die Enkelinnen haben je einen Arm um Ernas Schultern gelegt, Ernas Arme liegen auf den Hüften der Mädchen. Tamara schaut mit einem fröhlichen Lächeln an der Kamera vorbei, Tania lacht unternehmungslustig direkt ins Objektiv. Erna, in einer altmodischen weißen Bluse, hält den Kopf schief, sie schaut verlegen aus. Es ist eine ganze Fotoserie, Iris ist auf keinem der Bilder zu sehen.

»Sie muss übel drauf sein«, sagt Tamara, »sie bringt alles durcheinander. Wir haben uns damals nicht *wegen irgendwas* gestritten. Ich wollte nie wieder etwas mit ihr zu tun haben.« Und dann erzählt sie, dass sie vor neun, zehn Jahren einmal mit ihrem Freund in der Wohnung von Iris war, sie hatte sich überreden lassen, Alkohol zu trinken, im Wissen, dass sie ihn nicht verträgt. Wie erwartet war sie in einen komatösen Zustand gefallen. Als sie wieder erwachte, fand sie ihren Freund und ihre Schwester nackt ineinander verschlungen im Bett. »Da war es für mich vorbei«, sagt Tamara, »ich habe mich verabschiedet für immer.« Ein paar Jahre später habe sie Iris noch ein- oder zweimal besucht, um deren Baby anzuschauen.

»Das Baby ist schon lange weg«, sage ich, »anscheinend hat sich das Jugendamt eingeschaltet, als es noch ganz klein war, genau habe ich Iris' Geschichte nicht verstanden. Ihr Sohn lebt jetzt jedenfalls bei einem Bruder ihres Vaters.«

Noch am selben Abend rief Tamara Patricia in Belgien an. Dass Iris Hilfe braucht, hat sie ihr zu verdeutlichen versucht, *ihre* Hilfe. Die resignierende Antwort Patricias: »Ja, was soll ich denn da tun?« Mir hat Tamara kurz davon erzählt, in einer Mischung aus Wut und Mitgefühl. Wut, weil sich Patricia raushalten will, wenn es einer ihrer Töchter so mies geht. Und mitfühlendes Verständnis dafür, dass Patricia es nicht schafft, nach Linz zu kommen, vor lauter Angst, wieder hineinzustürzen in die alten Verletzungen und ungelösten Verstrickungen, eventuell sogar Josef wiederzutreffen, ihren Exmann, vor dem sie damals zuerst nach Wien und dann für viele Jahre nach Thailand geflohen war.

Als die älteste und die jüngste Tochter und ihre leibliche Mutter hektisch miteinander zu telefonieren und via Internet zu kommunizieren beginnen, nachdem sie gesehen haben, wie kaputt die dritte Schwester ist, als dieses desolate und lange schon zum Stillstand gekommene Familiensystem knirschend wieder zu rotieren beginnt und sich schneller und schneller dreht, da droht das Vorhaben, eine Geschichte zu erzählen von drei Frauen, die sich gegen jede Widrigkeit aufmachen, um sich das ihnen zustehende Glück zu holen, außer Kontrolle zu geraten. Das Befragen der Beteiligten löst in den Befragten und im Fragensteller etwas aus, dem möglicherweise niemand gewachsen ist. Beim Abtippen der Unterhaltung mit Iris mache ich in immer kürzeren Abständen immer länger werdende Pausen. Weil die ohnehin von Anfang an mitschwingende Angst größer wird. Die Angst, etwas zu tun, das mir nicht zusteht.

## 19

Zurück zum belgischen Trailerpark. Patricia sitzt vor dem MP3-Rekorder, beide rauchen wir eine Zigarette nach der anderen. »Nun, ich war zurück in Österreich«, sagt sie, »und dann habe ich den Vater kennengelernt von Iris.« Sie verspricht sich, gleich ein paarmal hintereinander meint sie Tamara, sagt aber Iris. Sie muss einen Moment nachdenken, als ich sie frage, was für ein Mensch ihr neuer Geliebter, der spätere Vater Tamaras, war. Vertreter für Apothekenzeug und so, sagt sie dann, Reisender in allem, was sie in der Apotheke verkaufen, von Pillen bis Müsli. Sie lernte den Mann, dessen Namen sie nicht nennt, in einem Pub in Linz kennen. Ungefragt erzählte sie ihm von ihrem Heroinkonsum, und erklärt das so: »Als ich von Thailand gekommen bin, war ich natürlich abhängig, logisch, da musste ich mich in Linz natürlich auch drum kümmern. Nur dass ich in Linz dann eben gedrückt habe, weil da ging nix mehr mit rauchen, das war zu teuer, bitte! Ich mochte ihn ziemlich gerne, ich habe mich verliebt in ihn, und ich dachte eigentlich – das habe ich erst später richtig verstanden, was ich eigentlich wollte von dem.«

Sie hatte sich einen Partner erwartet »mit Rückgrat, mehr oder weniger, um die Scheiße eben aufzuhören. Habe ich leider in ihm nicht gefunden, im Gegenteil: Er hat dann auch angefangen. Obwohl ich gesagt hab: Mach! Das! Nicht!« Jedes dieser drei Wörter betont sie einzeln. Sie spritzte die Droge täglich, achtete dabei darauf, dass er sie nie beobachtete. Sie schilderte ihm die üblen Seiten, das vom Kotzen und von der Übelkeit, all das, was ihr nie jemand gesagt hatte. Und Patricia beschrieb ihm drastisch, wie sich das anfühlt, wenn man einmal abgeschnitten ist vom Nachschub.

»Trotz alledem hat er hinter meinem Rücken angefangen. Hat dadurch auch aufgehört zu arbeiten. Du, habe ich gesagt, was du da machst, das ist Scheiße, habe ich gesagt. Wieso, hat er gemeint, wir können doch Dope verkaufen. Machst du doch auch, sagte er. Weil ich habe ja damals in Linz das Heroin auch verkauft, um eben an Geld zu kommen, nicht.«

Schließlich kam der junge Linzer auf die »glorreiche Idee«, gemeinsam nach Thailand zu fliegen. Gesagt, getan. Sie blieben eine Weile dort, flogen dann aber doch wieder nach Österreich, eine größere Menge Dope im Gepäck versteckt, mit dem sie in Linz dealen wollten, um die eigene Sucht zu finanzieren. Patricia berichtet von dieser Phase ihres Lebens nur mit ein paar knappen Sätzen. Von den zwei Luftpostbriefen an Erna, die Tamara bei der Oma gefunden hat, muss einer aus dieser Zeit stammen.

Wie sie mit Tamara schwanger wurde, erzählt Patricia mit ein paar Sätzen, die mich erschrecken, weil sie so lapidar und grausam klingen. »Na? Was ist passiert? Wenn du sonst starkes Zeug wie in Thailand gebrauchst und kommst dann nach Österreich, wo du dieses schlechte Zeug hast, baut dein Körper ja ab. Du bist ja nicht mehr das ganz Starke gewöhnt – so lustig sich das anhört – du baust ab. Dadurch verändert sich der Körper. Und normalerweise, wenn du gebrauchst, wirst du nicht schwanger. Das ist so, wie wenn du die Pille schlucken würdest. Und wir haben zwar Kondome benutzt, aber wenn du gebrauchst, bist du ja noch wilder als normal.« Den letzten Satz sagt sie unvermittelt sehr laut: »Und da muss eben genau in der einen Nacht, wo es am wildesten war, da muss was passiert sein. Und das war Tamara.«

Tamara glaubt Patricia schlicht und einfach nicht, dass dieser junge Bursche aus Linz, mit dem ihre leibliche Mutter Heroin aus Thailand und später auch aus Holland eingeschmuggelt hat, ihr Vater ist. In einer Unterhaltung spätnachts in Tanias Garten hat sie ihre Zweifel begründet. Davor hatten die zwei Schwestern kurz darüber gesprochen, wie ungeheuer schwierig es ihnen beiden gefallen war, Patricia die Frage zu stellen: Wer ist mein Vater?

Tania: »Am Anfang hat mir Patricias Freund Frank ein paarmal gesagt, für sie ist es sehr schwer, über Adoption zu reden, darüber, dass sie drei Kinder weggegeben hat. Darum habe ich am Anfang nichts gefragt in diese Richtung, wer ist mein Vater, oder was immer, ich bin einfach nur dagesessen mit ihr, wir haben über die Arbeit geredet, gelacht über Witze, all the normal things.«

Tamara: »Ich habe sie gleich beim ersten Mal alles gefragt, weil ich lebe ja nicht hier, ich muss zwölf Stunden fahren mit dem Zug oder mit dem Auto, um sie zu sehen, und dann sitze ich da und sage, ja, meine Arbeit ist fein, oder so. Ich brauche solches Gerede nicht! Wenn ich hier leben würde, wie du, wo du zwei Stunden fährst, um sie zu sehen, da kann man reden, über die Arbeit, den Alltag, so Zeug halt.«

Tania: »Yeah.«

Tamara: »Ich habe auch was herausgefunden. Sie hat mir gesagt, dass mein Vater ein Österreicher ist, ein ganz normaler Mann, bürgerlich, Arbeiter. Als ich sechzehn war, da war ich mit meinen Eltern bei einer Familienaufstellung, da stellst du wildfremde Leute hin und sagst, du bist Patricia, und du bist mein Vater, und du bist die Oma Erna. Und jedes Mal hat dieser Mann, der für meinen Vater gestanden ist, gesagt, nein, das ist nicht der Vater.«

Tania: »Ich glaube, Patricia lügt viel. Um sich selbst zu beschützen. Ein Beispiel: Ich habe ihr Fotos geschickt, bevor wir uns getroffen haben, und sie mir auch. Beim Treffen hab ich ihr dann Bilder gezeigt, von da, wo ich lebe. Und sie hat gesagt, so schöne Fotos, die habe ich noch nie gesehen. Ich habe dir die aber geschickt, habe ich gesagt. Ein paar Monate später, wir sind in meinem Haus gesessen, es war ihr zweiter oder dritter Besuch, da hat sie auf einmal gesagt: Ich habe lange nachgedacht, und jetzt kann ich mich erinnern!«

Tamara: »Lass mich meine Geschichte fertig erzählen. Das Seltsame ist ja, dass Patricia und ihre Mutter nicht so dunkle Haare haben. Und Patricia und du, ihr habt blaue

Augen. Und dieser Mann, der in der Aufstellung mein Vater war, hat auch blaue Augen gehabt und eher helle Haare. Als ich Patricia in Deutschland besucht habe, da hat sie mir erzählt, um die Zeit herum, wo ich dann gezeugt wurde, hat sie irgendwelche Geschäfte gemacht, mit Kleidern aus Ägypten, und sie war auch eine Zeitlang in Ägypten, und dass sie dort auch einen Liebhaber gehabt hat. Und dass sie auch mit Männern aus Saudi-Arabien geschlafen hat, mit sehr reichen Männern, und auch mit einem Mann aus Tunesien. Alles, bevor sie gewusst hat, dass sie schwanger ist. Verstehst du? Mein Vater könnte Ägypter sein, oder Saudi, oder Tunesier.«

Tamara grinst zu mir herüber, ich grinse zurück. Zu der Zeit war sie bereits mit einem Ägypter verheiratet, und sie ist überzeugt davon, dass dies nicht zufällig so gekommen ist. Dann spricht sie weiter: »Warum ich das glaube? Wenn du vierzehn bist, dann horchst du Popmusik, oder Rock, Hip-Hop. Aber ich nicht. Ich habe arabische Musik gehört, arabische Popmusik. Und bis heute ist es so, wenn ich Leuten sage, ich bin aus Österreich, dann schauen sie erstaunt. Weil ich irgendwie orientalisch aussehe. Ich rede auch mit den Händen wie die Araber, oder die Ägypter. Mein Chef, der ist Ägypter, hat mich einmal darauf angesprochen, wo ich diese Gesten herhabe, wer sie mir gezeigt hat. Ich habe nicht einmal gewusst, dass ich sie mache! Ich glaube, dein Vater war ein Ägypter, hat mein Chef gesagt.«

Sie wedelt mit einer Hand energisch über den Tisch, es ist tatsächlich eine Geste, die ihr schon eigen war, bevor sie ihren ägyptischen Mann und dessen Freundeskreis kennengelernt hatte, es ist eine Geste, mit der Ägypter andeuten, dass der Tisch abgeräumt gehört.

»Und mein erster Freund überhaupt war aus Libyen«,

fährt sie fort. »Ich habe nie viele österreichische Boyfriends gehabt, habe mir immer welche ausgesucht aus anderen Ländern. Und meist welche aus Afrika, Arabien. Dann habe ich einmal diesen Traum gehabt. Ich bin auf der Straße gegangen, war schwanger, und die afrikanischen Freunde von meinem damaligen Lebensgefährten haben gesagt, oh, du wirst einen Buben bekommen. Und ich habe gesagt, nein, ich bekomme ein Mädchen. Ich habe im Traum genau das Gesicht gesehen von meinem Mädchen. Sie war gemischtrassig, aber nicht schwarzafrikanisch. Sie hat arabisch ausgeschaut, schon ein wenig dunkel, aber nicht afrikanisch. Arabisch. Ich habe mich gefragt: Wie ist das möglich, warum sieht das Kind nicht afrikanisch aus? Dann habe ich meinen Mann getroffen, und da habe ich gesagt: Jetzt weiß ich, warum! Ich habe oft Träume, die dann in der Wirklichkeit so passieren.«

Tania: »Wegen Patricia – ich glaube, sie blockt unheimlich viel ab.«

Tamara: »Ja, natürlich tut sie das. Aber ich weiß«, und jetzt wird ihre Stimme sehr zornig und energisch, »der Mann, von dem sie erzählt, ist nicht mein Vater!«

Tania: »Vielleicht weiß sie es wirklich nicht genau, sie war ja so schwer auf Drogen. Ich habe sie einmal gefragt, nach deinem Vater und dem Vater von Iris, und da hat sie eine seltsame Geschichte erzählt, die ich nicht verstanden habe.«

Irgendwann Ende 1983, Anfang 1984 war das Heroin aus Thailand aufgebraucht, und auch das Geld, das sie daran verdient hatten, war alle. Wieder nach Asien fliegen und Nachschub holen ging nicht, sogar dazu fehlte Patricia und ihrem Geliebten das Geld. Patricia wandte sich an die Linzer Stadtverwaltung, beantragte Sozialhilfe. Die Reaktion war knapp: Sie haben noch nie gearbeitet, haben hier noch nie Beiträge eingezahlt, also kriegen Sie hier nichts. »Ich brauche aber schnell Geld«, sagte Patricia, »das Kind ist bald da.« Die Beamten zuckten bloß die Achseln.

Sie fand eine Lösung für ihre Probleme, die schon Routine war in ihrem Leben: eine Reise nach Amsterdam. »Nun«, sagt sie, »ich war nicht versichert zu dem Zeitpunkt, weil mir eh alles wurscht war. Da bin ich nach Amsterdam und habe gedacht, okay, entbinde ich eben da. Da habe ich keine Probleme. Offiziell waren wir ja in Amsterdam, um Heroin zu kaufen, weil wir damals nichts hatten, um nach Thailand zu fliegen. Haben wir halt da was gekauft, und sind wieder zurück nach Österreich. Na, ich habe jedenfalls Tamara in Amsterdam geboren.«

## 20

Der 8. März 1984 ist Tamaras Geburtstag. Linz im Frühjahr 1984, das war eine Stadt in einem Umbruch, der nicht recht von der Stelle kommen wollte. Die dröge, graue, langweilige Nur-Stahlstadt gab es nicht mehr, die Stahlkrise setzte der verstaatlichten Schwerindustrie massiv zu, die Gegenstrategien entpuppten sich bald als hilfloses Agieren aus Ratlosigkeit heraus, das ein paar Jahre später in einigen gewaltigen Skandalen implodierte, Stichworte Voest-Intertrading und Noricum-Kanonen-Deals. Neues ploppte immer wieder auf in Kunst und Populärkultur, Leute meines Alters, gerade dreißig geworden, staunten über die Energie, mit der die Nachwehen von Punk und Neuer Deutscher Welle für eine kurze Zeitspanne aus Linz so etwas wie einen Hotspot machten. Und in der verschlafenen Altstadt entstand ein Bermudadreieck, ein Amüsierviertel mit Lokalen, die bis in den nächsten Tag hinein offen hatten. Aber alles verlief rasch wieder im Sand, Kulturleute, die es zu etwas bringen wollten, setzten sich ab nach Wien, Berlin oder Amsterdam, die Verstaatlichte Industrie taumelte weiter dem Untergang entgegen, und die Altstadt verkam zum Treffpunkt randalierender Jugendlicher bei ihren alkoholgesättigten Wochenend-Exzessen.

Christiane und ich waren eigentlich schon zu alt für das samstägige Herumziehen in den angesagten Lokalen oder für die Konzerte von Willi Warma und Konsorten in abgefuckten ehemaligen Kaffeehäusern. Genau genommen war ich mit meinen 31 Jahren zu alt, oder fühlte mich zu alt, zu Christiane mit ihren 24 Jahren passte dieses Leben junger Leute, die erstmals in halbwegs stabilen und vernünftigen Jobs Geld verdienen, gerade noch. Aber es begann, langweilig zu werden, und anstrengend. Veränderung war angesagt, grundlegende Veränderung. Ein Jahr zuvor schon hatten wir uns formell als Interessenten für die Adoption eines oder auch, wenn möglich, mehrerer Kinder beworben.

Manche Menschen setzen sich hin, wenn sie nicht mehr weiterwissen, und schreiben auf, was passiert ist, in der Hoffnung, zumindest ein kleines Stück weit Stabilität und Klarheit zu erreichen. Christiane ist so ein Mensch. Als Tamara in die Pubertät kam, wegzulaufen begann, sich immer weiter von uns entfernte und sich selbst in immer abstrusere Gefahren brachte, begann Christiane darüber zu schreiben. Sie hat mir erlaubt, Teile aus ihrem Text zu verwenden.

»Solange ich denken kann, wollte ich mit Kindern leben«, so fängt ihr Word-Dokument an. »Denn ich war als Kind davon überzeugt, die bessere Mutter zu sein. Dieses Wissen war das Resultat meines Gefühls, von meiner Mutter nicht geliebt zu werden. Heute weiß ich, dass sie mich sehr wohl geliebt hat, die Lebensumstände waren jedoch so, dass ich es nicht spüren konnte. Sie hatte keine Zeit, weil sie mit dem Überleben beschäftigt war, sowohl körperlich als auch psychisch.

Sehr bald schon stellte sich heraus, dass es mir nicht möglich sein würde, selber Kinder zu gebären. Als ich elf war, stellte man fest, dass ich mit zwei Gebärmüttern geboren wurde, als ich zirka fünfzehn war, dass ich nur eine Niere habe. Diese Fehlbildungen brachten die Ärzte zu der Einschätzung, dass das Risiko einer Geburt für mich zu hoch wäre. Ein Schock für mich, denn ein Leben ohne Kinder konnte ich mir nicht vorstellen. Da ich meinen Mann schon sehr früh kennengelernt habe und ich bei unserer Heirat erst achtzehn Jahre alt war, stellte ich mich diesem Problem schon in jungen Jahren. Meine Mutter war die Erste, die es aussprach. Die einzige Lösung dieses Dilemmas wäre eine Adoption. Diesen Gedanken konnte ich zwar annehmen, war aber noch zu jung dafür. Deshalb hoffte ich noch einige Jahre, dass sich an der Situation etwas verändern würde und ich doch noch ein Kind gebären könnte. Eine Hoffnung, die ich letztendlich erst mit über dreißig Jahren aufgab.

25 Jahre war die magische Grenze, das Mindestalter für mich als Frau für eine Adoption. Irgendwann um mein 23. Lebensjahr gingen wir es dann an. Den Weg zur Adoptionsbehörde. Für uns war klar, dass nur dieser Weg in Frage kam. Eine Auslandsadoption haben wir ausgeschlossen, da wir in unserer Gesellschaft ein Kind nicht den Anfeindungen unserer Mitbürger aussetzen wollten. Das Kind würde es schwer genug haben damit, von seinen Eltern weggegeben worden zu sein, da sollte es sich nicht auch noch zusätzlich fremd fühlen.

Bei der Behörde stellte man uns unendlich viele Fragen,

die wir offen und ehrlich beantworteten. Wir haben unsere Wünsche nicht besonders eingegrenzt, um überhaupt eine Chance zu haben, tatsächlich ein Kind zugewiesen zu bekommen. Und dann hieß es warten. Die Zeit kam mir unendlich lang vor, obwohl es im Endeffekt nicht länger war als eine Schwangerschaft. Zu diesem Zeitpunkt wollte ich mich beruflich selbständig machen, was ich dann nicht mehr tat, denn man versprach uns die baldige Zuweisung eines Kindes«.

So weit Christiane. Ich selbst kann mich an diese Zeit nicht mehr sehr genau erinnern, aber unsere Tauglichkeit wurde für mein Gefühl eher oberflächlich geprüft. Wir hatten Einkommensnachweise vorzulegen, polizeiliche Führungszeugnisse abzuliefern und Interviews mit Sozialarbeitern zu absolvieren. Jemand besuchte unsere Wohnung im Zentrum von Linz, gleich neben einem Park, der in meiner Jugend der Treffpunkt der Linzer Dealer und Junkies war, und machte Notizen. Für den Antrag war ein Foto vorgeschrieben, ein Doppelporträt des bewerbenden Paares. Wir versuchten es mit dem Selbstauslöser, mit der Kamera auf einem Stativ vor dem Wohnzimmersofa. Auf dem Bild sahen wir bescheuert aus. Beide trugen wir leicht dauergewellte Frisuren, so gut wie ärmellose seltsam gemusterte Shirts und hochbundige Hosen wie Duran-Duran-Fans im Teenager-Alter. So saßen wir nebeneinander auf dem plüschigen Sofa mit Paisley-Bezug; weil die Polsterfedern alt und ausgeleiert waren, waren wir zu tief eingesunken und hockten auf dem Foto leicht verkrampft, hölzern und verlegen grinsend, als plage uns eine lang währende Verstopfung. So ein Witzbild kann man unmöglich in einen für uns so bedeutungsvollen Behördenvorgang einbringen, waren wir uns einig. Also gingen wir in ein professionelles Fotostudio und ließen uns vor einem grauen Hintergrund ablichten, seriös gekleidet und nicht so poppig frisiert. Zwei Abzüge brachten wir persönlich zum Jugendamt.

Wir hatten uns zum erstmöglichen Termin beworben. Der Mann musste dreißig Jahre alt sein, die Frau mindestens 25. Christiane fehlten noch zwei Jahre, aber nach ein paar Wochen kam eine erfreuliche Nachricht: Man würde eine Ausnahme machen. Von da an, Anfang 1983, warteten wir auf ein Kind. Ausgehen wurde immer öder, wir verbrachten die Samstagabende lieber privat bei Freunden oder bei uns zu Hause mit geselligem Plaudern. Oder, was uns noch wenige Jahre vorher als Schmach und Schande erschienen wäre, mit Fernsehen. Dass wir jederzeit innerhalb weniger Tage Eltern mit Kleinkind sein könnten, sagten wir nur ganz wenigen Leuten. Den Eltern, Geschwistern und den wirklich engen Freunden. Wir sprachen nicht gerne darüber, und der Grund war derselbe wie sechs Jahre zuvor bei Joke und Dirk in Landsmeer: Angst, ständig gefragt zu werden, wann es denn endlich so weit sei – wo man doch viel Energie aufwendet, um sich mit dieser Frage nicht selbst wieder und wieder zu plagen.

Der 8. März 1984 war ein grauer, unfreundlicher Tag in Oberösterreich, kalt war es, leichte Minusgrade in der Nacht, und tagsüber gab es nie mehr als drei Plusgrade. Die Wolkendecke über Linz riss nicht auf, und im Salzkammergut fiel noch ein wenig Schnee. In Amsterdam war es besser, von Sonnenaufgang bis -untergang schien die Sonne, zu Mittag erwärmte sich die Stadt auf beinahe zehn Grad plus. Nur starker Wind, der phasenweise fast zum Sturm wurde, störte die Idylle eines frühen schönen Frühlingstages.

Die ersten drei Monate ihres Lebens existierte Tamara offiziell nicht. Ihre Geburt wurde amtlich nirgendwo registriert, weder in Holland noch in Österreich. Ihre ersten dokumentierten Spuren auf dieser Welt resultieren aus dem frühen Juli 1984. Da hatte das Linzer Jugendamt die österreichische Botschaft in Den Haag um Hilfe gebeten; den Beamten war zu Ohren gekommen, dass ein nunmehr in Linz aufhältiges Baby allem Anschein nach in den Niederlanden das Licht der Welt erblickt habe, man bitte um Erhebung der näheren Umstände und umgehende Information. Die Antwort aus Holland: Das betreffende Kind mit dem Namen Tamara X. wurde am 8.3.1984 von Patricia X. geboren, einer österreichischen Staatsbürgerin, und zwar im Krankenhaus Onze Lieuve Vrouwe Gasthuis in Amsterdam. Mutter und Kind reisten einige Tage nach der Geburt nach Österreich. Frl. X. überließ das Kind hier ihrer Mutter Erna R. in Linz und setzte sich daraufhin, unbekannt wohin, ab, ohne sich weiter um ihr Kind zu kümmern.

Davon wussten wir nichts, oder fast nichts, im Jahr 1984, und auch weitere Jahre und Jahrzehnte nicht. Zu Tamaras Herkunft hörten wir vom Amt nur, dass sie das Kind einer jungen Österreicherin sei, zur Welt gekommen in Amsterdam und am Tag nach der Geburt in einer Reisetasche nach Österreich geschmuggelt. Und dass die Linzer Großmutter des Babys mit der Betreuung des Kleinkindes überfordert gewesen sei.

»Tamara, genau, die Tamara«, sagt Patricia, »da war dann wieder dasselbe Thema wie bei den ersten beiden: Ich will es behalten, das Kind! Vielleicht kratze ich ja doch noch mal die Kurve und schaffe es.«

Warum sie Tamara doch nicht behalten hat, darüber erzählt Patricia schnell hinweg, liefert sozusagen nur die Eckdaten, keine Details, kaum Erklärungen, lässt keinen Raum für Nachfragen. Man muss sich das Geschehen eher zusammenreimen. Nach dem, was sie mehr andeutet als berichtet, brachten sie und ihr Freund das Baby zu Erna in deren Wohnung in der Linzer Innenstadt. Sie blieben nur ein paar Tage, dann hatte sich allem Anschein nach eine Geldquelle aufgetan, die einen Flug nach Thailand zwecks Drogenkauf ermöglichte. Das junge Elternpaar flog also nach Bangkok und sondierte den Markt. »Bleib du im Hotel, rühr dich nicht weg, mach gar nichts«, sagte Patricia zu ihrem Freund, »ich weiß, wo ich hinmuss, bleib du bloß im Zimmer.«

Sie schaut düster drein, als sie das 26 Jahre später erzählt: »Und was hat der Idiot nichts Besseres zu tun? Er geht raus, er denkt, er ist so clever und kauft sich selber was. Weil er einfach nicht warten konnte. Und da haben sie ihn festgenommen. Und dadurch hat das ganze Dilemma eigentlich angefangen.«

Nur deswegen musste sie damals in Thailand bleiben, musste sich darum kümmern, dass ihr Freund möglichst schnell wieder aus dem Knast kam, 25 Jahre hätten die ihm locker aufgebrummt, wenn sie nicht gewesen wäre, sie, die sich auskannte. Patricia rief ihre Mutter an und bat: »Pass mir in der Zwischenzeit bitte auf die Kleine auf! Und wenn irgendwas ist, dann geh zu den Eltern von meinem Freund.« Die lebten in einem Ort ganz in der Nähe von Linz, Patricia war – und ist – überzeugt davon, dass diese Leute Erna unterstützt hätten.

»Und was hatte meine Mutter zu tun? Nichts Besseres, als das Kind sofort wieder wegzugeben! Und nicht nur das, sie hat meinem Freund dann auch noch einen Brief geschrieben: Ja, *du* kannst jederzeit wieder zurückkommen, wenn du aus dem Knast rauskommst, nur Patricia will ich überhaupt nie wieder sehen. Und das Kind habe ich sowieso schon weggegeben!«

»Wie lange war er im Gefängnis?«, frage ich.

»Ein Jahr«, sagt sie hastig. »Und dann habe ich gesagt, wisst ihr was, jetzt könnt ihr mich alle am Arsch lecken! Jetzt habe ich die Schnauze voll. Bevor Tamara auf die Welt gekommen ist, habe ich ja bei meiner Mutter noch zwei Wochen gewohnt. Und meine Mutter, das war im Winter, da lag in Linz der Schnee auf der Straße, so viel Schnee hat da noch nie gelegen, es war ein Winter, der war ziemlich streng, da hat sie mich auf die Straße gesetzt, meine Mutter!«

Sie sitzt da und schaut gerade vor sich hin, dreht die Zigarette zwischen den Fingern, ihre Stimme wird leiser. Was gerade noch vorwurfsvoll geklungen hat, diese mit ein bisschen Wut vorgetragene Anschuldigung gegen ihre Mutter, dünnt aus zu einer leisen Klage eines zutiefst gekränkten Menschen. »Weißt du, das kam alles zusammen damals. Mein Mann, also der Vater von Tamara, haut sich selber in die Nesseln, hört nicht auf mich, meine Mutter hintergeht mich, weil das sehe ich als Hintergehen. Und am Schluss war aber ich der Idiot, am Schluss hat's geheißen: Du hast deine Kinder alle im Stich gelassen!«

## 21

Minutenlang ließ sich Melina Mercouri von den Hunderten Besuchern auf den steineren Sitzreihen bejubeln, immer wieder riefen begeisterte Theatergäste ihren Namen im Chor, bis sich die damalige griechische Kulturministerin endlich auf ihren Ehrenplatz in der ersten Reihe des Amphitheaters von Epidauros begab. Nun hob das Spiel an, fantastisch als Vögel kostümierte Statisten attackierten zwei Wanderer, die ausgezogen waren, eine neue Stadt zu gründen. Ich Narr, ruft Euelpides, da folge ich einer Dohle und lauf mir bloß die Nägel von den Zehen, und Pisthetairos dämmert allmählich die Vergeblichkeit ihres Bemühens: Wo sind wir bloß!, ist alles, was er zu sagen weiß.

Im Sommer 1984 saßen Christiane und ich auf den obersten Rängen des gewaltigen Theaterrunds auf dem Peloponnes und genossen in der lauen Sommernacht Aristophanes' »Vögel«, dargeboten im Original, also altgriechisch. Wir verstanden kein Wort, aber wir begriffen, worum es ging, und jubelten mit den Griechen der schönen Melina zu, die damals 59 oder 64 Jahre alt war, da divergieren die Biografien, und die aus ihrer glamourösen Welt in die heiße, staubige steinerne Anlage geschwebt war.

Wir waren mit dem Auto aufgebrochen zu einer Griechenland-Rundreise, die vier Wochen dauern sollte, inklusive Anreise über die berüchtigte Autoput quer durch das damalige Jugoslawien. Den ersten Stopp zwecks Nächtigung machten wir in einem heruntergekommenen Motel in der Gegend von Niš. Auf dem Parkplatz trat ein Mann zu uns und sagte, wir sollten keine Angst haben, die Autos hier würden von ihm bewacht. Dann hob er seine Jacke über der rechten Hüfte hoch und zeigte uns einen abgewetzten Lederhalfter, in dem eine Pistole steckte. In der Nacht wurde Christiane vor Durst wach im brütend heißen Motelzimmer, sie bat mich, eine der Wasserflaschen aus dem Kofferraum zu holen. Ich weigerte mich. Wenn ich da um drei Uhr morgens am Auto herumfummle, wird mich der Typ erschießen.

Es war ein unruhiger und nervenaufreibender Urlaub. Wir kletterten auf den zyklopischen Mauern von Tiryns herum, tranken bayrisches Bier auf dem Syntagma-Platz von Nauplia, lagen einen Nachmittag lang unter den Bäumen in Epidauros und versuchten, etwas von den heilenden Kräften des Asklepios zu spüren. Wir klatschten rhythmisch in die Hände im Agamemnon-Grab in Mykene, wegen des unglaublichen Nachhalls im Inneren des Tuffgesteins. Ein paar Tage lagen wir auf der Insel Poros bloß am Strand herum, doch Ruhe wollte sich nicht einstellen. In einer Nacht gerieten wir auf dem Balkon eines alten Spa-Hotels von faszinierendem Jahrhundertwende-Charme mit Blick über die antiken Sportstätten von Olympia in einen sinnlosen Streit über Nichtigkeiten.

Wir hätten nicht auf dem Peloponnes sein sollen. Ein oder zwei Tage vor der Abfahrt hatte das Linzer Jugendamt angerufen. Es rücke da was in den Bereich des Möglichen, teilte man uns mit, das Amt habe mit einem Kind zu tun, das eventuell sehr schnell einen Platz brauchen könnte. Allerdings gebe es keine Zustimmung zur Adoption durch die leiblichen Eltern. Noch keine. Ob wir uns vorstellen könnten, wurden wir gefragt, ein Kind in Pflege zu nehmen, wobei in diesem konkreten Fall die Wahrscheinlichkeit hoch sei, dass aus dem Pflege- ein Adoptionsverhältnis würde. Natürlich, antworteten wir, ohne eine Minute nachzudenken. Die Beamtin riet uns, den geplanten Urlaub dennoch anzutreten, ein paar Wochen auf oder ab würden keine Rolle spielen, und es dürfte ohnehin noch eine Weile dauern, bis die Sache spruchreif werde.

Wir baten Christianes Mutter, als Kontaktperson zwischen der Behörde und uns zu fungieren. Das Amt sagte uns zu, sie bei jeder Neuigkeit umgehend zu informieren. Wir würden Christianes Mutter regelmäßig von unterwegs anrufen und könnten also sofort heimreisen, falls dies notwendig wäre. Und dann fuhren wir los.

Jeden zweiten oder dritten Tag riefen wir die Mutter an. Das war nicht so einfach wie in heutigen Handy-Zeiten, man musste sich in den Telefonämtern der OTE anstellen, warten, bis ein Sprechplatz frei wurde. Vor den wenigen Telefonzellen waren die Warteschlangen meist noch länger. In der dritten Woche verließen wir den Peloponnes und fuhren in kurzen Tagesetappen Richtung Nordgriechenland. In einem Dorf südlich von Thessaloniki, nach einer Nacht mit wenig Schlaf, weil von einer nahen Stranddisco bis vier Uhr morgens das Gedudel über die ganze Bucht dröhnte, riefen wir wieder Christianes Mutter an. »Die haben ein Kind«, sagte sie. Dann, zu zweit in der winzigen OTE-Zelle, dauerte es eine Weile, die zuständige Beamtin des Linzer Jugendamtes zu erreichen. Ja, bestätigte diese, man hätte ein Kind für uns, ein Mädchen. Es befinde sich momentan in einem Linzer Übergangsheim. Das Kind heiße Tamara und sei viereinhalb Monate alt. Wir könnten es jederzeit anschauen. Morgen Vormittag, fragten wir, das sei in Ordnung, sagte die Beamtin, wir sollten zuerst noch kurz in ihrem Büro vorbeikommen.

Wir warfen unser Zeug ungeordnet in den Kofferraum und fuhren los, von Thessaloniki bis Linz in siebzehn Stunden. Stundenlang sprachen wir nur darüber, wie das Kind wohl aussehen würde, ob uns der Name Tamara gefalle, wie und wo wir all die Sachen bekommen würden, die man braucht für ein Baby. Vor der jugoslawischen Hauptstadt verirrten wir uns und gerieten mitten ins Stadtzentrum von Belgrad. Vor einer völlig leeren Kreuzung hielt Christiane gegen zwei Uhr morgens den Wagen an einer roten Ampel an. Die absurde Szenerie – kein Mensch und kein anderes Fahrzeug weit und breit – und das endlos lange Warten auf Grün ließen uns beinahe einschlafen. Da klopfte plötzlich jemand gegen die hintere Seitenscheibe. Christiane zuckte zusammen und fuhr bei Rot los. Stunden später, bei Sonnenaufgang, hielten wir irgendwo im westlichen Ungarn bei einem Maisfeld an und versuchten zu schlafen. Es ging nicht. Da wartete doch ein Kind auf uns.

Am späten Vormittag saßen wir in einer Amtsstube des Linzer Jugendamtes. Diesmal gab es ausführliche Informationen. Dass es sich bei dem in Frage kommenden Baby um das Kind einer drogenabhängigen Linzerin handle, die seit der Niederkunft verschollen sei. Dass die Mutter selbst seit der Pubertät ein Sorgenkind der Jugendbehörde sei. Dass sie mit hoher Wahrscheinlichkeit vor und während der Schwangerschaft Drogen konsumiert habe. Dass das Baby nicht zur Adoption freigegeben sei, und dass man damit rechnen müsse, dass die leibliche Mutter wieder auftauche und Anspruch auf das Kind erhebe. Allerdings sei diese Gefahr nur ein halbes Jahr lang gegeben, dann könne ein Gericht anstelle der leiblichen Mutter die Adoptionsfreigabe bei Vorliegen triftiger Gründe veranlassen.

Gleich danach besuchten wir Tamara. Christiane hat das so aufgeschrieben: »Es war extrem aufregend, unser mögliches zukünftiges Kind erstmals zu sehen. Sie lag in einem Bettchen auf der Terrasse des Heimes. Ein gut genährtes, wunderhübsches Baby mit großen dunklen Augen und dunklen Haaren. Sie war so richtig süß, sodass man sich sofort in sie verlieben musste. Dann hat sie uns auch noch angelächelt, als wollte sie sagen: Ja, da seid ihr ja endlich! Mein Herz ist ihr sofort entgegengehüpft und ich habe sie vorsichtig an mich gedrückt. Dann gab ich ihr noch ihr Essen, damit war der Besuch auch schon wieder vorbei.«

Man gab uns einen Tag, um eine Entscheidung zu treffen. So viel Zeit brauchten wir nicht.

Die nächste Aktion, noch immer am Tag der Rückkehr aus Nordgriechenland, war ein Großeinkauf. Ein Kinderzimmer mit Bettchen und Spielsachen gab es bereits, aber all die Dinge des täglichen Gebrauchs fehlten. Die allererste Anschaffung war ein wunderhübscher Babykorb mit karierten Polstern und Rüschen. Er steht heute noch im Keller als Andenken an diesen denkwürdigen Tag. Wir kauften einen Ratgeber für Eltern, Doktor Benjamin Spocks »Säuglings- und Kinderpflege«, die überarbeitete und moderneren Zeiten angepasste Neuauflage des millionenfach verkauften Klassikers »The Common Sense Book of Baby and Child Care« von 1946. Ich wollte dieses Buch, aus Sentimentalität, weil ich ein großer Fan der Edgar Broughton Band war und die zweiteilige Hymne »For Dr. Spock« auf ihrem wichtigsten Album, dem dritten, besonders liebte. Der dicke Wälzer erwies sich rasch als ziemlich ungeeignet. Die beste Hilfe für uns plötzliche Eltern waren endlose Telefonate mit Freunden, die schon Kinder hatten.

In dem kuscheligen Tragekorb holten wir das Baby nach Hause und schossen eine ganze Fotoserie. Auf den Bildern sind wir zu sehen bei den verschiedensten Verrichtungen, die stolzen Eltern mit ihrem hübschen Kind, man kann uns die Aufregung ansehen, mit der wir das begannen, was bald schon zum unaufgeregten Alltag frischgebackener Eltern wurde. Am Nachmittag fuhren wir an einen Badesee, lagen auf einer Decke im Schatten einer Gruppe von Sträuchern, der Korb in der Mitte, und schauten die ganze Zeit über das schlafende Kind an. Am Abend schlief Tamara gleich ein. Am nächsten Morgen wurden Christiane und ich gegen fünf Uhr früh wach. Ausschlafen könnt ihr vergessen, hatten uns alle Freunde mit Kindern gesagt, im ersten Jahr und vielleicht länger wird euch das Geplärr zu einer

Zeit aus den Betten holen, die ihr euch gar nicht vorstellen könnt.

Wir standen auf, schlichen in ihr Zimmer. Sie schlief wie ein Engelchen. Wir setzten uns in die Küche, Christiane bereitete alles vor für Babys erste Morgenmahlzeit. Kein Mucks aus dem Kinderzimmer. Um halb sechs schaute ich nach. Nichts. Immer nervöser wurden wir, es wurde sieben, halb acht, acht Uhr, kein Laut von Tamara war zu hören, »schau nach, ob sie noch atmet«, sagte ich, »was für ein Blödsinn«, sagte Christiane, und stand auf und sah nach, ob Tamara noch atmete. Am Ende standen wir beide an ihrem Bett und blickten auf sie hinunter. Gegen halb neun schlug sie endlich die Augen auf und sah uns an. Sie plärrte nicht, lag nur da und schaute. Christiane hob sie hoch und begann, ihr das Fläschchen zu geben, aber das Kind wollte nichts essen.

Aus Christianes Aufzeichnungen: »Das war dann für einige Zeit die einzige Nacht, in der sie so zufrieden schlief. Später wollte sie gar nicht mehr einschlafen. Sie lag in ihrem Bettchen und drehte und wendete sich und sah uns ganz verzweifelt an. Geschrien hat sie nicht, nein, sie war ganz brav. Aber man sah einfach an ihrem Gesicht, dass da ein innerer Kampf vorging. Ich saß stundenlang bei ihrem Bett und habe sie in den Schlaf gesungen und gestreichelt. Sie konnte auch lange Zeit nicht mehr lachen. Das Lächeln auf dem Balkon des Übergangsheimes war für lange Zeit das letzte, das wir von ihr sahen. Sie war schlicht und einfach viel zu brav, meine Mutter sagte dazu: Schau, wie brav sie jetzt ist; alles, was später anders wird, verursachst du, wenn du sie zu sehr verwöhnst. Aber ich verwöhnte sie mit Genuss und aus Überzeugung. Sie hatte so ein Defizit, das man sowieso nur schwer auffüllen konnte. Keiner unserer

Freunde hatte so ein braves Kind, darum war uns klar, wie ungewöhnlich Tamaras Verhalten war.«

Am zweiten Tag war ich erstmals mit Tamara allein in der Wohnung. Ich stellte eine Wippe, bespannt mit fröhlich buntem Segeltuch, auf die Couch und setzte sie hinein. Auf der Kommode daneben stand ein Mitbringsel von Freunden, ein handgestrickter Kaktus aus grüner Wolle in einem Tontopf. Auf einem der Seitenarme steckte eine rote Kunststoffblume. Tamara drehte den Kopf und sah die rote Blüte an. Viertelstundenlang. Sie saß in der Wippe und regte sich nicht, starrte gebannt auf die falsche Kaktusblüte, reagierte nicht, wenn ich sie ansprach. Was sieht sie da, dachte ich, was sieht sie da bloß?

## 22

»18:40 Uhr«, sagt Tamara, »schau! Da steht es jetzt.« Die junge Beamtin des Linzer Jugendamtes legt zunehmend ihre Nervosität ab, je länger das Gespräch dauert. »Tatsächlich«, sagt sie, hebt das Blatt aus dem Akt, betrachtet es kurz, »ja, das haben die Kollegen offensichtlich damals ein paar Monate nach Ihrer Geburt aus Holland angefordert. Ist schön, das doch noch zu erfahren, oder?« Tamara grinst sie an: »Jetzt kann ich endlich ein richtiges Horoskop machen lassen, mit Aszendent und allem, wo ich nun die genaue Geburtszeit kenne.«

Die Beamtin ist verblüfft. Ich bin fassungslos. Das ist ein fremder Mensch, der da sitzt und durch sein eigenes Leben blättert, wie es in den Akten der Adoptionsbehörde dargestellt ist. Tamara, die sich so hemmungslos allem hingeben kann, Glücksmomenten ebenso wie Zorn, Trauer und Leid, nimmt sich ungerührt Schriftstück um Schriftstück vor, auf denen die ersten Monate ihres Lebens in dürrer, distanzierter Amtssprache niedergeschrieben sind. Sachlich und kühl erörtert sie mit mir und der Beamtin, was die jeweiligen Eintragungen bedeuten könnten, übernimmt gleich von Beginn an die Gesprächsleitung. Sie müsste mit den Tränen kämpfen, denke ich, sie müsste die Fassung verlieren. Dieses nun schon 26 Jahre anhaltende Scheißgefühl, im Stich gelassen worden zu sein, müsste sie überwältigen.

Doch nichts davon geschieht. Tamara ist kontrolliert, wie ich sie noch nie erlebt habe. Und ich merke, dass sich etwas Grundlegendes geändert hat, wahrscheinlich schon über einen längeren Zeitraum hinweg, aber jetzt wird es schlagartig sichtbar. Sie ist nicht mehr das süße, arme verlassene Baby, das es zu verwöhnen gilt, ist nicht mehr der tobende, gegen sich und die Welt wütende Teenager, den es zu beschützen gilt, ist nicht mehr das hilflose Mädchen, das sich an der kalten, rein am Funktionieren interessierten Arbeits- und Ämterwelt aufreibt. Dieser Mensch in der Linzer Amtsstube ist eine starke erwachsene Frau. Das ist nicht mehr eine von drei Schwestern, die es nicht hinausschafft aus entlegener, das Leben langsam erwürgender Ödnis, nein, das ist jemand, der sich auf den Weg gemacht hat. Nach Moskau, nach seinem ganz eigenen einmaligen Moskau.

Über die ersten viereinhalb Monate von Tamaras Leben wussten wir 26 Jahre lang fast nichts. Die Sozialarbeiter des Jugendamtes gaben uns nur so viel Informationen, wie sie für unbedingt nötig hielten. Erst später gab man uns Namen und Anschrift der Großmutter. Dreizehn Jahre später dann der Kontakt mit dieser Oma, Erna R., und die erzählte mehr oder weniger dieselbe Geschichte, mit leichten Abwandlungen über die Jahre. Dass Patricia schon noch ein paarmal in Linz aufgetaucht sei, deutete sie an, aber dass sie von den Drogen nicht loskomme. Dass sie wahrscheinlich tot sei, war dann das Letzte, was Erna uns über ihre Tochter sagte.

Ein halbes Jahr nach ihrem 26. Geburtstag wohnte Tamara für ein paar Monate wieder bei uns in Linz. Ihr ägyptischer Ehemann war nach Kairo gereist, um ein Dauer-Visum zu besorgen. Der schikanöse Umgang der österreichischen Politik mit Fremden machte aus diesem Formalakt, der in ein, zwei Wochen zu erledigen gewesen wäre, eine mehrmonatige Trennung, die ihr dramatisch zusetzte, so sehr, dass sie Panikanfälle bekam und nicht mehr allein in ihrer Wiener Wohnung leben konnte. In dieser Zeit hatten wir von Tania Kopien aus deren Adoptionsakt bekommen. Das brachte Tamara auf die Idee, beim Linzer Amt wegen ihres eigenen Aktes anzufragen. Es dauerte ein paar Wochen, dann bekam sie einen Termin zur Einsichtnahme. Und Auflagen: Das Anfertigen von Kopien sei nicht erlaubt. Die Teile des Aktes ohne juristische Relevanz für die Amtskraft der in Frage stehenden Vorgänge, wie Notizen und Anmerkungen von Sozialarbeitern und anderen Mitarbeitern, werde sie nicht zu Gesicht bekommen. Die Begleitung durch eine Vertrauensperson, wie etwa den Adoptivvater, sei möglich.

Und so sitzen wir nun in der riesigen Betonburg des Linzer Rathauses einer Beamtin gegenüber, die bei unserem Eintreten aufgeregter war als wir. Dass sie einem nach Auskunft und Aufklärung gierenden Menschen in natura gegenübertritt, den ihre längst in Pension befindlichen Kollegen vor einem Vierteljahrhundert beamtshandelt haben, dürfte nicht alle Tage vorkommen. Sie versucht zu Beginn, die Situation zu entspannen mit einfühlenden Worten für die Situation Tamaras, bemerkt aber gleich, dass da niemand ist, der beruhigt und behutsam vorbereitet werden muss.

Grob zusammengefasst sei Folgendes aus dem Akt herauszulesen, sagt die Beamtin: »Sie sind in Holland geboren, und am nächsten Tag dürfte Ihre leibliche Mutter schon runtergekommen und bei der Oma untergeschlüpft sein. Dann ist Ihre Mutter wieder weg und hat Sie zurückgelassen bei der Großmutter. Und die Großmutter ist dann nach einiger Zeit beim Jugendamt gewesen und hat gesagt, sie sieht sich finanziell nicht mehr aus. Bis zu diesem Zeitpunkt hat keiner gewusst, dass es Sie überhaupt gibt, denn Sie waren weder dokumentiert noch sonst irgendwas.«

Tamara: »Wie alt war ich da?«

Die Beamtin kramt in den Papieren, findet etwas, sagt: »Am 2. Juli 1984 geht ein Schreiben an das österreichische Generalkonsulat in Amsterdam, wo drinnen steht, dass man nicht weiß, wo Sie genau geboren sind, und dass man im Krankenhaus nachschauen oder nachfragen soll, damit Sie offiziell zu Dokumenten kommen. Da muss Ihre Großmutter kurz vorher da gewesen sein.«

Tamara: »Es hat immer geheißen, von meiner Oma: Sie wollte mich nicht hergeben, sie war beim Gericht und hat um mich gekämpft. Aber sie war krank und hat mich deshalb zu einer Freundin gegeben, die hat dann das Jugendamt eingeschaltet, das hat mich dieser Freundin weggenommen. Die Oma war dann beim Gericht und hat versucht, dass sie mich wieder zurückkriegt. Aber wegen meiner leiblichen Mutter, weil es mit der schon Schwierigkeiten gegeben hat, hat sie nicht mehr zurückgekonnt.«

Die Beamtin: »Das habe ich so in der Form nicht herausgelesen.«

Tamaras Akt erhellt die ersten vier Monate ihres Lebens,

er ist ein weiteres Puzzleteilchen, macht das Gesamtbild aber nicht vollständig. Die Beamtin legt ihn vor uns auf den Besuchertisch, setzt sich dann an ihren Schreibtisch. Tamara beginnt zu blättern. Als Erstes liest sie sich fest in der Anfragebeantwortung des Generalkonsulats vom Juli 1984, ein kurzer Satz nur ist es, der sie interessiert. Er besagt, dass sie an der Adresse Oosterparkstraat 9 geboren ist.

»Niemand hat gewusst, wann genau ich geboren bin, nicht einmal, in welchem Spital, hat mir bis heute jemand sagen können«, sagt sie. »Hätte ich vielleicht bei allen Krankenhäusern in Amsterdam nachfragen sollen – Entschuldigung, bin ich damals bei Ihnen geboren worden?«

»Jetzt, mit der Adresse, findet man sicher ganz leicht bei Google, welches Spital das war«, sage ich.

»Ja«, sagt die Beamtin, »und wenn Ihre Schwester eh in Holland ist, kann sie dann ja dort nachfragen.«

Das nächste Schriftstück verwirrt Tamara, es ist ein amtliches Formular, in das handschriftlich Namen, Geburtsdaten und Wohnort der Eltern und Großeltern des Säuglings eingetragen sind. In der Rubrik »Großmutter des Säuglings« steht »Emil R.«, Tamara braucht eine Weile, bis ihr auffällt, dass die Namen vertauscht worden sind, Erna steht in der Spalte für den Großvater, ihr Ehemann Emil Leopold in jener für die Großmutter. Dass Emil R. gar nicht ihr Großvater ist, sondern Rudolf M., das ist nicht vermerkt.

Auf dem nächsten Zettel steht der Name des Spitals. Onze Lieuve Vrouwe Gasthuis in Amsterdam. Dann eine Eintragung, die erklärt, warum sich damals das Jugendamt überhaupt eingeschaltet hatte. Im Juni 1984 hatte Erna bei den Linzer Sozialbehörden formell um eine finanzielle Beihilfe angesucht, sie bat um eine einmalige Unterstützung von tausend Schilling, das sind 72 Euro, um Bekleidung für das Baby besorgen zu können. Die Einmal-Beihilfe wurde gewährt. Dabei steht ein seltsam kaltherziger Satz, den Tamara laut vorliest: »Dauerunterstützung kommt jedoch nicht in Frage, weil das Wohlfahrtsamt nur für Erwachsene zuständig ist.«

Die Fürsorgebeamtin sieht von ihrem Schreibtisch hoch und ruft herüber: »Das kann so nicht stimmen, es wäre schon möglich gewesen. Es hat halt damals den offiziellen Antragsgrund Verwandtenpflege noch nicht gegeben, es gab kein regelmäßiges Pflegegeld.«

Durch diesen Antrag hatten die Behörden erst von der Existenz der zu diesem Zeitpunkt rund drei Monate alten Tamara erfahren. Als Erstes kam ein Schriftverkehr zwischen Linz, Amsterdam und Den Haag in Gang, der die Umstände der Geburt des österreichischen Säuglings klären sollte. Und da hebt Tamara nun ein paar Bescheinigungen des Krankenhauses hoch, in dem sie geboren wurde, zuerst auf Holländisch, dann in deutscher Übersetzung. Geboren am 8. März 1984 um 18:40 Uhr, 48 Zentimeter groß, 3050 Gramm schwer.

»Drei Kilo ist eh ein schönes Gewicht, aber nicht wirklich im üblichen Bereich, dreieinhalb Kilo, das wäre es«, sagt die Beamtin.

»Schau«, sage ich, »da steht: Am 9. März 1984 aus dem Krankenhaus entlassen.«

»Ist schon arg«, sagt Tamara.

»Na ja«, sagt die Beamtin, »da wird die Mutter geschaut haben, dass sie wegkommt. Und es war sicher auch eine Versicherungsgeschichte – wer zahlt das? Jedenfalls ist es ein Zeichen dafür, dass mit dem Baby, also Ihnen, so weit alles in Ordnung gewesen ist.«

Am Ende dieser Informationen vom Onze Lieuve

Vrouwe Gasthuis ein Zettel, überschrieben mit »Zubereitung der Ernährung«, auf dem tabellarisch Fütterungszeiten und Mengen aufgelistet sind. Der Plan reicht vom 9. bis zum 23. März. Um 7, 10, 13, 16, 19 und 22 Uhr sollte die Kleine gefüttert werden, am ersten Tag mit je zehn Millilitern – wovon, ist nicht angegeben. Die angegebenen Mengen steigen täglich ein wenig. Auf den Kästchen, die wohl für das Abhaken der Erledigung jeder einzelnen Fütterung vorgesehen sind, befindet sich kein einziger Eintrag.

Ein eventueller Kindsvater kommt zweimal vor in all diesen Unterlagen. Einmal heißt es: Der Aufenthalt der Kindsmutter ist unbekannt, es gibt auch keine Anhaltspunkte über den Vater des Kindes. An anderer Stelle steht, die Kindsmutter habe einen Holländer als Vater angegeben. »Das ist neu«, sagt Tamara, »bisher haben die (damit meint sie Patricia und Erna) immer gesagt, es war einer aus Linz.«

Der Adoptionsakt bringt auch in anderer Hinsicht wenig Klarheit. An einer Stelle etwa ist eine Angabe Ernas dokumentiert, derzufolge Patricia mit dem Baby noch einige Wochen in ihrer Wohnung in Linz gelebt habe und dann erst mit unbekanntem Ziel untergetaucht sei. An einer anderen Stelle wird Erna mit einer Geschichte zitiert, die sich anhört, als wäre Patricia gleich verschwunden und hätte sich erst Wochen später telefonisch gemeldet. Was man herauslesen kann, ist bestenfalls ein ungefährer Ablauf der Ereignisse. Wahrscheinlich ist es so gewesen: Patricia hatte die einen Tag alte Tamara bei Erna abgestellt und war verschwunden, entweder sofort oder nach ein paar Tagen. Erna war die Betreuung des Babys über den Kopf gewachsen. Irgendetwas mit der Ernährung haute nicht hin. Ende Mai oder Anfang Juni musste der Säugling deswegen ins Linzer Kinderspital, und zwar für drei Wochen.

Danach, also Mitte bis Ende Juni, erfuhren die Behörden von der Existenz des Kindes, möglicherweise wegen der Frage der Abrechnung der Krankenhauskosten, auf jeden Fall aber in dem Moment, als sich Erna an die Behörden wandte mit dem Ansuchen um finanzielle Unterstützung. Am 6. Juli 1984 besuchte eine Sozialarbeiterin Erna R. und das Baby in der Linzer Innenstadtwohnung. Laut einem Aktenvermerk hat Erna dabei erstmalig angegeben, dass sie es nicht schaffe, das Kind allein zu betreuen, da sie unter starken Kreislaufschwankungen leide. Die Sozialarbeiterin notierte: »Tamara macht den Eindruck, dass sie gesund ist und altersentsprechend entwickelt.« Aber: »Es ist nicht gut, wenn sie dortbleibt, wegen des hohen Alters von Erna R.«

Auf einem anderen Eintrag steht, dass Patricia um diese Zeit herum Kontakt mit Erna aufgenommen habe. Die Tochter habe dabei der Mutter mitgeteilt, dass sie »wegen einer Fischvergiftung im Ausland in Behandlung« sei und sich deshalb momentan nicht um das Baby kümmern könne. Erna hat laut Akteninhalt darauf so reagiert: Patricia muss innerhalb von vierzehn Tagen heimkommen. Wenn sie das nicht tut, dann wird sie, Erna, das Kind auf einen Pflegeplatz geben. Weil sie aus finanziellen Überlegungen auf Dauer das Kind nicht bei sich behalten will.

Dann gab Erna das Baby tatsächlich weg, und zwar privat. Sie brachte Tamara zu einer befreundeten Familie in Leonding, einem Nachbarort von Linz. Es dürfte sich dabei um ein älteres Ehepaar gehandelt haben, das ebenfalls überfordert war mit der Betreuung eines noch keine vier Monate alten Kleinkindes. Der Adoptionsakt bildet diese Episode ziemlich schwammig und uneindeutig ab, zum einen wird festgehalten, dass ein behördliches Eingreifen nicht akut erforderlich sei, weil wegen dieser informellen Pflegefamilie »so weit alles ganz gut« gehe. Zum anderen wird aber betont, dass es sich bei diesen Leuten nicht um eine »Jugendamtsfamilie« handle und man auf längere Sicht unbedingt jemanden suchen müsse aus der Liste der zur Adoption oder Pflegebetreuung vorgemerkten Bewerber.

»Die Oma hat mir erzählt, sie war damals krank«, sagt Tamara, »und sie wollte mich nicht anstecken, irgend so was wie Grippe oder Angina, es war extrem, weil sie auch über vierzig Grad Fieber gehabt hat, und da hat sie mich zu der Freundin gegeben.«

»Das muss so ein instinktives Handeln gewesen sein«, sagt die Beamtin, »wenn ich einmal nicht mehr aus noch ein weiß, dann gebe ich das Kind halt einer Freundin.«

»War das als Pflegeplatz gedacht?«, frage ich.

»Nein«, sagt die Beamtin, »das Jugendamt Linz-Land hat da bald befunden, dass diese Familie nicht geeignet ist.«

Während Tamara bei dem Paar in Leonding untergebracht war, hat offensichtlich das Jugendamt begonnen, Christiane und mich als aufnehmende Familie für das Baby in Betracht zu ziehen. Jedenfalls tauchen wir an dieser Stelle im Akt auf. Seltsam ist das, über sich selbst zu lesen, wie man von Behördenpersonen eingeschätzt und quasi amtlich beurteilt wurde. Sie ist »freundlich und dynamisch«, steht da über meine Frau, und dass sie älter und reifer wirkt, als sie tatsächlich ist, weswegen sie als potenzielle Pflege- oder Adoptivmutter akzeptiert wird, obwohl sie zu jung ist. Bei einer Beschreibung Christianes muss Tamara laut lachen: »Hat ihre Wohnung mit den verschiedensten Erinnerungsstücken und Souvenirs voll geräumt.« Das tut sie heute noch genauso, sage ich, »ja, aber extrem«, sagt Tamara. Sie hebt ein Schriftstück hoch, das anscheinend angelegt wurde unmittelbar, nachdem wir das Baby erstmals im Übergangsheim gesehen hatten, und liest laut vor: »Der Pflegevater wirkte etwas zurückhaltend.« Und: »Die Pflegemutter ist sehr vital und fröhlich.«

Die Beamtin lächelt schief und sagt: »Normalerweise sind in den Altakten immer sehr ausführliche Beschreibungen, oft haben wir ganze Lebensläufe. Da steht von Ihnen eigentlich eh sehr wenig drinnen.«

Es folgen Strafregisterauszüge, die formellen Anträge, die wir damals gestellt haben, unsere handgeschriebenen Lebensläufe und eine ausführliche amtliche Einschätzung der Ernsthaftigkeit und Seriosität unseres Adoptionswunsches. Bei einem mehr als ein halbes Dutzend Seiten langen ärztlichen Befund zu den Ursachen von Christianes Kinderlosigkeit überfliegt Tamara nur die Überschrift, dann legt sie die Blätter zurück in den Akt: »Das lese ich nicht, das ist zu privat. Und erzählt hat sie mir es sowieso schon ein paarmal.« Von mir gibt es bloß eine knappe Bestätigung meines damaligen Hausarztes, dass ich körperlich und geistig gesund und in der Lage bin, für ein Kind zu sorgen.

Dann hebt Tamara ein Foto hoch. Es ist das Lichtbild aus dem Studio, das wir für unsere Bewerbung hatten anfertigen lassen. »O Gott, tu das weg«, sage ich.

Die Einträge im Akt über die zeitlichen Abläufe werden dichter. Am 20. Juli 1984 holten Sozialarbeiter das Baby von dem Ehepaar in Leonding weg und brachten es in ein Übergangsheim in der Nähe des Linzer Fußballstadions. »Da wart ihr noch in Griechenland«, sagt Tamara. In diesem Heim war sie fünf Tage. Am 23. Juli fuhren wir vormittags weg von dem Dorf bei Thessaloniki. An diesem Tag unterschrieb Erna R. auf dem Linzer Jugendamt ein Blatt Papier, das Tamara länger betrachtet. Es ist Ernas Einwilligung der Freigabe ihrer Enkeltochter zu einer Inkognito-Adoption. Am 24. Juli nachmittags sahen wir das Kind, das unsere Tochter werden sollte, zum ersten Mal, am 25. holten wir sie in unsere Wohnung. Am 27. Juli richtete die Linzer Behörde an das Standesamt von Amsterdam ein Ersuchen um Ausstellung einer Geburtsurkunde für Tamara X. Ein undatierter Zettel im Akt entpuppt sich als eine »Lebendbescheinigung« durch die österreichischen Behörden für Tamara, die muss aus jenen Wochen stammen, als sie noch keine Dokumente hatte. Irgendwann im August 1984 übermittelte das holländische Standesamt eine Geburtsurkunde.

Am 2. Oktober 1984 beantragte das Linzer Jugendamt beim Bezirksgericht, dass die fehlende Zustimmung der Kindsmutter zur Inkognito-Adoption durch einen Gerichtsbeschluss ersetzt werde. In der Begründung wird angeführt, dass die Kindsmutter zwar immer noch bei ihrer Großmutter Erna R. in Linz gemeldet sei, aber sich mutmaßlich im Ausland – in Klammern gesetzt: Amsterdam, Thailand oder Indien – befinde und wahrscheinlich bis auf weiteres unauffindbar bleiben werde. Auch wir kommen vor, genau genommen nur Christiane. Sie habe das Kind sehr herzlich angenommen, heißt es. Tamara grinst: »Das ist schon interessant.«

Ein paar Blätter später werden wir erneut erwähnt. Tamara sei »ein gesundes, lebhaftes Kind«, wird berichtet, man könne feststellen, da das Kind schon eine Weile bei den Pflegeeltern lebe, dass es sich gut entwickle. Am 4. September 1984 hat uns offensichtlich eine Sozialarbeiterin besucht, sie hat in ihrem Bericht festgehalten, dass die Kleine bereits selbständig sitzen könne. Da muss Tamara lachen.

Ein wichtiges Dokument stammt vom 24. Juni 1985. Das

Gericht erklärte an diesem Tag die Inkognito-Adoption für rechtskräftig. Damit waren wir von Pflege- zu Adoptiveltern geworden.

Ganz hinten im Akt liegen ein paar Zettel und Berichtsformulare, die Tamaras coole Gelassenheit doch ein wenig aufbrechen. Etwa ein Bericht einer Sozialarbeiterin, der so anfängt: »Frau Erna R. bat am 23.7.1984 um einen letzten Besuch bei ihrem Enkelkind. Dieser fand am selben Tag im Kinderheim statt. Ebenfalls anwesend war die Jugendfürsorgerin N.N., diese gab Frau R. bekannt, dass in einem Tag die Vermittlung des Kindes auf einen Pflegeplatz stattfinden wird. Frau R. war damit einverstanden. Sie gab aber zu bedenken, dass ihre Tochter bei der Abreise gesagt habe, dass sie das Kind behalten möchte.«

»Dann stimmt das aber schon, was die Patricia erzählt hat, dass sie mich nicht weggeben wollte«, sagt Tamara.

Die Beamtin fragt, wo Patricia jetzt lebt und wie es ihr geht, Tamara erzählt ihr von dem Trailerpark in Belgien. »Ich glaube, sie ist schon seit zehn Jahren clean«, sagt sie, »sie nimmt jetzt Methadon. Ich finde es faszinierend, wenn man jahrelang, jahrzehntelang Heroin gespritzt hat, dass man es dann wieder schafft.«

»Das ist eine Riesenleistung«, sagt die Beamtin.

»Sie hat sich ja bis heute nicht gemeldet bei ihrer Mutter«, sagt Tamara. »Also, meine leibliche Mutter hat sich bei Erna R. bis heute nicht gemeldet.«

»Bis jetzt? Tatsächlich?«, sagt die Beamtin.

»Nein. Sie will keinen Kontakt haben. Ich habe es ihr schon angeboten, weil es ja der Oma nicht so gut geht, sie lebt jetzt im Pflegeheim. Aber sie will sie nicht treffen. Patricia will das nicht. Weil da so viel vorgefallen ist, früher. Laut Patricia wollte sie damals ja nur wo hinfahren und dann wieder zurückkommen. Und sie war dann so angefressen auf sie, weil sie mich weggegeben hat. Sie wollte das eigentlich gar nicht, ja. Dann war sie so angefressen, dass sie zu Erna gesagt hat – okay, dann will ich dich auch nie wieder sehen.«

Auf dem Zettel vom 24. Juli 1984 steht, dass einen Tag nach Ernas Abschiedsbesuch die Adoptivwerber, also wir, ins Heim kamen um das Baby zu sehen. Es wird registriert, dass man uns beim Weggang aus dem Heim eine mehrtägige Bedenkzeit gegeben habe, wir aber noch am selben Tag nachmittags angerufen und kundgetan hätten, das Kind am folgenden Tag abholen zu wollen. Dann wird noch einmal Erna erwähnt: »Frau R. war sehr gefasst beim Abschied.«

Im Sinne Herodots kann man über Vergangenes nicht mehr berichten, als einem die Menschen sagen. Aber was soll man berichten im Falle eines Menschen wie Erna, die dauernd Gegenteiliges gesagt hat, selbst hier, auf nur zwei, drei Seiten amtlicher Protokolle? Denn auf das Blatt mit der Feststellung ihrer gefassten Haltung beim Abschied von der Enkelin folgt ein anderes, auf dem eine Sozialarbeiterin niedergeschrieben hat, dass »die Großmutter zunächst nicht bereit war, das Kind zur Vermittlung freizugeben«.

Es klingt ein wenig, als hätten die Behörden sie überredet, in unserem Interesse und auf unseren Druck hin. Was ein Gefühl hochkommen lässt, das nach so vielen Jahren schon verschwunden schien. Das Gefühl, dass wir Tamara ihrer Mutter und Großmutter weggenommen haben. Denn wir, und Hunderte andere adoptionswillige Paare, haben Druck gemacht auf die Behörde, und diese Behörde hat Druck gemacht auf Mütter in desaströsen Lebenssituationen, oder Großmütter, in unserem Fall, bis diese Frauen endlich einwilligten. Und da nagt der Verdacht in einem, dass in irgendeinem Winkel der Seelen dieser Frauen etwas saß, das ohne den Druck anders entschieden hätte.

Der nächste Aktenbestandteil verstärkt das Gefühl. Es ist ein Schreiben, das Christiane im Herbst 1984 an das Jugendamt gerichtet hatte. Zuvor hatte eine Sozialarbeiterin bei uns angerufen mit einer Bitte: Die Oma unserer Adoptivtochter habe die Behörde ersucht, sie möge uns fragen, ob wir ihr nicht ein Foto von Tamara zukommen lassen könnten. Wir taten das, obwohl Christiane ein ungutes Gefühl hatte. Wir wussten da schon, dass Erna so wie wir in der Linzer Innenstadt lebte. Wenn wir mit dem entzückenden Kind im Kinderwagen, das mittlerweile ein halbes Jahr alt war, durch die Stadt spazierten, beugten sich immer wieder wildfremde Leute zu Tamara, weil sie so ein süßes freundliches Kind war. Wenn die Oma ein aktuelles Foto hat, dann kann sie Tamara erkennen, wenn wir uns zufällig auf der Straße begegnen, war Christianes Angst. Von da an sah sie jede alte Frau misstrauisch an, die zu der Kleinen in ihrem Wagen hinunterblickte.

Wir hatten Erna über das Amt zwei Babyfotos zukommen lassen. Die befanden sich nicht im Akt, logisch, man hatte sie ja an die Oma weitergeleitet. Tamara fand die Bilder, 26 Jahre später, sie lagen lose in einem Fotoalbum gemeinsam mit Baby- und Kinderbildern von Patricia. Sehr wohl im Akt lag das Begleitschreiben. Christiane hatte damals einen kurzen Brief an die uns unbekannte Großmutter zu den Fotos gegeben. In sehr persönlichen liebevollen Worten hatte sie versucht, diesem anonymen Menschen nicht nur zu sagen, dass es dem Enkelkind gutgehe, sondern auch auszudrücken, dass wir ihre Entscheidung verstünden und nicht verurteilten. Das Amt hat die Fotos, aber nicht dieses Schreiben an Erna R. weitergeleitet. Ein Vierteljahrhundert später hebe ich den Brief hoch, lese ihn dann doch nicht. Auch Tamara will ihn nicht lesen.

Es sieht aus, als wäre es für sie noch zu früh für versöhnliche Gedanken und Gefühle in Richtung Erna. »Meine leibliche Mutter hat mir erzählt, dass sie mich behalten wollte«, sagt sie zu der Beamtin, »sie wollte das Kind behalten, sie hat auch mehrmals angerufen bei Erna und hat gefragt, wie es dem Baby geht. Die Oma hat da auf einmal gesagt: Ja, ich habe das Kind eh schon weggeschmissen. Da hat Patricia gesagt – dann brauche ich dich auch nicht mehr!«

## 23

Wenn dies ein Film wäre, käme nun eine Passage im Zeitraffer, die trotz der schnellen Abfolge von Bildern und kurzen Szenen den ruhigen Mittelteil darstellen würde. Es war einmal ein kleines süßes Mädchen, das hatte jedermann lieb, der es nur ansah, würde aus dem Off eine Sprecherstimme sagen, den Anfang eines der beliebtesten Märchen der Brüder Grimm zitierend. Man sähe abwechselnd Tania, Iris und Tamara, diese drei so süßen kleinen Mädchen, wie sie heranwachsen, durch unauffällige Kindheiten, oder beinahe unauffällige Kindheiten. Eine Bebilderung von Idyllen wäre das, mit kurzen Sequenzen aus verwackelten Amateurvideos und mit vielen Fotos, Babyfotos, Fotos vom ersten Krabbeln, vom ersten selbständigen Gehen, vom ersten Tretauto, ersten Schultag, ersten Faschingsfest.

Tania, wie sie ein wenig feist vor Bauklötzen sitzt und erschrocken in die Kamera schaut, wahrscheinlich war sie versunken ins Spielen, als Dirk unbemerkt die Kamera vorbereitete und sie dann ein wenig zu laut zum Hochschauen aufforderte. Joke, die mit einer Tania im Kindergartenalter auf dem Sofa sitzt und in den Fotoalben mit Baby-Bildern blättert, dabei zeigt Joke immer wieder auf einzelne Bilder und redet mit ihrem Kind: »Siehst du, das bist du im Krankenhaus, das ist die Pflegeschwester, das ist dein Spielzeug, das du als Baby gehabt hast.«

Joke und Dirk befolgen eine Empfehlung der Amsterdamer Jugendbehörden. Tania weiß von klein an, dass sie nicht aus dem Bauch der Frau gekommen ist, die sie Mutter nennt. Joke: »Sie hat immer gewusst, dass sie adoptiert ist. Von der Zeit an, wo sie reden konnte, zuhören, etwas verstehen, haben wir es erzählt. Es hat für sie nie überraschende Enthüllungen gegeben.«

Dirk: »Wir haben es so erzählt, wie es zu ihrem jeweiligen Alter gepasst hat, in kleine Geschichten verpackt zum Beispiel.«

Joke: »Und wir haben ihr diese Geschichte erzählt: Deine Mutter konnte dich nicht ernähren, sie war zu jung, und darum bist du zu uns gekommen.«

Dirk: »Dass sie adoptiert war, hat nie eine Rolle gespielt.«

Joke und Dirk mögen nicht recht über Gefühle reden bei der Interviewsitzung in Tanias Vorstadtgärtchen, aber es ist mit Händen zu greifen, dass sie so wie Christiane und ich wunderschöne Jahre erlebt haben mit dem Baby, dem Kleinkind, dem Schulkind. Möglicherweise halten sie sich bedeckt, weil es ihnen geht wie uns beim Rückblick auf die unbeschwerten Kindheitsjahre der Mädchen: Die Erinnerung an jene glückliche Zeit ist getrübt, weil man im Nachhinein ständig auf Ausschnitte fokussiert, aus denen sich damals schon hätte absehen lassen, wie sich die dunkle Herkunft auswirkt.

Darum ist jeder Blick auf ein Foto, jedes Betrachten von

Urlaubsvideos, jedes Kramen in den Schachteln mit Erinnerungsstücken verknüpft mit einem *Aber*. So süß steht da die vielleicht ein Jahr alte Tamara in ihrem wattierten Overall zwischen den beschneiten Fichten auf einem Hang oberhalb von Hallstatt, so stolz hält sie ihr erstes Fahrrad in die Kamera, stolz, weil sie sich das Radfahren selbst beigebracht hat, so kühn sitzt sie auf einem riesigen Pferd im kanadischen Busch, keine sechs Jahre alt und schon allein im Sattel während mehrtägiger Touren in British Columbia. Aber! Man hätte damals schon ahnen können, dass ihr Mut und ihr Stolz von etwas Selbstzerstörerischem gespeist werden, dass sie sich nichts sagen lassen wird, dass sie jede Erfahrung selbst machen will und wird, egal um welchen Preis.

In der Schule war Tamara wie ihre leibliche Mutter, ohne dass sie oder wir es damals wussten. Sie lernte leicht, verstand rasch, worum es ging, aber der ganze Betrieb langweilte sie. Ihre Noten waren durchschnittlich. Wenn eine Verschlechterung drohte, dann strengte sie sich ein paar Wochen lang an, und schon hatte sie wieder den guten Durchschnitt erreicht. Und mit Autoritäten kam sie überhaupt nicht zurecht. Man konnte ihr nichts befehlen, man musste sie überzeugen. Wenn sie überzeugt war, und wenn sie jemandem vertraute, dann tat sie alles für den.

Sie war robust und lebhaft, und gleichzeitig kränkelte sie oft. Christiane: »Wir sind mit ihr im Winter in eine gesunde Umgebung gefahren. Gute Luft für die Atemwege. Manchmal habe ich sie an meine nackte Brust gelegt und ihr liebevoll den Rücken massiert, damit sie besser Luft bekommt und dabei auch meine liebevolle Nähe spürt. Wenn ich sie in der Nacht husten hörte, hätte ich am liebsten mit ihr getauscht. Trotzdem ist es uns gutgegangen, ich habe die Zeit sehr genossen. Wir haben viel Zeit mit unseren Freunden und deren Kindern verbracht und waren unterwegs im Freien.«

Die üblichen Sorgen und Problemchen wie bei jedem Kind gab es bei Tania und Tamara. Im Großen und Ganzen hatten sie eine ruhige und behütete Kindheit. Nur bei Iris, da war es anders. Iris ist diejenige, die zu kurz gekommen ist, schon in den ersten Lebensjahren. Wobei sie selbst sich kaum an etwas erinnert, und andere Auskunftspersonen gibt es nicht. Doch das wenige, das sie erzählt, klingt nicht nach Eingebettetsein in eine fürsorgliche Umgebung.

Auf die Frage, ob sie irgendwann einmal den Eindruck gehabt hat, in einer ganz normalen Familie zu leben, sagt sie gar nichts. Dass Patricia mit ihrem Vater Josef zusammengelebt hat, als sie ein kleines Kind war, weiß sie, aber offensichtlich nicht aus eigener Erinnerung. »Ist eh klar, dass wir zusammengelebt haben«, sagt sie, »ich war ja das einzige Kind von den zweien. Das war ja das. Aber es hat halt nicht so zusammengepasst, in meinen Augen. Ich meine – schon, aber ich weiß es auch nicht. Direkt weiß ich es nicht, was da war. Den Grund für ihre Trennung weiß ich nicht.«

»Als du in die Schule gekommen bist, war sie da noch da, die Patricia?«, frage ich.

»Nein! Nein, nein, nein«, sagt Iris schnell.

»Du hast sie nur erlebt, als du ein ganz kleines Kind warst?«

»Nein, erlebt auch nicht. Ich kann mich nicht – es ist halt einfach nicht gegangen. Der Einzige, der Josef, den verstehe ich gut, mit dem komme ich gut aus, der kümmert sich auch noch am meisten um mich. Den sehe ich am meisten. Alles andere weiß ich nicht.«

Irgendwann einmal verwendet sie ein seltsames Wort: »Ich habe ja sogar angeblich einmal eine Initiativenmutter gehabt.« Ein paarmal gebraucht sie diesen Ausdruck, auch wenn sie von ihrem Sohn spricht, der ja nun ein Initiativenkind sei. Wahrscheinlich meint sie damit Adoptiv- oder Pflegemütter und deren Kinder, ich frage nach, was dies denn sei, sie erklärt jedoch nichts, sondern redet einfach weiter. »Angeblich habe ich eine Initiativenmutter gehabt, ein paar andere habe ich sogar gehabt, angeblich, statt der Patricia. Das habe ich gar nicht gewusst. Weil das wollte sie ja so. Weil sie ist ja eh nach Deutschland gegangen, oder Holland. Sie hat ja eh eine Tochter dort.« Sie denkt nach, dann fällt ihr noch etwas ein: »Es hat auch einmal einen anderen Vater gegeben bei mir. Aber das weiß ich nicht genau, was das war.« Ich frage nach, ob das bedeutet, dass sie eine Erinnerung hat, in der sie als Kind mit Patricia und einem Mann zusammenlebte, der nicht Josef war. »Das ist halt oft so«, sagt sie, »Daniel war das, oder so, ich weiß nicht, wie er geheißen hat.«

Ganz am Ende des Gesprächs frage ich sie, ob sie sich an eine Sache erinnern kann, die mir Patricia erzählt hat. Als sie das erste Mal in Thailand gewesen und nach einem Jahr wieder zurück nach Linz gekommen war, und dass Erna damals ihr, Iris, gesagt habe, diese junge Frau sei ihre Tante.

Iris schaut unruhig die beschmierten Wände in ihrer Wohnung an, sie antwortet noch leiser als sonst, und noch wirrer, kommt mir vor. »Ja, so was hat auch schon einmal jemand versucht«, sagt sie. »Weil da war einmal ein Mann, der war recht verrückt nach der Patricia, aber ich weiß auch nicht, wieso – wollte der das nicht, dass ich meine Mutter kennenlerne? Ich weiß echt nicht, worum es da geht.«

Meint sie Tamaras möglichen Vater, den Patricia kennengelernt hatte nach ihrer ersten Rückkehr aus Thailand? Iris weiß es nicht, sie geht auch nicht auf Fragen ein. »Zuerst hat der recht herumgetan, was für eine super Frau sie ist, weißt eh. Sonst auch immer recht fesch angezogen, aber angeblich –« Dann verstehe ich nicht mehr, was sie eigentlich erzählen will, ein paar Sätze könnte man interpretieren als einen Vorwurf, dass ihre Mutter damals einen Besuch mit diesem Mann angekündigt hatte, dann aber doch nicht gekommen war. »Weil das ist eh nur die Tante und nicht die Mutter, und lauter so Sachen halt. Das ist schon ein wenig komisch gewesen. Ich weiß auch nicht, worum es da wirklich gegangen ist. Wollte er sie nur für sich haben? Oder nur fürs Bett? Weißt eh, das taugt mir auch nicht so, der hätte ruhig einmal vorbeischauen können mit ihr.«

Übergangslos redet sie auf einmal von der Gegenwart, es hört sich an, als würde sie glauben, Patricia sei gerade jetzt irgendwo in Linz mit einem Mann zusammen. »Das muss sie ja herausfinden können, wo ich jetzt wohne«, sagt sie, »wenn sie das wirklich interessiert, da braucht sie ja nur einmal beim Wohnungsamt fragen. Oder wenn sie mich einmal irgendwo gehen sieht, das muss sie doch wissen, dass das ich bin. Da kann sie ja ruhig einmal kommen. Ich habe nichts dagegen, als Tochter habe ich nichts dagegen. Wenn es eine fremde Frau ist, schon, weil ich tu doch nicht dauernd die Familie tauschen.«

Sie verliert völlig den Faden. »Aber direkt erinnern kann ich mich nicht. Das muss ein recht ein wilder Hund gewesen sein.«

Dann lächelt sie und sagt: »Ich habe sie schon recht mögen. Irgendwie angenehm ist die Patricia schon gewesen.« Und nach einer langen Pause: »Ich weiß auch nicht.«

Nach dieser Szene würde nun der Film seinen Fokus ändern. Wie die drei Schwestern in die Pubertät kommen, und wie auf einmal etwas aufbricht und ausbricht und sie losrasen, wie sie sich etwas holen wollen, das man ihnen schuldig ist, und dabei eine gewaltige Energie aktivieren können, die ihre zerstörerische Kraft am Ende gegen nichts und niemand anderen richtet als gegen einen selbst, das sähe man geschildert am Beispiel Tamaras. Weil sie am radikalsten um sich geschlagen hat, ihre Umgebung und sich selbst am tiefsten verletzt hat. Und weil sie schonungslos und rücksichtslos davon erzählt. Jeder kann und soll von dem erfahren, was sie ihre *wilden Jahre* nennt.

## 24

Das Idyll der schönen Kinderjahre mit Tamara war ein zerbrechliches. Man kann es sehen, wenn man von jetzt aus darauf zurückschaut. Aber in mir sträubt sich alles gegen einen derartigen Blick zurück. Weil er die Erinnerungen vergiftet. Beim Betrachten der vielen Kinderfotos von Tamara sieht man auf einmal nicht mehr die lustvolle Neugier, mit der sie die Welt zu entdecken begann, nicht mehr das sonnige, warmherzige Kind, das Scharen von Freundinnen und Freunden hatte, nicht mehr das Mädchen, das selbstvergessen in Träumen versinken konnte. Man hört auf einem alten Tonband mit Kinderstimmen nicht mehr Tamara, die, nachdem wir unser zweites Adoptivkind schon am Tag seiner Geburt in der Kinderklinik übernommen und nach einer Woche heimgeholt hatten, sagte: »Mein Bruder ist im Spital aufgewachsen.«

Sondern es schieben sich andere Erinnerungen in den Vordergrund. Wie Tamara sehr schnell merkte, dass sie nicht mehr allein war als Mittelpunkt, um den sich alles drehte, wie sie mit beinahe drei Jahren wieder eine Windel brauchte, wie sie anfing, bei Spaziergängen neben dem Kinderwagen, in dem das neue Brüderchen schlief, fremden Kindern auf den Kopf zu schlagen. Oder der Tag im Kindergarten, als die Kindergärtnerin aus einem Bilderbuch die Geschichte vom barmherzigen Samariter vorlas. Da war Tamara verstört, sie klammerte sich an Christiane, als die sie abholte, und sah den ganzen Nachhauseweg über voller Angst um sich, ließ dabei die Mutter nicht los. Das Bild der Räuber versetzte sie in Furcht und Schrecken, die wilden Bärte, die glühenden Augen. Christiane besprach sich mit der Kindergärtnerin, sie kaufte das Buch und versuchte, Tamara zu zeigen, dass dies ja eigentlich eine positive Geschichte ist. Ohne Erfolg, wir mussten das Bilderbuch mit den Bibelgeschichten jahrelang vor dem Kind verstecken.

In der Hauptschule wurde Tamaras Verhalten zunehmend problematisch. Ein Englischlehrer rief an und bat Christiane um Hilfe: Tamara habe begonnen, ihrem Sitznachbarn ein Buch auf den Kopf zu schlagen, und höre nicht auf damit, er wisse nicht mehr, was er tun soll. »Was erwarten Sie von mir«, rief Christiane in den Hörer, »soll ich kommen und eingreifen? Aber bis ich dort bin, hat sie dem Buben ja schon den Schädel eingeschlagen!«

Die Gitarrenlehrerin der privaten Musikschule rief an und fragte, ob Tamara denn nun endgültig nicht mehr kommen werde. Christiane fiel aus allen Wolken. Tamara ging einmal wöchentlich mit dem Gitarrenkoffer aus dem Haus und kam nach dem Ende der Stunde pünktlich zurück, war aber offenkundig seit Monaten nicht mehr im Unterricht gewesen. Es sei ihr zu langweilig, sagte sie, zur Rede gestellt. Sie wolle Popsongs lernen, mit einfachen Akkorden, aber in der Musikschule müsse sie dauernd nur einzelne Saiten zupfen. Und außerdem habe sie sich nicht zu sagen getraut, dass sie aufhören will mit dem Gitarrespielen, weil doch die Mama so eine Freude daran habe.

Waren das *normale* Probleme mit einer Heranwachsenden? Oder waren es die ersten Anzeichen dafür, dass sie, die aus einer anderen Welt gekommen war, sich eines Tages aufmachen würde, diese andere Welt zu finden? Ich weiß es nicht. Wir wurden immer hilfloser ihr gegenüber, konnten nicht umgehen mit den Auffälligkeiten. Patricia begann, zehn oder elf Jahre, nachdem wir ihr Kind angenommen hatten, auf einmal in unseren Alltag hineinzuwirken. In unserer Verzweiflung hatten wir Tamara zu einer Therapeutin gebracht. Deren Ratschlag: Das Kind will offensichtlich was von seiner Herkunft wissen, mehr als bisher über die leibliche Mutter erfahren, und man sollte ihm dies ermöglichen. Also begannen wir mit ihr über Patricia zu reden, obwohl wir so gut wie gar nichts über sie wussten. Immer so weit erzählen, wie das Kind fragt, war die therapeutische Empfehlung. Tamara fragte weiter und weiter, hörte nicht auf, mehr wissen zu wollen, obwohl wir ihr nichts mehr sagen konnten. Am Ende rief die Therapeutin an und fragte erstaunt, weshalb wir für einen weiteren Monat Honorare überwiesen hätten: Tamara war schon lange nicht mehr zu den vereinbarten Sitzungen erschienen.

Ich nehme an, dass es Joke und Dirk ähnlich geht, wenn sie zurückblicken auf das erste Lebensjahrzehnt ihrer entzückenden Tochter Tania. Unterhalten haben wir uns darüber nicht. Auch Tania selbst erzählt von ihrer Kindheit und Jugend nichts. In ihren Akten finden sich dazu nur wenige Spuren. Ein Brief an die FIOM etwa, von der erwachsenen Tania verfasst, als sie begonnen hatte, nach ihrer leiblichen Mutter zu suchen. Da schreibt sie über sich selbst: »Ich habe eine gute Kindheit gehabt, zusammen mit meinen Adoptiveltern und meinem ebenfalls adoptierten Bruder. Ich habe alle Liebe bekommen, die sie mir nur geben konnten … Aus meiner Schulzeit habe ich noch heute viele Freunde, und wir treffen uns öfters, was etwas Besonderes ist.«

Oder seltsam aussehende Bewertungsbögen, offensichtlich hat das Amsterdamer Jugendamt in regelmäßigen Abständen Tanias Entwicklung im Vorschul- und Schulalter getestet. Punkte wie »Persönlichkeitsentwicklung«, »motorische Entwicklung«, »Selbstständigkeit«, »Initiative«, »Spielverhalten« sind da aufgelistet, mit einen Kugelschreiberkreuz ist zu jedem dieser Punkte auf einer Linie zwischen null und zehn der jeweilige Status des beobachteten Kindes markiert. Und dazu handschriftliche Anmerkungen am Rand des Blattes: Setzt Begonnenes ständig fort und macht kein Ende. Wenn sie etwas Positives wahrnimmt, erkennt man das an Gesichtsausdruck und Körperhaltung. Bei angestrengter Arbeit sorgfältig, fleißig, aufgeweckt, aber manchmal unsicher.

Klingt alles nach nicht weiter erwähnenswerten Problemchen. Nur bei Iris, da war es anders. Ich frage sie nach Erinnerungen an ihre Kindheit, und sie sagt: »Da weiß ich nicht so viel. Ich bin immer bei der Oma aufgewachsen oder beim Josef und da sind wir eh – na ja, das hier ist jetzt eh schon meine sechste Wohnung, von meiner Kindheit weg. Aber sonst wüsste ich nicht recht viel. Normal ist das eh in Ordnung.« Ob sie bei Oma Erna aufgewachsen sei, frage ich, sie verneint, das war die Oma in Freistadt, Josefs Mutter. Mit quäkender Kinderstimme, als nähme sie sich selbst nicht ernst, sagt sie: »Da habe ich dann das polytechnische Schuljahr noch ein wenig gemacht in Freistadt, dann bin ich nach Linz, da habe ich einmal einen Berufsförderungskurs gemacht, da habe ich dann aber wieder aufgehört, weil das ist ein wenig teuer.«

Sie bringt alles durcheinander, es bedarf mehrfachen Nachfragens, bis sich so etwas wie eine Schul-Biografie abzeichnet. Die Volksschule, oder zumindest die ersten zwei Jahre, hat sie in einer Wohnsiedlung am Rand von Linz absolviert, dann hat sie ihr Vater offensichtlich nach Freistadt, eine Bezirkshauptstadt im Norden des Mühlviertels, zu seinen Eltern abgeschoben. Dort hat sie Volks- und Hauptschule besucht, aber Letztere nicht abgeschlossen. Irgendwann in dieser Zeit hat sie eine Weile mit dem Vater in Tschechien gelebt, sie weiß nicht mehr, wann genau und wie lange. »In Tschechien, mit dem Josef, da bin ich auch ganz normal in die Schule gegangen. In Tschechien haben wir länger gewohnt, da bin ich mit der U-Bahn in die Schule gefahren, und lauter so Sachen. In Prag war das damals. Schule war eh jeden Tag, und da hat er mir geholfen, der Josef, da haben wir auch gemeinsam gelernt, und die Aufgaben gemacht am Abend, und lauter so Sachen. Und dann sind wir wieder zurück nach Linz, nach Österreich.«

Iris nennt das »eine normale Kindheit«. Irgendwie war da noch eine Frau, erzählt sie, eine Krankenschwester, von der Nervenheilanstalt in Linz. Die lebte jahrelang mit Josef in dessen Linzer Wohnung, aber dann trennten sie sich wieder. Iris hat diese Frau nicht wirklich gemocht, aber sie trifft sie heute noch ab und zu: »Wenn ich ins Krankenhaus gehe, dann komme ich eh meistens zu ihr.« Unvermittelt redet sie wieder von der frühen Kindheit: »Die Oma in Freistadt, ja, da bin ich aufgezogen worden.« Dann springt sie mitten in der Geschichte zwanzig Jahre in die Zukunft: »Da bin ich dann ausgezogen, und dann habe ich halt so ein Initiativenkind geboren, ein so ein – es war ein Negerbub.«

## 25

In einem Film käme jetzt ein Zeitsprung in das Jahr 1997. Ich renne durch den schmalen Au-Streifen gleich westlich von Linz, es ist ein schmaler Weg, wenn zwei Personen nebeneinander gehen, streifen sie dauernd an die Zweige, Büsche und die dünnen Lianen, die von den Weiden und Erlen hängen. Es ist Nacht. Ich leuchte hektisch mit der Taschenlampe das Unterholz links und rechts des Weges ab. Ich habe Angst, vor den Schlangen, die man an heißen Sommertagen manchmal über den Weg hinunterhuschen sieht zu den warmen Granitbrocken der Donauufer-Befestigung. Angst vor dem Wald im Dunkeln, diese Angst habe ich, seit ich als Kind einen Fernsehkrimi der »Stahlnetz«-Reihe gesehen habe, in dem ein Kind nachts im Wald auf eine halb mumifizierte Leiche getreten war. Es sind lächerliche Ängste in diesem Moment. Denn wovor ich mich jetzt am meisten fürchte, ist, dass im Schein der Lampe plötzlich Tamaras Fahrrad auftauchen würde, achtlos ins Gebüsch geworfen. Oder, noch schlimmer: Ich leuchte hinein in die Stauden und Büsche, und sähe auf einmal einen Fuß, einen Arm, bedeckt von einem Kleidungsstück, das ich kenne.

Tamara war dreizehn, als sie das erste Mal eine Nacht lang verschwand. Weggelaufen war sie davor schon immer wieder, für ein paar Stunden. Sie war am Nachmittag mit dem Rad losgefahren, eine Freundin besuchen, einfach herumhängen in der Wohnsiedlung, in der wir damals lebten. Es wurde dunkel gegen neun, und sie kam nicht nach Hause. Das Wertkartenhandy, das wir ihr gekauft hatten in der törichten Hoffnung, sie damit permanent erreichen und so ein wenig kontrollieren zu können, war ausgeschaltet. Der

Beamte am Gendarmerieposten, den wir gegen zehn Uhr aufsuchten, erweckte nicht den Eindruck, als würde er eine ernsthafte Suche nach einer abgängigen Dreizehnjährigen einleiten. Also rannten wir selber los, sie zu suchen, Christianes Bruder und ich, und klapperten die Sportplätze und versteckten Winkel in der Au ab, von denen die Elterngeneration glaubte, dass sich dort die Teenager trafen.

Dieser Teil des Films trüge den Zwischentitel: Die Unzuverlässigkeit von Erinnerung. In meiner Erinnerung war Tamara an jenem Tag in die nahe Landeshauptstadt Linz geradelt, hatte dort eine Freundin getroffen, war mit der zu einem kleinen schäbigen Zirkus gegangen, der am Jahrmarktgelände an der Donau gastierte. Die beiden hatten einen jungen Mann vom Zirkus kennengelernt, der sie einlud, in seinem Wohnwagen zu übernachten. Tamara hatte das Angebot angenommen.

Christianes Erinnerung ist eine andere: »Die Nacht der ersten Abgängigkeit würde ich gerne vergessen, kann es aber nicht. Ich war in Angst und Panik wie noch nie in meinem Leben. Es begann wie schon viele Male zuvor, sie kam einfach nicht zum vereinbarten Zeitpunkt nach Hause. Auch meine Reaktionen waren wie immer – erst wurde ich ärgerlich, dann unruhig. Nach ein paar Stunden habe ich der Reihe nach alle ihre Freundinnen und deren Mütter angerufen – ohne Erfolg.

Dann wurde es dunkel, sie war immer noch nicht da und ich in hellster Aufregung. Mein Mann und mein Bruder, der in der Nähe wohnte, gingen Tamara suchen, während ich zu Hause die Stellung hielt in der Hoffnung, dass sie doch endlich auftaucht. Und es musste ja jemand bei unserem Sohn bleiben.

Ich hatte die schlimmsten Visionen meines Lebens. Ich

sah sie in der Au im Gestrüpp liegen, missbraucht, vergewaltigt, umgebracht. Die Zeit verging unendlich langsam, keine Tamara stand vor der Tür und erlöste mich von meiner Qual. Ich rauchte eine Zigarette nach der anderen, denn das Rauchen hatte ich in dieser Zeit wieder angefangen. Nach Stunden, die mir wie Tage erschienen, kamen die Männer unverrichteter Dinge zurück. Bei der Gendarmerie teilte man uns lapidar mit, dass erst nach 24 Stunden Aktivitäten gesetzt würden.

Wie sollte ich die Nacht bloß überstehen? Wie sollte ich mich ins Bett legen und schlafen? Denn dass sie in Gefahr war, stand für mich außer Zweifel. Irgendwann schlief ich völlig erschöpft ein. Am Morgen war sie immer noch nicht da. Erst am späten Vormittag klingelte es an der Tür und sie stand vor mir. Ich war so froh und erleichtert, dass ich nur ein ›Gott sei Dank bist du da‹ herausbrachte und ihr um den Hals fiel. Eine Freundin war bei ihr. Die Mädchen verschwanden gleich in Tamaras Zimmer und ich blieb zurück mit düsteren Gedanken – erleichtert, und auch wieder nicht.

Auf einmal kam die Freundin herunter und sagte, sie müsse mir etwas erzählen. Tamara traue sich nicht. Es sei sehr wohl etwas Schlimmes passiert, jemand habe Tamara Gewalt angetan. In einem Linzer Lokal habe man ihr etwas ins Getränk getan und sie sei dann mit ein paar Typen mitgegangen. Die sind in einer Wohnung über sie hergefallen. Ich war fassungslos. Wütend. Hilflos. Ein Teil meiner schlimmsten Ängste hatte sich bestätigt.«

Tamaras Erinnerung ist eine ganz andere: »Richtig angefangen mit dem Ausreißen habe ich – ja, wann? Da war damals das Pflasterspektakel, da habe ich eigentlich Hausarrest gehabt. Wir waren gemeinsam dort. Mein kleiner

Bruder und du, ihr wart irgendwo, die Mama und ich haben uns eine Bauchtänzerin angeschaut. Da habe ich auf einmal den einen Typen dort gesehen, den Mimo. Der hat mich dauernd angelächelt, und ich habe ihn auch angelächelt. Wir sind irgendwie ganz kurz ins Gespräch gekommen, und ich habe ihm heimlich meine Telefonnummer gegeben. Die Mama hat das gar nicht mitgekriegt, glaube ich, weil die war so begeistert vom Bauchtanzen. Er hat gemeint, na, treffen wir uns doch irgendwo, und ich habe gesagt, ich habe noch eine Woche Hausarrest.

Dann war ich eh wieder in der Schule, mit meiner Freundin, der habe ich gesagt, du, weißt eh, mich hat der eine Typ angerufen, von dem ich dir erzählt habe, vom Pflasterspektakel, den möchte ich unbedingt wiedersehen, aber ich habe Hausarrest. Irgendwie habe ich euch, dich und die Mama, überreden können, dass ich doch zwei Stunden hinausdarf, damit ich meine Freundin treffen kann. Ich habe mich ganz kurz getroffen mit ihr, dann habe ich mich auch wieder verabschiedet von ihr und bin zu diesem Typen. Der war aus Libyen, hat in einem Wohnheim der Voest gelebt, hat in der Voest studiert, keine Ahnung, was der studiert hat. Damals war ich ein bisschen über dreizehn oder so.

Wir haben miteinander geredet, Englisch, er hat nur Englisch geredet, mein Englisch war nicht so gut. Auf jeden Fall hat er gemeint, ich kann bei ihm bleiben, kann im Wohnheim schlafen. Ich habe überlegt, so, was tue ich jetzt? Und habe gesagt: Okay, ich schlafe da. Er hat mich gefragt, wie alt ich bin, und ich habe gesagt, ich bin siebzehn. Das hat er mir geglaubt, weil ich habe immer älter ausgeschaut. Er war 23, zehn Jahre älter als ich. Der müsste jetzt 36 sein.

Auf jeden Fall habe ich bei ihm übernachtet, und da

habe ich auch mein *erstes Mal* gehabt. Irgendwann hat mich meine Freundin angerufen und gesagt, du, deine Eltern machen einen Stress, die machen sich Sorgen, wo bist du denn? Das war noch am selben Tag. Ich zu ihr: Sag ihnen nichts, ich bin bei dem einen Typen von dem Straßenkünstler-Fest. Am nächsten Tag hat er gesagt: Willst du nicht einmal heimgehen? Und ich: Nein, nein, ich gehe eh irgendwann heim. Er hat aber darauf bestanden, du musst schon einmal heimgehen, du musst dich doch auch umziehen, und was sagen denn deine Eltern? Weil ich habe ihm schon gesagt, dass ich bei meinen Eltern wohne. Du musst heimgehen, hat er gesagt, weil tagsüber bin ich sowieso im Unterricht.

Da bin ich aus dem Wohnheim rausgegangen und bin die fünf Stunden, als er in der Schule war, draußen im Garten gesessen und habe mich versteckt. Ihm habe ich gesagt, ich bin daheim gewesen. Das ist zwei Tage gutgegangen.«

Das kann nicht stimmen, denke ich, was sie mir da erzählt. Die Geschichte mit Mimo, ihrer ersten und großen Liebe, die ist später passiert, da war sie vorher schon mehrmals über Nacht verschwunden gewesen, ohne dass wir wussten, wo sie war und mit wem, in fast allen Fällen wissen wir es bis heute nicht. Und Christianes Geschichte kann auch nicht stimmen, dieser Übergriff durch Zufallsbekannte, der zu einem nicht für die Vergewaltiger, sondern für Tamara desaströs endenden Gerichtsverfahren führte, ist nicht bei ihrem ersten Ausreißen geschehen. Ich weiß nicht, welche Version die richtige ist. Es ist auch egal. Für mich haben diese Jahre, an deren Ende ich beinahe meine Tochter verloren hätte, angefangen mit dem Hetzen durch die nächtliche Au, angetrieben von der verzweifelten Hoffnung, sie habe sich bei einer Freundin bis in die Nacht hinein vertratscht und traue sich nun nicht mehr nach Hause. Und getrieben von der Panik, sie *hier* zu finden, im Unterholz neben dem Treppelweg an der sanft plätschernden Donau.

## 26

Ich denke, Tamara irrt sich da, tippe ich in den Computer, bei der Geschichte mit Mimo war sie tagelang weg, das war später, ein halbes Jahr später oder so. Etwas in mir sträubt sich gegen das Tippen. Ich will nicht darüber schreiben, was meine Tochter vor dreizehn, vierzehn Jahren getan hat, als alle ihre Handlungen nur Angst, Zorn, manchmal Hass und immer ein riesengroßes Gefühl der Hilflosigkeit beim Großteil ihrer Umgebung ausgelöst haben. Weil sie jetzt ein anderer Mensch ist. Immer noch schwierig, immer noch gelegentlich verstörend, wenn man sie nicht kennt. Aber großartig und bewundernswert, wenn man sie und ihre Geschichte kennt. Doch sie hat gesagt, dass ihr Ausbrechen, ihr Abdriften über die Grenzen von Verhaltensauffälligkeit und Selbstbeschädigung hinaus mit dem Adoptivkind-Sein zu tun hat und also aufgeschrieben gehört, und darum tippe ich weiter die Tonaufnahme mit ihrer Stimme ab.

»Am dritten Tag mit Mimo hat mich die Oma gesehen, die andere, Christianes Mutter, weil ich habe ja gar nicht mitbekommen, dass sie gleich um die Ecke von dem Studentenheim wohnt«, sagt Tamaras Stimme. »Ich weiß noch, das Wohnheim war oben, ich bin unten im Garten gesessen, links ist es zur Straßenbahn gegangen, rechts ist so ein Hügel. Auf einmal habe ich schon die Polizei gesehen, ich wollte den Hügel hinunterrennen, die haben sich aufgeteilt, ein paar von der einen Seite, die anderen sind von der anderen Seite gekommen, so haben sie mich eingekreist. Dann haben sie mich mitgenommen.«

Drei Tage war sie vermisst gewesen. Die längste Zeitspanne, bis dahin. Angefangen hatte es mit einer Stunde oder zwei, die sie zu spät von der Schule nach Hause kam. Es wurden ganze Nachmittage daraus, und Abende. Das Familienleben begann darunter zu leiden. Gemeinsame Unternehmungen wurden bald unmöglich, oder Besuche bei befreundeten Familien, weil Tamara einfach nicht auftauchte zur vereinbarten Zeit oder am vereinbarten Treffpunkt. Sie ging zunehmend unregelmäßig zur Schule. Dann blieb sie das erste Mal über Nacht weg. Kurz darauf das nächste Mal. Und wieder, und wieder, und wieder. Die Gendarmen am örtlichen Posten behandelten uns immer herablassender, voll spürbarer Verachtung für die Eltern, die ihre Teenager-Tochter nicht im Griff haben. Widerwillig nahmen sie Vermisstenanzeigen zu Protokoll, nicht ohne grinsend zu fragen, ob wir schon in diesem oder jenem Lokal im nahen Linz nachgeschaut hätten. Christiane: »Es ging mir schrecklich in dieser Zeit. Immer wieder sah ich Tamara irgendwo tot im Straßengraben liegen, wenn sie nicht nach Hause kam. Abwechselnd gingen mein Mann, mein Bruder und ich sie suchen. Wie ich diese Nächte überstanden habe, weiß ich heute noch nicht.«

In den folgenden Wochen versuchten wir, so was wie eine harmlose Teenager-Liebelei zu tolerieren. Der junge Libyer machte uns das leicht. Er entpuppte sich als höflicher, hochgebildeter junger Mann, offensichtlich aus bestem Haus, liebenswürdig und zugleich stolz und selbstbewusst wie ein arabischer Prinz. Tamara war so verliebt in ihn, dass sie sogar wieder in die Schule ging, wenn wir ihr im Gegenzug erlaubten, Mimo regelmäßig zu sehen.

Dann kam die Woche von Mimos Heimreise. Tamara erpresste uns: Zumindest die letzte Nacht müssen wir sie bei ihm verbringen lassen. Wenn wir das nicht erlauben, wird sie, wenn sie das nächste Mal abhaut, nie wieder zurückkehren. Sie geriet so außer sich, wie ich sie noch nie erlebt hatte, wir glaubten ihr jede ihrer Drohungen und sagten schließlich ja. Sein Flugzeug ging früh am Morgen. Christiane und ich fuhren lange vor dem Starttermin zum Flughafen Linz-Hörsching. Tamara kam ein wenig später, an Mimos Hand stieg sie aus dem Voest-Kleinbus, der die Studenten zum Airport gebracht hatte. Sie litt wie ein Tier.

Wenn sie heute davon erzählt, gelingt ihr keine distanzierte Haltung, auch wenn sie es versucht. »Dann hat er leider zurückmüssen. Das war irgendwie –«, so fängt sie an und hört gleich wieder zu reden auf. Sie sucht sehr lange nach Worten, dann spricht sie extrem leise weiter, ist kaum zu verstehen auf der MP3-Aufnahme. »Ich weiß nicht. Da ist es mir so dreckig gegangen, monatelang. Vielleicht, weil mich wieder jemand verlassen hat. Ich meine, ich habe es schon irgendwie gewusst, dass mich die leibliche Mama verlassen hat – aber das war vielleicht nur so im Hinter-, im Hinter-Dings. Dass dann die Gefühle heraufkommen –« Dann hört sie ganz auf, über Mimo zu sprechen.

Gleich danach machten wir mit ihr und unserem Adoptivsohn, der war zu dieser Zeit zehn Jahre alt, einen zweiwöchigen Urlaub in einem Ferienpark in Holland. Zum einen, weil unser Sohn ganz verrückt war nach den Erlebniswelten derartiger Bäder, vor allem die wirklich attraktiven Wildwasserkanäle hatten es ihm angetan, durch die man sich im Höllentempo treiben lassen konnte. Zum anderen, weil dieser Park eine komplett abgeschlossene eingezäunte Welt für sich war, kilometerweit entfernt von jeder Ortschaft. Es gab auf dem Areal Discos für Zwölf- bis Dreizehnjährige, wo sie sich unbeaufsichtigt von den Eltern austoben konnten. Das würde Tamara vielleicht gefallen, dachten wir. Und hatten zugleich die Gewissheit, dass sie nachts nicht verschwinden würde. Die harmlosen Ferienpark-Attraktionen ließen Tamara kalt. Sie litt nach wie vor schrecklich. Jeden zweiten oder dritten Tag rief sie Mimo in Tripolis an und verbrauchte jedes Mal eine oder zwei Zehn-Gulden-Telefonwertkarten. Danach schwieg sie bis zum Schlafengehen.

Man hat damals zusehen können, wie ihre ohnehin so wenig fundierte Persönlichkeit zerfallen ist. Es war beinahe unerträglich, beobachten zu müssen, wie sich das Gesicht unserer Tochter, die gerade noch ein Sonnenkind gewesen war, verdüsterte, nein, nicht nur ihr Gesicht, sie als Ganze, alles, was sie war, zerriss und zerfiel in grobe schwarze Brocken von Angst und Hass. Als Mimo in Hörsching ins Flugzeug gestiegen war, fuhr sie mit uns nach Hause. Sie saß hinten im Auto und weinte leise in sich hinein, unzugänglich für Christianes tröstende Worte. Das war kein Kind mehr, nicht einmal mehr ein Mensch, nur noch eine leere graue Hülle, deren einziger Zweck zu sein schien, die zerfallenden Teile ihres Ichs zusammenzuhalten. Man konnte sehen, wie sie sich veränderte. Was die bisherigen dreizehn Jahre über nur eine Ahnung gewesen war, ein leises Nagen in ihr drinnen, das nur gelegentlich die schützende Hülle des Unbewussten durchdrungen hatte, schlüpfte jetzt heraus aus dem schleißig und brüchig gewordenen Kokon und materialisierte sich zu der in ihren Augen eigentlichen und wahren Identität. Sie war zu der geworden, als die sie sich fühlte. Die, die verlassen wird.

# 27

»Schon, ja«, sagt Tamara, »dass ich mich so aufgeführt habe, das hängt zusammen mit der Adoptivgeschichte, und damit, dass ich verlassen worden bin.« Dann lächelt sie und sagt: »Angefangen hat es eigentlich damit, dass ich die Schule geschwänzt habe, weil mir das dort zu langweilig war, sehr oft zu langweilig.« Sie kichert. »Darum habe ich auch so lachen müssen, wie ich das Tonband von der Patricia gehört habe, wie sie sagt, dass ihr der Unterricht zu langweilig war. Ich weiß noch: Wenn ich gelernt habe, dann habe ich gute Noten gehabt. Nur war ich meistens zu faul dazu. Wie es die Patricia von sich erzählt hat. Ja. Das meiste hat mich einfach nicht interessiert.«

Dann erzählt sie ausführlich, wie sie sich mit einem Mädchen in ihrer Klasse angefreundet hat, »die war auch eher so drauf wie ich, und wir haben dann halt viel Scheiße gemacht«. Sie denkt nach, es fallen ihr nur Episoden ein, wo es um den Zeichenunterricht geht: »Wenn die Lehrerin gesagt hat, jetzt müsst ihr dies oder das zeichnen, dann habe ich schon darauf gesagt: Geh leck mich doch am Arsch, zeichne dir das selber! Mich interessiert das nicht. Und einmal bin ich richtig ausgeflippt. Weil Zeichnen heißt für mich, dass ich meine Kreativität ausleben kann, ja. Ich habe also einen Baum gezeichnet, mit vielen kleinen Blättern. Die Lehrerin wollte mir das wegnehmen und es zerreißen und sagt zu mir: Du musst jetzt ein Haus malen. Ich: Das interessiert mich jetzt nicht, weil ich will jetzt einen Baum malen! Hauptsache, ich habe was gemalt! Ja, da habe ich oft Streitigkeiten gehabt mit den Lehrern.«

Geradezu zwangsläufig sei sie »in eine Clique reingekommen, die eher die Schlimmen waren an der Schule«, und zusammen mit der Freundin habe sie zu schwänzen begonnen. »Zuerst nur eine Stunde, bloß so als Spaß.« Das habe sich irgendwann »weiterentwickelt«, bis sie in immer kürzeren Abständen tagelang nicht in die Schule gegangen sind. »Die Freundin ist schon öfter in die Schule gegangen. Die hatte eine Zwillingsschwester an der Schule, die war in der gleichen Klasse, die hat immer gleich bei der Mutter gepetzt, wenn sie geschwänzt hat.«

Am liebsten würde ich die nächsten drei oder vier Jahre im Schnellvorlauf abspulen, als eine rasende Abfolge kurzer Szenen, die mit solchem Tempo vorbeiflimmern, dass man keine Einzelheiten wahrnehmen kann. Und dass man gar nicht Zeit findet, sich zu fragen, was da falsch gelaufen ist, und was der eigene Anteil am Falschen war. Weil es sonst zu viel Anlass gibt, sich zu schämen, wegen unangebrachter, überzogener, unüberlegter und, ja, liebloser Reaktionen.

Wie sie mich zur Weißglut reizte bei einer abendlichen Autofahrt zu Verwandten, wohin sie um keinen Preis mitfahren wollte, bis ich sie schließlich anschrie und drohte, sie an Ort und Stelle, auf einer Landstraße in waldiger Gegend zwischen zwei Dörfern, aus dem Auto zu werfen, wenn es ihr so einen Widerwillen bereite, diese Leute zu besuchen. Und sie mich weiter aufbrachte mit einem abfällig hingeknurrten Murmeln, dass ich mich das nie trauen würde. Ich hielt an und griff über sie hinweg zum Griff der Beifahrertür, öffnete sie und brüllte, dass sie verschwinden solle.

»Du willst also nicht, dass ich alleine unterwegs bin in der Nacht«, höhnte sie, »und dann schmeißt du mich mitten in der Nacht hier auf die Straße!?«

»Raus«, schrie ich, sie stieg aus, ich schlug die Tür zu und fuhr los. Nach einem Kilometer drehte ich um. Sie stand dort, wo sie ausgestiegen war, grinsend, als ob sie gewusst hätte, dass ich wiederkommen würde. Sie stieg ein, wir schwiegen beide, bei den Verwandten setzte sie sich mit gelangweiltester Miene in einen Winkel des Wohnzimmers und vermied den ganzen Abend jede Art von Kommunikation. Und ich zitterte vor Ärger, weil ich genau sah, was geschah. Sie brachte einen dazu, etwas zu unternehmen, das falsch ist, und dann wühlte sie wie mit einem Dolch herum im Zentrum des Bewusstseins, etwas Falsches getan zu haben.

Christiane reagierte in jener Zeit mit Hyperaktivität. Aus ihren Aufzeichnungen: »Inzwischen ging Tamara gar nicht mehr zur Schule. Sie verbrachte ihre Tage irgendwo auf der Straße und lernte dabei die unmöglichsten Menschen kennen. Meistens suchte ich sie, ich hatte darin schon richtig Routine bekommen. Ich entwickelte detektivische Fähigkeiten und wusste genau, wo ich sie suchen musste. Teilweise hatte ich meine Informationen von ihr selber, zwischen den Abgängigkeiten hatten wir ja ein gutes Verhältnis zueinander, teilweise von ihren Freundinnen und Freunden und deren Müttern. Ich klapperte alles ab, was nur irgendwie in Frage kam, die einschlägigen Lokale in Linz, Jahrmärkte, Zirkusse.

Durch die Lokalszene der Linzer Altstadt drehte ich meine immer gleiche Runde. Ich, eine Blondine in den besten Jahren, trug dabei immer eine schwere, schwarze Lederjacke, die mir Selbstsicherheit gab. Nicht einmal die mutigsten Männer wagten es, mich blöd anzureden. Ein Blick von mir genügte. Ich suchte sogar im Rotlichtmilieu. Nichts und niemand hielt mich auf. Immerhin ging es um meine minderjährige Tochter, und jeder hatte Angst davor, angezeigt zu werden. Einmal machte ich diese Tour zusammen mit der Mutter einer Schulkollegin von Tamara, die mit ihr zusammen abgehauen war. Da fiel mir erst auf, wie mein Auftreten auf die Umwelt wirkte. Die andere Mutter war einfach fassungslos, was ich mich alles traute. Umgekehrt kam sie mir vor wie ein verängstigtes Reh. Mir war alles egal, ich wollte nur meine Tochter finden. Wenn ich sie gefunden hatte, ging sie anstandslos mit nach Hause. Es war, als würde sie aus einem Traum erwachen. Sie freute sich, mich zu sehen, und wir gingen nach Hause.«

Nach der Geschichte mit Mimo ließ sich Tamara an der Schule in unserem Wohnort überhaupt nicht mehr blicken. Die Lehrer gaben sie auf. Die Schulbehörde stimmte einem Wechsel an eine Hauptschule in Linz zu. Dort tauchte sie nur ein paar Wochen lang halbwegs regelmäßig im Unterricht auf. Die neuen Lehrer riefen anfangs jedes Mal an, wenn sie nicht zum Unterricht erschienen war. Also fuhr ich sie mit dem Auto zur Schule und wartete, bis sie im Haupteingang verschwunden war. Zu Hause fand sich schon eine Nachricht auf dem Anrufbeantworter: Tamara sei nicht im Unterricht. Am nächsten Tag fuhr ich sie wieder in die Stadt, ließ sie aussteigen, sah ihr nach, bis sie den Eingang passiert hatte. Dann blieb ich sitzen im Wagen, auf dem Parkplatz vor dem Portal, und wartete. Nach zehn Minuten kam Tamara heraus, versuchte nicht, wegzurennen, als sie mich im Auto sah. Geduldig blieb sie vor dem Schultor stehen, bis ich ausgestiegen und zu ihr gegangen war, ich redete ihr zu, schimpfte, warnte vor den zu befürchtenden Konsequenzen, wenn es der Schule reichen und sich das Jugendamt einschalten würde. Tamara nickte und ging zurück in die Schule. Ich blieb noch eine halbe Stunde im Auto vor dem Schultor sitzen, dann fuhr ich los. Zu Hause blinkte bereits der Anrufbeantworter: Wo ist Tamara?, sagte eine Lehrerstimme.

# 28

Wie zerzauste Vögelchen hockten sie auf der Bank, lächelten scheu, als Christiane und ich die Polizeistation betraten. Verhuscht und verwirrt starrten sie uns an, ganz und gar nicht wie Romeo und Julia, Tamara und ihr Freund, den ihre Onkel und Tanten und mittlerweile auch wir *die Ratte* nannten, wenn sie nicht dabei war. Weil er so räudig aussah und sein Verhalten unsere kleinbürgerliche Welt in Aufregung versetzte. Verwirrt und schrecklich hilflos grinste uns unsere Tochter an auf dem Carabinieri-Posten an der oberen Adria, ich weiß nicht mehr, wo genau es war, Latisana oder San Michele al Tagliamento.

Fast eine Woche war sie verschwunden gewesen. Das Suchen an den üblichen Plätzen brachte diesmal nichts, ihre Freundinnen, die uns meistens belogen, manchmal aber doch zielführende Hinweise gegeben hatten, schienen diesmal wirklich auch keine Ahnung zu haben. Die Polizei in unserem Heimatort hatte kurze Zeit ein wenig mehr Interesse gezeigt als bei den bisherigen Vermisstenanzeigen. Weil wir angegeben hatten, dass ein Sparbuch verschwunden war, mit einem ansehnlichen Betrag, resultierend aus einer Erbschaft. Nach zwei Tagen tauchte das Sparbuch auf, es war verlegt gewesen, damit schien für die Exekutivbeamten der Fall massiv an Dringlichkeit verloren zu haben.

Ich weiß nicht mehr, wie es uns in dieser Woche gegangen ist. Wahrscheinlich wechselten tagsüber Angst und Sorge dauernd ab mit Wut und, ja, Hass auf die Tochter und das, was sie uns zumutete, Wut und Hass, für die man sich gleich wieder schämte. In den Nächten schliefen wir schlecht mit einer Mischung aus Hoffnung, endlich etwas von ihr zu hören, und Angst vor dem, was es möglicherweise zu hören gäbe. Wir hatten mittlerweile eine Telefon-Nebenstelle im Schlafzimmer installieren lassen, um jederzeit erreichbar zu sein; im Wegdämmern vor dem Einschlafen kam mir der Apparat auf dem Nachttisch vor wie eine sadistische Installation, oder ein böses Wesen, das man anflehte, es möge endlich Laut geben, und gleichzeitig anbettelte, bitte, bitte um keinen Preis Laut zu geben.

Am sechsten oder siebten Tag klingelte es. Tagsüber. Irgendeine Dienststelle des österreichischen Außenamtes in Triest gab Bescheid, dass Tamara zu Fuß auf der Autostrada aufgegriffen worden sei, mit einem ebenfalls minderjährigen männlichen Begleiter, das Pärchen werde auf einer Carabinieri-Station angehalten und könne jederzeit abgeholt werden. Wir fuhren sofort los. Im Tauerntunnel streikte das Auto, im Abgasgestank und LKW-Lärm warteten wir eine Stunde auf den Pannendienst. Stunden später kamen wir an, ohne großartige Formalitäten übergaben uns die italienischen Ordnungshüter die beiden Jugendlichen, und wir fuhren sofort zurück Richtung Linz. Brav wie Klosterschüler saßen Tamara und *die Ratte* auf der Rücksitzbank und sagten die ganzen 600 Kilometer über kaum ein Wort.

Ein dummer Linzer Journalist machte daraus eine romantische Teenager-Lovestory. Irgendjemand von den mit der Angelegenheit befassten Behörden hatte die Sache an die Medien weitergegeben, am Tag nach unserer frühmorgendlichen Rückkehr erschien in einer regionalen Zeitung ein zweispaltiger Artikel mit dem idiotischen Titel »Romeo und Julia in Italien«. Glimpflich endete die Flucht eines jungen Pärchens aus Oberösterreich, das zu Fuß, nur mit Rucksäcken, nach Italien ausgerissen war, so fing der Text an.

»In Wirklichkeit wollten wir nach Griechenland«, erzählte Tamara ein paar Jahre später. Es ist eine verworrene Geschichte. Sie und ihr damaliger Freund, ein siebzehnjähriger Obdachloser, waren irgendwie an ein wenig Geld gekommen und wollten damit den Sommer an griechischen Stränden verbringen. Sie blieben aber schon in Wien hängen, wo ein Großteil des Geldes ausgegeben wurde, es ist nicht recht klar, ob für Alkohol oder Gras oder beides. Nach ungemütlichen Nächten in aufgebrochenen Eisenbahnwaggons machten sie sich per Autostopp auf den Weg in den Süden.

Ausführlicher erzählte Tamara nur von der letzten Nacht dieser Tour, sie waren gestrandet an einer italienischen Autobahnraststätte, unbestimmte Angst vor den lärmenden LKW-Fahrern trieb sie zum Schlafen immer tiefer hinein in stacheliges Buschwerk. Als sie endlich weit genug weg waren vom Trubel der Raststation, befiel Tamara Panik. Sie meinte, auf dem Stück verdorrten Grases, wo sie die Schlafsäcke ausgebreitet hatten, eine Schlange zu sehen. »Da ist nichts«, habe ihr Freund gesagt und sei auf dem Platz herumgetrampelt. Was sie nicht beruhigte, zitternd – »weil es dann auch so kalt geworden ist« – kauerten sie eng aneinandergeschmiegt im Gras und warteten auf den Sonnenaufgang. Dann hielt den ganzen Vormittag über kein Wagen mehr an, und sie marschierten los auf dem Pannenstreifen. Bis die Carabinieri kamen und *Romeo und Julia* mitnahmen.

Heute spricht sie von dieser Zeit distanziert, man sieht ihr an, wie sie versucht, sich selbst zu verstehen: »Da war halt etwas drinnen in mir. Weil die Geschichten, die ich von Patricia gehört habe, das ist *sehr* ähnlich, mit meinen Geschichten. Das ganze Davonlaufen. Wie wenn ich das irgendwie nachgemacht hätte, ohne dass ich damals, mit vierzehn Jahren, irgendetwas gewusst habe davon. Sicher, ich habe auch schlechte Freunde gehabt, das hat auch dazu beigetragen, dass ich in so Gruppen hineingekommen bin.«

Dann schaut sie mich an und lächelt und sagt: »Wenn ich bei Patricia aufgewachsen wäre, wäre es wahrscheinlich schlimmer gewesen. Weil sie war ja auf Drogen die ganze Zeit. Und ich habe einmal eine Freundin gehabt, deren Mutter war dauernd auf Drogen, und das war nicht lustig, weil da bist du zu der heimgekommen, und da ist die Haschischpfeife auf dem Tisch gestanden. Aber dass sie mich weggegeben hat, wird sicher auch damit zu tun gehabt haben. Weil ich habe damals immer das Gefühl gehabt, dass ich – weil ich halt meine Wurzeln nicht gekannt habe.«

## 29

»Wenn du auf Drogen bist, arbeitet dein Hirn nicht zu hundert Prozent«, sagt Tania. Es ist Nacht geworden in ihrem Landsmeerer Garten, die Abtei-Steine sind ausgekühlt, die zwei Schwestern haben sich in leichte Sommerdecken gehüllt, sie bleiben sitzen in der Kälte, sie wollen reden, solange es nur geht. Warum hat ihnen Patricia das angetan, dies ist ihr Thema, immer wieder kommen sie darauf und umkreisen es, ohne zu einem Ergebnis zu kommen.

Tamara: »Das ist es, was ich nicht verstehe, normalerweise machst du halt einmal einen Fehler. Aber dreimal?«

Tania: »Dreimal!«

Tamara: »Dreimal! Dreimal.«

Tania: »Als Patricia das erste Mal nach Amsterdam gekommen ist, haben wir darüber gesprochen. Okay, ein Kind weggeben –«

Tamara: »Sorry, aber jetzt will ich was sagen. Ich verstehe

eines nicht: Wieso *du* nicht zornig bist. Weil sie Drogen genommen hat.«

Tania: »Die Drogen –«

Tamara schreit fast: »Ich bin zornig! Ich bin nicht zornig, weil sie mich weggeschmissen hat, da bin ich froh, denn so bin ich zu meinen Adoptiveltern gekommen. Ich meine – ich bin immer nervös. Ich war deswegen bei einer Psychologin. Sie hat mich alles Mögliche gefragt, und ich habe gesagt, dass ich adoptiert bin. Und die hat gesagt, meine Probleme, das ist wegen der Drogen, die Patricia sich reingezogen hat.«

Tania: »Natürlich. Ich denke, die ganze Geschichte war so: Als sie mich bekommen hat, mit sechzehn, da war sie so fucked up in ihrem Kopf – sie hat mir das einmal erzählt –, dass sie danach begonnen hat, Drogen zu nehmen. Weil das war ja nicht ihre Entscheidung damals, es war eine von ihrer Mutter und ihrem Vater, oder was immer dieser Herr M. war. Und wenn du auf Drogen bist, dann machst du keine guten Sachen. Ich glaube, sie hat dann mit vielen Männern geschlafen, die sie geliebt hat, oder von denen sie geglaubt hat, sie lieben sie, und dann bist du passiert, und Iris. Beim zweiten Mal, möglicherweise, da kann ich es irgendwie und manchmal noch verstehen. Wenn du schwanger wirst und so durcheinander bist. Mir ist es genauso gegangen mit dem Vater meines Sohnes. Ich habe ihn drei Monate gekannt, und war auf einmal schwanger. Obwohl ich die Pille genommen habe. Aber beim dritten Mal, das verstehe ich nicht mehr!«

Tamara: »Warum ich so wütend bin auf sie, ist, weil sie in Kauf genommen hat, dass ich vielleicht behindert bin.«

Tania: »Wenn du auf Drogen bist, arbeitet dein Hirn nicht zu hundert Prozent.«

Tamara: »Als du mir jetzt vor diesem Besuch gesagt hast, dass sie vielleicht auch kommen wird, da habe ich überlegt: Das ist eine Überraschung, aber ist das eine gute oder eine böse Überraschung? Für mich war es keine gute Überraschung!«

Beide lachen gleichzeitig hysterisch auf, bevor Tamara weiterredet: »Weil ich habe sie ja schon einmal getroffen, und da hat sie versprochen, dass sie mich in Wien besuchen wird, aber sie ist nie gekommen, sie hat mich nicht angerufen. Ich glaube, ich bin dauernd nervös wegen der Sache mit ihr.«

Tania: »Ja, das denke ich auch. Es war nicht geplant, dass sie Iris bekommen hat und dann dich, aber sie schaffte es nicht, mit den Drogen aufzuhören. Sie war sooo abhängig! Aber ich glaube, wenn sie dir verspricht zu kommen und es dann nicht getan hat, das war wie bei mir. Das war für sie zu viel auf einmal. Aber warum sagt sie das nicht!? Warum hat sie nicht den Mumm, einen anzurufen und zu sagen, hör mal, das geht mir zu schnell.«

Tamara: »Oder warum sagt sie nicht wenigstens – ich habe keine Zeit, oder irgendeinen Grund, den sie vielleicht hat!«

Tania: »Was auch immer!«

Tamara: »Ja, das wäre dann was anderes. Aber ich hasse es, wenn jemand sagt, er kommt, und dann kommt er nicht. Oder wenn jemand was verspricht und es nicht hält.«

Ein paar Monate später habe ich Patricia gefragt, ob sie glaubt, alles hätte anders werden können, zumindest mit Tamara, ihrem letzten Kind, wenn sie nicht süchtig gewesen wäre. Sie sieht mich verständnislos an. Ich variiere die Frage, will wissen, ob einen das Heroin in einen Zustand versetzt, wo man sich mit Dingen wie Mutter-Sein und

Kinder-Weggeben gar nicht mehr beschäftigt. Sie beantwortet die Frage nicht, sondern hebt an zu einer sehr langen Erläuterung über Drogen und das Drogen-Benutzen. Sanft und leise redet sie, wie mit einem kleinen Kind, dem sie etwas erklären muss, weil es davon keine Ahnung haben kann.

»Guck mal, die Leute glauben ja immer, wenn man Heroin nimmt, dass man da nichts mitkriegt. Das ist aber nicht so. Es ist einfach nur so, dass du – am Anfang ist es ein schwebendes Gefühl. So wie wenn man einen Schwips hätte. Man weiß alles. Ist wie der angenehme Teil, wenn man sich betrinkt. Nicht wie wenn man so besoffen ist, dass man nichts mehr weiß. Da ist ein kurzer Moment zwischen Nicht-Betrunkensein und Betrunkensein, genau in der Mitte, wenn du noch ganz genau weißt, was du tust, wo dir aber so Kleinigkeiten nicht wehtun. Oder wo es einfacher ist, nicht darüber nachzudenken. Okay? So musst du dir das vorstellen am Anfang. Gebrauchst du das Zeug länger, ist das weg, dieses Gefühl. Du funktionierst – einfach normal, wie jeder andere auch. Außer du gehörst zu den sogenannten Junkies.«

Es scheint ihr sehr wichtig zu sein, auf gar keinen Fall für einen Junkie gehalten zu werden. Ausgiebigst erklärt sie mir den Unterschied: »Es gibt Junkies und es gibt Gebraucher. Ein Junkie ist jemand, der duscht sich nicht mehr, der läuft monatelang in denselben Klamotten rum, dreckig, schmierig, stinkend. Der beklaut dich, der erzählt dir Lügengeschichten, um an dein Geld zu kommen. Das ist ein Junkie. Ich war aber nie ein Junkie. Ich war immer ein Gebraucher. Ein Gebraucher heißt: Der versucht, auch wenn es illegal ist, auf – tja? – anständige Art und Weise an Geld zu kommen. Das heißt: Ich verkaufe lieber mein Dope an einen, der auch gebraucht. Und ob der den Stoff bei einem

Dealer besorgt, der sich eine Villa davon kauft, oder ob der das bei mir kauft, um meinen Gebrauch zu finanzieren, was ist da besser? Ich finde es auch tausendmal besser, als ob ich einer alten Oma eins über den Schädel haue und ihr die Tasche wegnehme, um an Geld zu kommen. So Sachen habe ich nie gemacht, in meinem Leben nicht, nicht einen Pfennig geklaut, und da war ich immer stolz drauf.«

Sie redet sich in Rage über *die*, und meint offensichtlich die Junkies: »Ich sage immer, wenn die immer mit ihren Geschichten kommen, ja, die Drogen machen dich *so* – das ist nicht wahr! Da bin ich total anderer Meinung. Immerhin habe ich 24 Jahre lang Heroin gedrückt, und das täglich. Und in Thailand zehn Gramm am Tag, und zehn Gramm am Tag, da geht jemand anders tot von. Von einem Gramm geht jemand schon tot. Ich habe thailändisches Heroin gebraucht, also reiner geht's gar nicht mehr, das kriegen die hier nirgends, in ganz Europa nicht, auf dem Straßending oder was, nicht? Aber ich habe nie jemanden beklaut. Nie. Nie. Wäre mir nie in den Sinn gekommen. Ne. Darum, wenn die Leute sagen, das kommt von den Drogen, dann sage ich immer, das ist nicht wahr. Das hast du in dir, oder du hast es nicht in dir, das kommt nur durch die Drogen hoch. Ich habe es nie in mir gehabt.«

Aus dieser Zehn-Gramm-Tagesration-Phase ihres Lebens, von der Patricia hier spricht, muss der zweite Brief stammen, den Tamara unter Ernas Sachen gefunden hat. »Hello Mutti«, so fängt das Schreiben an, und dann heißt es: »Ich weiß, lange Zeit habe ich mich bei dir nicht gemeldet und du hast dir große Sorgen gemacht. Bitte verzeih mir, aber ich bin nun einmal eine ungezogene Tochter. Mutti, gibt es irgendwelche Probleme zu Hause? Wenn ja, dann erzähle sie mir, denn demnächst möchte ich anrufen.«

Und dann ein Satz, bei dem beinahe jedes zweite Wort dick unterstrichen ist: »Mutti, bitte mach dir keine Sorgen, denn ich bin in den besten Händen.« Und gegen Ende heißt es: »Mutti, wenn es geht und du Urlaub hast, möchte ich, dass du kommst, wenn hier die Regenzeit vorbei ist.«

Die Sentimentalität von vor einem Vierteljahrhundert ist der heutigen Patricia aus dem Trailerpark völlig abhandengekommen. Völlig ungerührt berichtet sie von ihrer Zeit mit dem Heroin. »Am Ende, wenn du es länger gebrauchst, ist es nur, um normal zu funktionieren. Weil einfach – wenn du es nicht gebrauchst, kannst du nicht funktionieren. Du kriegst Lachanfälle, da können sie dir erzählen, dass dein Vater tot ist, und du fängst zu lachen an. Das kommt, da kannst du nichts dagegen tun. Dann kriegst du Kotz-Anfälle, also du kotzt in einer Tour, du kannst überhaupt nicht mehr aufhören. Der Magen rebelliert, irgendwann mal kommt Blut, es kann auch passieren, dass der Magen kaputtgeht, nicht. Natürlich kommt es drauf an, wie viel du gebrauchst. Also in meinem Fall war es ja so viel, ich wäre wahrscheinlich kaputtgegangen. Weil ich habe das einmal mitgemacht, ich habe Blut gespuckt, ich habe wirklich Blut gespuckt, da haben sie mich ins Krankenhaus gebracht. Ja, da haben sie mir sogar im Krankenhaus Morphin gegeben. Weil sie eben dachten, ich geh kaputt. Also, das ist ja unmöglich gewesen. Also wirklich, es geht vorne und hinten gleichzeitig raus. Du kannst auch nicht mehr laufen, weil du, brutal gesagt – sorry, du kackst dir in deine Hosen, so schnell kommst du gar nicht aufs Klo. Also das sind die körperlichen Probleme, die du dann hast. Und dieses schwebende Gefühl hast du dann nicht mehr.«

Ob man da versucht, die Dosis zu erhöhen, um dieses Schwebende wiederzukriegen, frage ich dazwischen.

»Ein Junkie tut das«, sagt sie, »ein Junkie, der versucht immer, so viel wie möglich zu kriegen. Ein Gebraucher nicht. Ein Gebraucher wird das gebrauchen, was er braucht. Wenn ich, wie ich wieder in Europa war, zehn Gramm am Tisch liegen gehabt hätte, da hätte ich die zehn Gramm nie gebraucht. Ich habe dreimal am Tag was gebraucht, morgens, mittags und abends, beinahe so wie mit dem Essen, weißte.« Sie grinst mit finsterer Miene. »Das körperliche Ding beim Gebrauchen ist so was von Scheiße. Du kannst nichts mehr essen, weil das Essen, das stinkt! Du riechst so überstark, dass ein Brot – das riecht wie Pappe, das stinkt wie Pappe, und das schmeckt wie Pappe, auch wenn es gerade warm aus dem Ofen kommt. Du kannst nichts essen, nichts trinken, gar nichts. Also machst du natürlich weiter. Logisch. Weil du es einfach nicht schaffst, mal zwei Wochen lang täglich so was mitzumachen. Darum schaffen es auch die meisten Leute nicht, denn wer macht das zwei Wochen lang mit? Dann die Gliederschmerzen, die du hast. Und bei mir war es ja extrem, weil ich so viel gebraucht habe am Anfang. Am Schluss, als ich in Europa war, habe ich nicht mehr so viel gebraucht. Und da gibt's nur eine Möglichkeit: einen sogenannten kalten Turkey, wo du dich wirklich jeden Tag bescheißt und bekotzt, vierzehn Tage lang.«

## 30

Als der Dealer begann, mit unflätigen Worten von meiner Tochter zu sprechen, und mich höhnisch aufforderte zu verschwinden, schließlich sei es nicht sein Problem, wenn ich es nicht schaffe, mein Baby von der Straße fernzuhalten, ging ich auf ihn los. Es war ein Sommernachmittag, mitten auf dem belebten Linzer Hauptplatz. Fuzzy hieß der junge Mann. Sie treffe ihn halt ab und zu, hatte uns Tamara erzählt, aber ihr richtiger Freund sei er nicht. Damals war sie längere Zeit in einschlägigen Kreisen unterwegs. Doch selbst hat sie kaum Drogen konsumiert. Aus Angst vor dem damit einhergehenden Kontrollverlust, so begründet sie dies heute. Und wahrscheinlich auch aus der irrationalen Angst heraus, von ihrer Mutter, die während der Schwangerschaft Heroin in hohen Dosen spritzte, so was wie eine physische Veranlagung zur Abhängigkeit vererbt bekommen zu haben, die mit absoluter Unausweichlichkeit ausbrechen würde, wenn sie harten Stoff nur einmal anrührte. Aber das sagte sie nicht.

Christiane und ich kannten Fuzzy, aber nur vom Sehen, wir wussten, dass er ein stadtbekannter Kleinhändler war. Jetzt war sie wieder einmal schon den zweiten oder dritten Tag verschwunden. Aus der Szene, in der wir uns notgedrungen öfter und öfter bewegten, hatten wir vage Hinweise bekommen, dass sie sich mit Fuzzy herumtreibe, dessen Revier die Innenstadt sei.

Vom Auto aus hatte ich ihn bei der Straßenbahnhaltestelle lungern gesehen, hatte den Wagen einfach auf der Fahrbahn stehen lassen und war zu ihm gerannt und hatte ihn angeschrien. Ob er wisse, dass sie noch keine fünfzehn Jahre alt sei, und dass er sich strafbar mache. Mit aufreizender Lässigkeit ignorierte er mich zuerst, dann begann er zu grinsen, schließlich wurde er ärgerlich. Wahrscheinlich störte ich mit meinem Gebrüll seine Geschäfte. Und dann reichte es mir. Ich ging auf ihn los, ich wollte nur noch zuschlagen, all die Scheiße und den Frust und die Angst wegprügeln. Es kam zu keinem wirklichen Kampf. Einer von den Wartenden an der Haltestelle musste die Polizei angerufen haben, oder einer von den Autofahrern, die dauernd hupten wegen meines Wagens, der den Verkehr blockierte. Zwei Polizisten sprangen aus einem Streifenwagen und trennten uns. Sie kontrollierten seine und meine Papiere, dann nahmen sie ihn mit. Wegen meiner Tochter könnten sie mir nicht helfen, sagten sie, der Herr sei wegen Drogendelikten amtsbekannt, aber was mein Anliegen betreffe, sei ohnehin eine Abgängigkeitsanzeige anhängig.

Danach hockte ich im Auto und zitterte dermaßen, dass ich eine Weile nicht fahren konnte. Das bin nicht ich, hämmerte es in meinem Kopf, das bin nicht ich. Ich bin ein bürgerlicher Journalist bei einer konservativen Tageszeitung, mit Reihenhäuschen in der Vorortsiedlung. Ich bin kein Soziopath, der am helllichten Tag auf dem belebtesten Platz der Landeshauptstadt mit Drogendealern rauft. Am selben Abend saß ich, berufsbedingt mit Anzug und Krawatte, bei irgendeiner noblen Veranstaltung und lauschte den wohlformulierten Vorträgen und Debatten gutsituierter Menschen. Und stellte fest, dass ich deplaziert war, dass ich hier nicht hergehörte. Ich hatte eine Grenze überschritten und sah, dass es nicht möglich war, wieder hinter diese Grenze zurückzugehen und so zu tun, als ob nichts gewesen wäre. Tamara hatte mich dazu gebracht, über Grenzen zu gehen, das erste Mal, und sie tat es noch viele Male.

In dieser Jahre währenden Abfolge von Weglaufen und kleinkriminellen Verstrickungen und Abholungen von Polizeistationen und nächtlichen Suchaktionen in immer übler werdenden Lokalen, in dieser stetig wachsenden und bald auch deftig formulierten Ablehnung, die Tamara uns gegenüber zum Ausdruck brachte, im sich rapide häufenden Eingreifen von Behörden und Jugendpsychiatrie, erreichte ich eine endgültige Grenze. Die, als ich mir wünschte, sie möge verschwinden und nie wieder auftauchen, nachdem sie uns wieder einmal mit einem kühlen Grinsen zu verstehen gegeben hatte, dass sie nichts mehr mit uns zu tun haben wolle und es nicht mehr erwarten könne, volljährig zu werden, um endlich von uns befreit zu sein. Es ist die Grenze, jenseits der man hassen kann, was man liebt.

Heute weiß ich, dass Tamara damals getestet hat, wie viel sie jemandem zumuten kann, bis der sie verlässt. Wie ein Eisläufer auf dem Naturteich im Spätwinter vorsichtig jeden Quadratmeter abtastend untersucht, ob das Eis auch tragen wird. Sie wollte herausfinden, ob das stimmte, was sie fühlte. Dass niemand sie haben will, weil sie nicht in Ordnung ist. Sie hat uns geprüft, indem sie sich und ihr und unser Leben in eine immer größere Unordnung brachte; dabei beobachtete sie uns ganz genau, um die Schwelle wahrzunehmen, ab der wir sie nicht mehr würden haben wollen. Ich zumindest bin ein paarmal über diese Schwelle geraten.

## 31

Das Heimkommen von der Arbeit war Tag für Tag wie das Betreten eines Katastrophengebiets, wie bleischwerer grauer Schlamm klebte Bedrückung an allem. Einmal war diese Dumpfheit noch dichter als gewohnt, als sei alles nur noch mit kalter, kräfteraubender Anstrengung zusammenzuhalten. Starr und steif saß Christiane im Wohnzimmer, Tamara war zu Hause, aber aus ihrem Zimmer war anders als sonst keine laute Musik zu hören. Ihr Bruder blödelte überdreht in der ganzen Wohnung herum. Schweigend setzte ich mich vor den Fernseher. Es dauerte lange, bis Christiane es nicht mehr aushielt.

»Sie hat sich geritzt«, sagte sie.

Sie tat es eine Zeitlang intensiv, bald waren ihre Unterarme dicht an dicht überzogen von dem Strichmuster. Sie trug nur noch Blusen und Pullover mit langen Ärmeln. Ich habe sie nie blutend gesehen. Nur gelegentlich ein Blick im Vorbeihuschen auf einen bloßen Unterarm. Fahle weißliche Narben, manche frischer, mit einem Stich ins Rötliche, oder mit Resten von verkrustetem Blut. Jahre später haben wir einmal darüber gesprochen. Ich verstand nicht wirklich, was sie dazu getrieben hatte. Es sei, als ob einen etwas zerreiße, sagte sie, wenn man dann reinschneide, sei dieses Gefühl schlagartig verschwunden. »Der Druck ist weg«, sagte sie.

Sie benutzt es, um uns zu erpressen, dachte ich manchmal. Etwa in der Sturm- und Regen-Nacht, als *die Ratte* Steinchen an ihr Kinderzimmerfenster warf. Wir ließen ihn nicht herein, nicht einmal den Garten betreten. Er begann zu rufen, halblaute kleine Klagerufe, und immer wieder ihren Namen, wie Michael Furey in Gretta Conroys Garten in John Hustons Film nach Joyces »Die Toten«. »Er muss bei mir im Zimmer übernachten«, sagte Tamara, »er kommt doch um im Freien bei diesem Wetter.«

»Kommt nicht in Frage«, sagten wir, »du bist vierzehn.« Und ich schrie über die Gartenmauer hinüber, dass er verschwinden solle, ansonsten würde ich die Polizei rufen. Sein Rufen ging über in ein Wimmern. Tamara bettelte, schrie uns an, beschimpfte uns. Schließlich rannte sie hinaus in das Vorstadtgärtchen und zog sich aus. Nackt setzte sie sich in den Rasen, in der Kälte, im peitschenden Regen, und weinte, laut und hemmungslos. Sie hatte eine Schere mitgenommen, und als sie merkte, dass uns ihr Weinen nicht umstimmte, begann sie an ihren Unterarmen damit herumzukratzen. Drohte, sie würde sich umbringen, wenn wir ihren Freund nicht in ihrem Zimmer übernachten ließen. Und bei all dem Zorn, den ich spürte, und all dem Hass auf *die Ratte*, und bei dem Zittern vor Wut und ohnmächtiger Hilflosigkeit wegen der Situation, in die sie uns brachte, sah ich sie doch auch als das, was sie war. Ein unendlich verlassenes einsames Wesen, das sich gegen die Zumutungen seiner Existenz nur wehren konnte, indem es sich selbst verletzte. Das Ritzen war kein Druckmittel gegen ihre Adoptiveltern, es war ein Hilfsmittel gegen die Bedrängnis, in der sie sich befand.

»Na gut«, sagten wir, »er soll halt hereinkommen.« Sie sammelte ihre Kleider aus dem klatschnassen Gras und rannte zur Haustür. Das Ritzen war nur angedeutet gewesen, sie blutete nicht.

»Wie fühlt sich ein Vater, wenn die Tochter nackt im Garten steht?«, fragte mich Jahre später eine Schriftstellerkollegin. Ich konnte es ihr nicht sagen. Nein. Ich wollte es nicht sagen. Erst Jahre später, als ich der Kollegin vertraute, habe ich es einmal ausgesprochen. Scham. Nichts als Scham, Scham, Scham habe ich gefühlt, hundertmal stärker als Angst und Verzweiflung, ich schämte mich für die Tochter in ihrer Entblößtheit, ich schämte mich, weil sie nackt im Vorgarten die Desolatheit dieser Familie öffentlich machte. Und am meisten schäme ich mich dafür, dass ich die ganze Zeit dachte, hoffentlich bekommen das die Nachbarn nicht mit.

»Wenn sie dauernd wegrennt und mit den übelsten Leuten unterwegs ist und du kannst nichts tun als warten, tagelang – hast du da nie gedacht, dann soll sie halt verrecken?«, fragte die Kollegin.

»Ja«, sagte ich, »habe ich gedacht. Mehr als einmal.«

Am Tag vor der Abreise nach Belgien, vor dem gemeinsamen Besuch bei Patricia, habe ich Tamara gefragt, wie es ihr geht vor dieser Begegnung. Nicht gut, sagt sie, und fängt an, lange zu reden. Es ist wegen ihrem Mann, der jetzt schon seit Wochen in Kairo festsitzt und von der österreichischen Botschaft offenkundig regelmäßig abgewimmelt wird bei seinen Versuchen, sich ein Visum zu holen, für das er alle notwendigen Unterlagen vorweisen kann. Sie fühle sich wie früher, sagt sie, in der Zeit, als sie geritzt habe.

»Ich habe auch jetzt noch einen Hass auf alles«, sagt sie.

»Damals hast du eigentlich vor allem gegen dich selbst gewütet«, sage ich.

»Ja. Ich habe eh die ganze Zeit einen Hass auf alles.« Sie spricht mit kräftiger Stimme, druckvoll, was sie nur selten tut, seit sie erwachsen ist. »Ich reiß mir den Arsch auf für alle, und die Leute verarschen mich oder spielen mit mir. Das ist jetzt ja das Gleiche.«

»Meinst du diese Visum-Geschichte?«

»Ja. Und es hat den Effekt: Nachdem eine Zeitlang Ruhe war, kommt jetzt alles wieder hoch. Es ist wirklich so: Ich sitze da und es geht mir eigentlich halbwegs gut, und dann auf einmal bin ich voll müde, könnte auf der Stelle einschlafen. Innerlich bin ich aber voll aggressiv. Also ich habe mir schon oft gedacht, jetzt nehme ich den Sessel und werfe ihn durch die Scheiben! Ja. Vor lauter Wut.«

Sie bemerkt, wie ich hochschaue, zuerst zu den Glaswänden des Wintergartens, dann zu ihr, und lacht auf: »Aber ich tu es eh nicht.«

»Du solltest vielleicht irgendeinen Sport machen, wo du die Aggressionen abbauen kannst«, ist in meiner Hilflosigkeit das Einzige, das zu sagen mir einfällt.

»Nein. Denn wenn ich mich in Bewegung setzen könnte, dann würde ich zur Fremdenpolizei in Wien gehen und die dort alle schlagen. Es ist nicht nur Hass. Ich will denen was zu Fleiß tun. Weil die mir etwas zu Fleiß getan haben. Also ich bin schon sehr rachsüchtig. Das war ich immer schon. Ich kann alles tun für jemanden, aber wenn ich merke, derjenige verarscht mich oder verletzt mich, dann – am liebsten möchte ich dem das dreifach zurückzahlen. Aber ich tu es ja eh nicht. Ich stelle es mir halt oft vor, wie das wäre, wenn ich jetzt hinginge und denjenigen so zur Sau machte und ihn so zusammendreschen würde. Weil ich halt verzweifelt bin, weil ich nicht weiß, was ich machen soll.«

»Und hast du so ein Gefühl auch in Richtung deiner Mutter?«

»Gehabt, ja. Weil ich es nicht verstanden habe. Das Warum und Wieso. Warum sie mich weggegeben hat. Wie ich sie das erste Mal besucht habe, da habe ich gedacht, die freut sich vielleicht voll auf mich, und ich stehe dann blöd da mit meinem Hass. Und sie tut so, als ob nichts gewesen wäre. Dann habe ich gedacht, wenn sie nicht nett ist zu mir oder irgendeinen Scheiß erzählt, dann zahle ich es ihr heim! Das hat sie dann eh nicht, sie hat eh nett mit mir geredet, ja. Wahrscheinlich, weil sie selber Angst gehabt hat.«

Sie raucht viel, obwohl sie Halsschmerzen hat, und redet sich in Rage. »Daher sind die Aggressionen gekommen, ja, weil ich wollte sie kennenlernen, immer schon, und habe mich so hilflos gefühlt, weil ich nicht gewusst habe, wo soll ich überhaupt anfangen. Das war, bevor man sie gefunden hat. Da haben sich jahrelang die Aggressionen aufgebaut. Gegen sie, aber auch – gegen das Ungewisse, das hat mich verrückt gemacht. Ich habe mich zugleich nicht wirklich suchen getraut, weil ich habe gedacht, okay, wenn ich dann aber zu einem Grab hinfahren muss, ja – dann hat mir das auch nicht viel gebracht. Weil da hätte ich nie meine Antworten gekriegt. Wenn sie gesagt hätte, sie will keinen Kontakt, ja, das wäre zwar schlimm gewesen, aber ich hätte wenigstens einmal mit ihr geredet. Wenn sie gestorben gewesen wäre, dann hätte ich gedacht: Ja, okay, vielleicht hätte sie mich gemocht, vielleicht nicht – das wäre wieder so ungewiss gewesen. Es ist nicht klar. Und so fühle ich mich jetzt auch, wo ich sie morgen treffen werde.«

Als das Ritzen immer monströsere Ausmaße annahm, suchten wir Hilfe bei Ärzten und Psychiatern. Die nahmen unsere Tochter ein paarmal stationär auf, heilpädagogische Abteilung eines Kinderkrankenhauses, Jugendpsychiatrie einer Nervenheilanstalt. Nach zwei, drei Tagen haute sie ab, trieb sich ein paar Tage in der Stadt herum, bis wir sie fanden und zurückbrachten. Nach zwei Tagen war sie wieder weg, bis es den Ärzten reichte und sie sie hinauswarfen. Längst hatte sich das Jugendamt eingeschaltet, die Einladungen, die sich anhörten wie Vorladungen zu klärenden Gesprächen, Mediationsnachmittagen und Ähnlichem, häuften sich. Christiane legte sich mit einem Psychologen an, der massiv Medikamente einsetzen wollte. Bei späteren gerichtlichen Auseinandersetzungen mit Jugendämtern wurde Christianes Engagement von Gutachtern zu unserem Nachteil gewertet.

Paranoia machte sich breit. All die Ärzte und Psychiater und Sozialarbeiter bliesen sich in unserer Wahrnehmung auf zu Bedrohungen. Dauernd schwang etwas Diffuses, nicht Formuliertes mit, wenn wir mit diesen Leuten zu tun hatten. Irgendwie schienen sie alle *uns* für das Problem zu halten. Christiane reichte es schließlich, sie schlug die klebrig zähen Verknotungen zwischen uns und dem ganzen Jugendwohlfahrtssystem, die sich mehr und mehr wie Fesseln anfühlten, entzwei, indem sie handelte. Den letzten Anstoß gab ihre Mutter. Bei einem ihrer regelmäßigen Anrufe erzählte sie von einem auffallend hübschen blonden Mädchen, das sie in der Stadt gesehen hätte, die sei Tamara *wie aus dem Gesicht geschnitten.* Nur ein paar Jahre älter. Das wird jenes Kind von Patricia sein, das angeblich in Linz zur Welt gekommen ist, wusste Christiane, und sie wurde aktiv, um zu verhindern, dass Zufälle die Mädchen zusammenführten.

Es muss eine sehr seltsame Situation für die vierzehnjährige Tamara gewesen sein, noch heute kann sie nicht begreifen, warum ihr diese Sache von Christiane so verdreht beigebracht wurde. Mutter und Tochter waren mit dem Auto in der Stadt unterwegs, beim Einfahren in einen Straßentunnel an der Donau sagte Christiane aus heiterem Himmel: »Übrigens, du hast eine Schwester, und die wohnt wahrscheinlich in Linz.«

»Ich war baff«, erinnert sich Tamara, »und zugleich total happy. Eine Schwester haben. Das ist doch etwas.«

Eine Minute später, noch immer rollte der Wagen im Dämmerlicht des Tunnels, sagte Christiane: »Und du hast noch eine Schwester, die lebt in Holland.«

»Wieso hast du nicht gleich gesagt, dass ich zwei Schwestern habe?«, fragt Tamara dreizehn Jahre später.

»Weiß auch nicht«, sagt Christiane, »irgendwie habe ich gedacht, du verkraftest es leichter, wenn du sie einzeln präsentiert bekommst.«

Die Aufklärungsarbeit ging nun erst richtig los. Da gab es diese Großmutter, die in Linz lebte. Wir kannten ihre Adresse.

# 32

Aus Christianes Aufzeichnungen: »Mit klopfendem Herzen klingelte ich. Keine Antwort. Unschlüssig stand ich da. Da kam eine weißhaarige, alte Frau langsam die Straße entlang. Ich wusste vom ersten Blick an, dass *sie* es war. Körperliche Ähnlichkeiten konnte ich keine sehen, es war ein Gefühl. Ich sprach sie an. Erna R. war ziemlich sprachlos. Aber sie nahm mich gleich mit in ihre Wohnung. Mit einem seltsamen Gefühl ging ich weg nach dem ersten Gespräch mit der leiblichen Großmutter meiner Adoptivtochter. Ich fühlte mich wie ein Eindringling in eine fremde Welt. Trotzdem, dachte ich. Sie geht auch mich etwas an, diese Welt. Ich bin mit ihr verbunden und verwoben.«

Tage später standen Tamara und Christiane auf dem Gehsteig in der Nähe eines Restaurants an jener Kreuzung am Rande der Linzer Innenstadt, die damals noch ein riesiger Kreisverkehr war, heute ist es der Standort des neuen Musiktheaters. Sie warteten auf Erna. »So viele alte Frauen habe ich noch nie in meinem Leben innerhalb von ein paar Minuten gesehen«, erzählt Tamara heute mit einem Lachen. Sie praktizierten so was wie ein Spiel, initiiert von Christiane, oder doch von Tamara, da gehen die Erinnerungen der beiden auseinander. Tamara sah sich um und nahm alle Frauen im Oma-Alter in Augenschein, die sich in ihre Richtung bewegten. Dutzende Frauen musterte sie, war sich bei den meisten sofort sicher, dass sie es nicht sein könnten. Dann kam eine kleine schlanke Dame in sehr korrekter Kleidung auf sie zu. »Ich habe es gleich gewusst«, sagt Tamara. »Das ist sie!«

Dann saßen Tochter, Adoptivmutter und leibliche Großmutter eine Stunde oder zwei im Restaurant und redeten.

Ob sie nervös war, das weiß Tamara nicht mehr, und auch nicht, wie Erna auf sie gewirkt hat und was sie erzählt hat. »Diese Geschichten von Patricia, die du eh kennst, wird sie halt gebracht haben«, sagt sie, »weißt eh, dass sie verschwunden ist am Tag nach meiner Geburt und dass sie irgendwo in Asien ist oder Amsterdam.« Trotzdem nennt Tamara die zwei Stunden, die ersten in leibhaftiger Nähe zur Großmutter, heute noch ein beglückendes Ereignis. Weil Erna irgendwann in ihrem Dahinmurmeln wie nebenbei sagte, dass eine Schwester Tamaras, Iris heiße sie übrigens, nach einiger Zeit auf dem Land und im Ausland nun wieder in Linz wohne. Die Oma gab der Enkelin Adresse und Telefonnummer der Schwester. Und dann holte Erna etwas aus ihrer Handtasche und steckte es Tamara zu. Ein Foto. Wie das war, zum ersten Mal zu sehen, wie die eigene Mutter ausschaut, frage ich Tamara. Sie sagt, sie könne sich nicht erinnern.

Als Nächstes die allererste Begegnung mit der Schwester. »Ja, ich wollte sie gleich treffen«, sagt Tamara.

»Warum?«

»Hm. Gute Frage. Weil ich gedacht habe, he, super, ich habe ja einen Adoptivbruder, aber super: eine ältere Schwester! Ich wollte wissen, wie sie aussieht, weil jeder hat gesagt, die schaut dir so ähnlich. Von meiner Mama habe ich ja nur ein Foto gehabt, und die Oma ist doch älter, da kann man sich das ja nicht so gut vorstellen. Mit dem Alter verfällt ja doch das Gesicht – es schrumpelt halt zusammen. Ich war so froh und habe gedacht, wenn ich die eine Schwester nicht kennenlernen kann, weil keiner weiß, wo sie ist und wie sie jetzt heißt – okay, aber zur anderen hätte ich jetzt einen Zugang. Das war mir wichtig, ich habe gedacht, da ist jetzt ein Teil von meinem – äh – von meinen Blutsverwandten –, es ist wie bei einem Puzzle. Jetzt kommt wieder das nächste Puzzleteil dazu.«

Absurd, grotesk, schräg, vollkommen daneben – Tamara findet nicht wirklich Worte, die erläutern könnten, wie sich der erste Besuch bei Iris angefühlt hat. Iris lebte mit siebzehn Jahren gerade noch in der Wohnung ihres Vaters im Südwesten von Linz. Erna war mitgekommen, und Tamaras Adoptiveltern, also wir. Eine blonde Frau hatte auf unser Läuten hin die Wohnungstür geöffnet, uns hineingebeten. Auf der Couch saß ein Mann, Josef, Patricias Exmann, sehr distanziert und gelangweilt von der ganzen Angelegenheit, machte nicht einmal einen der Höflichkeit geschuldeten Versuch zu verbergen, dass er nur mit Mühe die Zumutung unserer Anwesenheit über sich ergehen ließ. Iris war gar nicht da. Die meiste Zeit unterhielten sich Christiane und die blonde Frau, offensichtlich Josefs Lebensgefährtin, ich wechselte ein paar Worte über Belanglosigkeiten mit ihm, Erna und Tamara hockten auf ihren Stühlen und schwiegen.

»Na ja«, sagt Tamara heute, »der Josef hat mich eigentlich sehr offen aufgenommen. Aber irgendwie war er komisch, ich weiß nicht, wie, er hat so eine komische Art gehabt, so ein bisserl falsch, irgendwie. Ganz eigen. Aber er war ganz nett. Dann haben wir ja so lange warten müssen, bis die Iris überhaupt daherkommt. Die war fort in der Nacht und ist nicht heimgekommen. Die war ja ganz besoffen. Also, als sie heimgekommen ist, war sie eh schon fast nüchtern, aber sie war halt noch sehr überdreht. Da haben wir sehr lange gewartet.«

Es war nur noch peinlich gewesen. Das oberflächliche Plaudern war schnell abgehakt. Über anderes, über das Weggeben und das Adoptieren von Kindern etwa oder über die leibliche Mutter der beiden Mädchen würden Erna, Josef und seine blonde Partnerin nicht mit sich reden lassen, das war schnell klar. Als Iris endlich in die Wohnung platzte, derangiert nach einer offensichtlich durchfeierten Nacht, war es eine Erleichterung. Aber nur kurz, denn sie ließ sich gerade noch zu einer kurzen Begrüßung herab, dann verschwand sie hinter einer der vielen Türen.

Tamara lacht. »Es war witzig«, sagt sie, »Iris ist hereingekommen, hat Hallo gesagt und ist abgehauen in ihr Zimmer, so auf die Art – das interessiert mich jetzt nicht. Oder: Ich kenne mich jetzt noch nicht aus, weil ich noch so angesoffen bin, oder so verkatert. Ich bin dann zu ihr aufs Zimmer gegangen, und ihr seid im Wohnzimmer geblieben.« Mit Tamara redete Iris. Sie erzählte ihr von ihrem aktuellen Freund, und dass sie sehr oft ausgehe. Dann sprach sie über die Blondine, »es ist irgendeine Freundin von meinem Vater«, sagte Iris, »ich mag seine ganzen Freundinnen nicht«.

Tamara gefällt das, noch heute spürt man die Bewunderung für die ältere Schwester. Dass sie es immer schaffe, die Frauen hinauszuekeln, die Josef anschleppe, hatte Iris erzählt, und wie sie das mache: »Ich bin so grausam zu denen, dass sie irgendwann sagen, ich habe die Schnauze voll und gehe jetzt!«

»Ihr habt euch da gleich gut verstanden in Iris' Zimmer?«

»Schon. Wir haben uns gegenseitig angeschaut und gesagt: Der Mund ist eher gleich, und wenn wir lachen, die Grübchen da auf der Seite. Auch die Augen sind gleich, nur dass die von Iris blau sind. Ich bin die Einzige mit braunen Augen. Aber lange haben wir nicht geredet, weil sie wollte dann ihre Ruhe haben, sie war müde. Wir haben ausgemacht, dass wir uns wiedersehen, und ich glaube, wir haben die Handynummern ausgetauscht.«

»Habt ihr viel über Patricia geredet?«

»Ja, Iris hat sie doch eine Zeitlang noch gekannt, als sie klein war, und sie hat sich auch erinnern können, teilweise zumindest. Sie war ja fünf Jahre alt, vier, fünf Jahre, als Patricia verschwunden ist. Aber so genau konnte sie sich nicht erinnern. Das meiste war aus den Erzählungen von ihrem Vater, und von den Fotos, da gibt es ja Bilder von Iris mit der Patricia, wo die Iris schon ein bisschen größer ist, nicht nur ein Baby.«

»Habt ihr auch geschimpft über die Patricia?«

»Also die Iris hat eigentlich nur gesagt, sie würde sie gerne kennenlernen. Und dass sie schon auch angefressen ist, weil sie weg ist, und weil sie sie alleine gelassen hat. Sie war eher enttäuscht als angefressen. Aber wirklich interessiert hat sie das in der Zeit nicht. Da war sie nur aufs Saufen aus und auf Fortgehen und So-viele-Männer-wie-möglich-Haben.« Nach einer langen Pause spricht Tamara weiter: »So oft haben wir auch nicht über die Patricia geredet. Mit der Tania habe ich viel mehr über sie geredet, das war später, da war ich schon erwachsen. Mit der Iris, da hast du halt einmal darüber geredet, und die Fotos angeschaut, und die Geschichte war vorbei. Ja.«

## 33

Über die *wilden Zeiten*, die selbstzerstörerischen Pubertätsjahre der drei von der Mutter verlassenen Mädchen, gibt es nur von Tamara etwas zu erzählen. Die beiden anderen schweigen sich darüber aus, machen bestenfalls kurze Andeutungen. Es sei ja schon so ein bisschen wie bei Patricia gewesen, komischerweise, sagen Tania und Iris jeweils von sich, und staunen jede für sich über die seltsame Übereinstimmung, wo sie doch jene zwei Schwestern sind, die sich in ihrem ganzen Leben noch nie begegnet sind. Und schweigen schon wieder.

Von Tania gibt es bloß Andeutungen, und mehr kommt auch nicht von ihren Adoptiveltern Joke und Dirk. »Tania und ihr Bruder waren sehr schwierig in der Pubertät«, sagt Joke, »sehr schwierig, ja. Aber jetzt ist alles gut.« Sie sagt es recht leise, man merkt, dass sie dazu nicht mehr sagen will.

Dirk: »Sie sind zwei vollkommen verschiedene Kinder. Komplett verschieden. Naturgemäß ja irgendwie.«

Joke: »Aber es ist alles gut ausgegangen.«

Dirk: »Der Junge ist ein richtiger Amsterdamer, ein Großstadt-Typ. Tania nicht. Tania ist mehr wie ein Kind vom Land, kein Stadtkind.«

Dass Tania als junges Mädchen immer wieder an falsche Männer geraten und schließlich auch ungeplant und viel zu jung schwanger geworden sei, deuten sie an. Das relativiert Tania gleich, immerhin sei sie schon beinahe zwanzig gewesen, als ihr Sohn geboren wurde: »Es ist vielleicht ein Vorteil, wenn man eine junge Mutter ist. Weil es nicht so lange her ist, dass man in derselben Position war. Und zwanzig ist ja nicht ganz so jung wie sechzehn, wenn du schon einen Job hast, eine Wohnung, einen guten Mann. Ich stell mir vor, wenn du fünfzehn bist oder sechzehn, ist das etwas anderes, aber zwanzig ist okay.«

Sie lacht und lenkt vom Thema ab, indem sie erzählt, was für ein Bild von ihrer leiblichen Mutter sie als Teenager gehabt hat: »Wir haben diesen Scherz gehabt, eine Art Running Gag. Weil wenn wir hier an Menschen in Österreich denken, haben wir diese Vorstellung, und ich sah beim Gedanken an Patricia eine Frau in –«, sie bricht ab und denkt kurz nach, dann sagt sie den Satz in einer Mischung aus Englisch und Deutsch: »A woman with Lederhose.« Tamara kichert, Tania lacht und schreit: »And the haircut like rolls!« Eine Frisur wie Semmeln. Jetzt brüllen sie beide vor Lachen, »wie Prinzessin Lea in *Star Wars*«, ruft Tamara, »genau, genau«, prustet Tania, es dauert lange, bis sie sich beruhigen.

»Mein Bild von ihr war typisch österreichisch«, fährt Tania fort, »ich habe gedacht, sie sieht wahrscheinlich so aus, und da gab es oft kleine Scherzchen. Freunde haben mich aufgezogen, haben zu mir gesagt, du musst dir so ein österreichisches Gewand kaufen. Es war in meinem Kopf, verstehst du. So wie ihr an Windmühlen denkt, und Tulpen und Grachten, wenn ihr an Holland denkt.« Plötzlich hört sie zu lächeln auf und wird sehr ernst, sagt schließlich leise: »Ich habc kcin Bild von ihr gehabt. Nein.«

Ich habe auch Iris gefragt, ob sie ähnlich wild drauf war wie Tamara als Teenager, und sie hat ausweichend geantwortet. Schon irgendwie, meinte sie, mit dem Schulabbrechen und dem ständigen Abhauen, das sei wohl ähnlich gelaufen. Doch umgehend gerät sie in die Position der älteren Schwester, die sich über die jüngere beschwert: »Mich hat es damals ein wenig aufgeregt mit der Tamara, wie wir zusammen waren, weil da hat sie angefangen mit ein paar so Burschen. Da sind wir fortgegangen, und in meiner alten Wohnung, da haben sie ein wenig zu viel getrunken gehabt, und das hat mich ein wenig aufgeregt von der Tamara, weil ich habe mir gedacht: Sie sucht ja allerweil eine Schwester, und dann gehen wir miteinander fort, und dann ist sie dauernd nur auf den Burschen fixiert. Na ja. Das kann man nicht ändern. Ich meine, ich wünsche ihr alles Gute, weil sonst ist die Tamara ja eh in Ordnung.«

Iris kommt wieder zum Thema, es ist eine wirre Geschichte, Zwischenfragen ignoriert sie, mir wird nicht klar, ob sie von der Zeit ihrer Pubertät spricht oder von einer Lebensphase ein paar Jahre später, als sie ihren Sohn geboren hatte und anscheinend in eine schwere psychische Krise geraten war. »Ich war selbst auch einmal kurz in so einer Plattform«, sagt sie, antwortet nicht auf die Frage, ob sie da eine von diesen Betreuungseinrichtungen für Jugendliche meint, »das war in Linz. Da war ich ein Jahr drinnen, bis ich halt was Eigenes gefunden habe, die Wohnung dann, weißt eh. Ja, so war das halt. Das war eine Wohngemeinschaft, aber jeder hat ein eigenes Zimmer gehabt. Wenn du aufstehst, da musst du auch was erledigen, einkaufen gehen in der Früh, und ein wenig was niederschreiben. Was man sich vorstellt in der Zukunft.«

Wochen später frage ich Tamara, ob sie Näheres weiß über dieses Betreuungsjahr von Iris, sie kann mir nicht helfen. Als sie Iris kennenlernte, lebte die bei Vater Josef und dann gleich in der eigenen Wohnung. »Das hat ihr Vater gezahlt, die Miete hat nicht sie gezahlt, sondern ihr Vater hat ihr das alles finanziert. Und die Erna hat Iris' Wohnung geputzt. Sie hat manchmal schon selber geputzt, aber wenn sie keine Lust gehabt hat oder angesoffen war, dann hat sie die Oma angerufen und gesagt: He, komm vorbei, putzen!«

Dann sagt Tamara, dass ihre Linzer Halbschwester viel getrunken habe damals, und Drogenerfahrungen hatte sie offensichtlich auch: »Iris hat mir einmal erzählt, da waren wir in der Altstadt unterwegs, dass sie irgendwann einmal irgendeinen Trip genommen hat, und sie dann nie wieder wirklich heruntergekommen ist von dem Trip. Also, sie hat schon Drogen auch genommen.«

Beim Gespräch in ihrer vergammelten Wohnung schweift Iris gleich wieder ab von sich selbst und ihrer Vergangenheit, unversehens wird aus dem Erzählen einer verdrehten und nicht nachvollziehbaren Geschichte ein Reden über die Mutter. Iris steht unverändert da und wippt dauernd von einem Fuß auf den anderen, aber ihr eintöniges Vor-sich-hin-Sprechen verändert sich, bekommt den Tonfall einer zögerlichen hilflosen Beschwerde: »Meine Großmutter, die Erna, war so angefressen«, flüstert sie, »sie hat immer so komisch getan, wenn ich gefragt habe, wo denn die Patricia ist. Dann hat sie gesagt: Nein, die ist nicht da, die ist da gewesen, aber sie ist gleich wieder weg, und lauter so Sachen. Ich weiß nicht, warum sie weg ist, vielleicht wegen der Drogen. Na ja. Oder wegen ihrer anderen Kinder, ich weiß es auch nicht genau.« Dann schaut sie mich fragend an und sagt ein Wort in breitem oberösterreichischen Dialekt, es klingt genau so, wie ich es ein paar Wochen zuvor in Belgien aus dem Mund ihrer Mutter gehört habe: »Gelt?«

## 34

In den Monaten, während der Tamara eine Weile wieder in unserem Haus in der Nähe von Linz gewohnt hat, weil ihr Ehemann in Kairo immer wieder mit seinem Visum-Ansuchen von bösartig grinsenden österreichischen Botschaftsangehörigen weggeschickt wurde, läutete eines Nachmittags ihr Handy. Sie verzog sich in ein anderes Zimmer, kam gleich wieder heraus, mit weit aufgerissenen Augen, ihr Blick wie der einer unbekannten, mit wahnwitziger Energie aufgeladenen Lebensform aus fremden Galaxien. Sie warf das Handy auf die Couch, stellte die Beine breit, hob beide Arme hoch, ballte die Fäuste. Und schrie. Einen unglaublichen Schrei presste sie aus sich heraus, ein Geheul aus Schichten des Menschseins, die den wenigsten zugänglich sind.

Ein Jahrzehnt zuvor hatte ich sie einmal so schreien gehört, in unserem Vorstadtgärtchen, als sie nackt im Regen gesessen war. Damals war es das Aufbrüllen von jemandem gewesen, der immerzu und überall an Grenzen gestoßen war und nun keinen Ausweg mehr wusste. Als auch das Aufschlitzen der Haut an ihren Unterarmen nicht mehr half, da hatte sie sich hingesetzt und den Mund aufgerissen und ein Brüllen herausgelassen, ein Heulen, wie ein Raubtier in der Falle, in dessen Herz und Hirn gerade die Erkenntnis einsickert, dass es kein Entrinnen geben wird.

Meine Tochter hat Startbedingungen für ihr Leben vorgefunden, die kann man einfach nur als katastrophal bezeichnen. Aber sie kämpft sich durch, manchmal mit einem Mut und einer Risikobereitschaft, die die Grenzen zu Selbstbeschädigung und Selbstzerstörung überschreiten, aber sie kämpft, sie lässt sich nicht davon abbringen, zäh und permanent um das zu ringen, was ihr zusteht. Jetzt steht sie im Wohnzimmer mit einem irren Blick, und mit einer Energie, für die nicht nur dieser Raum oder dieses Haus, sondern alles zu klein ist. Und stößt einen Schrei aus, der all die Konzepte und Vorstellungen von Beengtheit und Regelwerk und Konvention pulverisiert, die unser genau genommen unbeeinflussbares und nicht steuerbares Treiben durchs Leben in vermeintlich sinnvolle und vernünftige Bahnen leiten sollen.

Es ist Glück.

Sie schreit vor Glück.

Ihr Mann hat das Visum erhalten, endlich. In spätestens einer Woche wird er da sein.

Diese gequälte Kreatur, die endlich einmal etwas Gutes

erlebt, dieser Mensch, dem von Anfang an nichts leichtgemacht wurde, der es sich selbst immer nur so hart wie möglich gemacht hat, der brüllt jetzt diese Tonnen von Schwere und Belastung raus. Sie heult vor lauter Glück, ja, aber Glück trifft es nicht ausreichend, es ist mehr, ist etwas Tieferes, das in eine beängstigende Dimension reicht. Es hat etwas Beschwörendes, als ob sie sich vergewissern müsste, und zwar so, dass es das ganze Universum hört, weil es damit erst Realität wird, dass sie endlich einmal das bekommen hat, was ihr zusteht.

Da ahnte ich zum ersten Mal, dass Tania, Iris und Tamara anders sind als Olga, Mascha und Irina, Tschechows drei Schwestern. Gegen diese drei Frauen aus Landsmeer, Linz und Wien mit ihren Kraftanstrengungen, ihrem zähen Ringen um einen Platz im Leben sieht das kraft- und saftlose, wie von Kautschuknetzen behinderte Herumgetue von Tschechows Personal dumm und lächerlich aus. Tania, Iris und Tamara dagegen sind eine Bedrohung. Weil wir, so wie Tschechows Schwestern, glauben wollen, dass Glück im Prinzip möglich ist. Wenn wir nur in Moskau wären, dann würde alles anders, besser, gut. Wenn wir den drei Halbschwestern von heute zusehen bei ihren Bemühungen, aus ihren Leben geglückte Leben zu machen trotz der widrigen Startbedingungen und ungünstigsten Voraussetzungen, dann gerät etwas ins Ungewisse, das gewiss sein sollte, und Sicheres sackt ab ins Unsichere.

Weil sich Angst regt, wenn man ihnen zusieht, denn sie stürzen sich auf die Umwelt wie ausgehungerte Zirkustiere über verrottete Fleischabfälle, die man ihnen in den Käfig wirft. Sie springen alles an, suchen alles zu packen, in den Griff zu kriegen, es so fest zu umschlingen, dass es endlich fest und sicher wird. Verlässlich. Dableibend. Nicht verschwindend. Da schleicht sich die Angst heran, dass diesen drei Frauen eine Lektion erteilt wird, die niemand will. Es ist jene Lektion, die Generationen von Theaterbesuchern nach dem Schlussvorhang von Tschechows Stück irritiert, diffus geängstigt und auf schwer greifbare Art ein klein wenig verstört hat: Die Erfüllung des Traumes der drei Schwestern vom Woanderssein würde nichts ändern. Olga, Mascha und Irina wären auch in Moskau nicht glücklich.

## 35

Und schon wieder ein Fußmarsch auf dem Autobahn-Pannenstreifen, diesmal nicht mit einem Mann, sondern in Begleitung von zwei Mädchen, eine so wie Tamara vierzehn Jahre alt, die andere erst zwölf. Obwohl noch schulpflichtig, hatte Tamara in einem Kaffeehaus im Linzer Stadtzentrum zu arbeiten begonnen, stundenweise, und ohne Anmeldung bei Sozialversicherung und Steuerbehörde. Der Job dauerte nur ein paar Tage. Dann kamen zwei Freundinnen ins Lokal, die drei Mädchen begannen zu trinken. »Ich fahre jetzt heim«, sagte Tamara irgendwann einmal, »mein Papa hat heute Geburtstag.«

»Ich gehe nicht heim«, sagte die ältere Freundin, »meine Mutter hat mich schon wieder geschlagen. Ich haue jetzt ab. Ich will das alles nicht mehr.«

»Du bist noch nie abgerissen von daheim, du weißt ja gar nicht, wie das wirklich ist«, sagte Tamara. Redete eine Stunde lang auf die andere ein, ohne Erfolg. »Okay«, sagte Tamara schließlich, »du bist meine beste Freundin, also reiße ich mit dir ab, weil du kennst dich nicht aus. Ich weiß, wo wir hingehen können.«

Sie rief einen Freund an, einen jungen Türken, der in einer kleinen Stadt im Mühlviertel lebte. »Bitte hilf uns, wir wissen nicht, wo wir schlafen sollen«, sagte sie. Und hörte zum ersten Mal von diesem coolen Typen mit dem aufgemotzten Auto, dass er noch bei den Eltern wohnte, also ginge es bei ihm leider nicht. Aber er holte das Trio trotzdem ab und fuhr es in die Mühlviertler Kleinstadt. Dort hockten sie dann bis in die Nacht hinein in einem türkischen Café.

Sie wird heute noch wütend auf den jungen Türken, wenn sie die Geschichte erzählt: »Dann hat er uns so einem alten Türken mitgegeben. Bei dem könnt ihr schlafen. Ich: Bist du sicher, dass der nicht irgendwie komisch ist? Nein, nein, das ist kein Problem! Dann sind wir in einen Raum hineingegangen, da sind zwei Betten gestanden, habe ich gesagt, na super, und der schläft jetzt auch da? Und wie schlafen wir jetzt? Zu dritt in einem Einzelbett?« Die vierzehnjährige Freundin meinte, sie würde sich zu dem Alten legen, sie habe keine Angst. Sie schlüpfte unter die Decke, und Tamara kroch mit der Zwölfjährigen in das andere Bett.

Tamara: »Auf einmal hat der Alte angefangen, dass er meine Freundin belästigt. Es hat sehr gestunken in dem Raum, nach alten Leuten, es war sehr kalt drinnen, es war einfach nur grauslich. Dann habe ich gesagt zu der, komm, leg dich herüber zu uns, und ich lege mich jetzt zu dem Typen, und wenn er deppert wird, haue ich ihm eine rein. Auf jeden Fall hat er versucht, dass er mich angreift, und ich habe weiß nicht wie oft hingeschlagen auf den Typen, weil mir war das wurscht, ich habe keine Angst gehabt vor ihm, obwohl er viel stärker gewesen ist. Aber ich habe mich eigentlich sicher gefühlt, weil wir waren zu dritt. Irgendwann bin ich eingeschlafen, und der Typ ist dann auch eingeschlafen.«

Am nächsten Tag beendete sie drastisch und lautstark die Freundschaft mit dem jungen Türken. Das Ausreißer-Trio kehrte nach Linz zurück, verbrachte den halben Tag in dem Kaffeehaus im Stadtzentrum. Der Pächter meinte, er kenne da schon jemanden, wo sie schlafen könnten, im Keller eines anderen Kaffeehauses, draußen beim Autobahnzubringer. Tamara: »Das waren Bosnier oder so. Da haben wir im Keller geschlafen. Das waren junge Typen, die waren auch ein bisschen aufdringlich, aber nicht so extrem. Am nächsten Tag habe ich gesagt: So, und jetzt gehen wir nach Holland! Wir haben dann angefangen, dass wir auf der Autobahn zu Fuß gehen. Bis uns die Polizei geschnappt hat, gefragt hat, ja, wo wollt ihr denn hin!?«

Damals war unsere Tochter zum zweiten Mal Gegenstand der Berichterstattung lokaler Medien. Im Regionalfernsehen brachten sie Fotos und die vollen Namen ihrer Begleiterinnen, der Beitrag war aufgezogen wie eine superhektische Suchaktion nach zwei Kindern, die möglicherweise Opfer einer Entführung geworden waren. Von Tamara wurde nur der Vorname gebracht, vom Familiennamen nur der Anfangsbuchstabe, kein Bild. Sie kam in der medialen Darstellung rüber als diejenige, die die beiden armen Hascherl irgendwie entführt hat, oder zumindest überredet hat zu einem Leben auf der Straße. Wahrscheinlich haben das die Polizeibehörden, die da schon einen dicken Akt über Tamara hatten, den Medien in dieser Form übermittelt.

»Ihr habt das Autostoppen gar nicht versucht?«, frage ich.

»Nein«, sagt Tamara, »wir wollten zu Fuß zu einer Raststation gehen und dort was zum Mitfahren checken. Irgendwer, der uns zu Fuß auf der Autobahn gesehen hat, hat wahrscheinlich die Polizei angerufen, wir waren da erst vielleicht fünf Minuten auf der Autobahn. Die Polizei ist gekommen mit einem großen Auto, so ein Bus, wo du dich hineinsetzen kannst zu einem Tisch drinnen. Der eine Polizist hat gemeint, ich soll die Zigarette rauswerfen. Ich habe gesagt, ich hau die Zigarette weg, wenn ich fertig bin, ist das klar! Hat er gesagt: Ja, wie alt sind wir denn? Hab ich gesagt, vierzehn, hat er gesagt, ja, Sie dürfen gar nicht rauchen, erst mit sechzehn. Ist mir wurscht, was Sie da sagen!«

»Wieso wolltet ihr nach Holland?«, frage ich.

»Weil ich gesagt habe zu den zwei anderen, ja, ich will zu meiner leiblichen Mama.«

»Hast du gedacht, die findest du dort auf der Straße, die erkennst du gleich?«

Tamara lacht. »Ich weiß nicht. Ich war vierzehn, dumm, irgendwelche blöden Ideen haben wir da gehabt. Und dabei haben wir aber immer gedacht, wir sind so intelligent. Mit vierzehn checkst du das nicht wirklich, du glaubst, du bist so gescheit und du weißt alles, aber im Endeffekt weißt du *nichts*! Ja. Oder eben – wenig.«

## 36

Im Schnelldurchlauf rasen die Jahre vorbei, im Rückblick sich verdichtend zu einem immer heftiger rotierenden Strudel von Kummer, Katastrophen, zermürbender Resignation, blinder Wut und sprachloser Verzweiflung. Der Strudel kreiste und zog alles in sein Zentrum und drückte es nach unten, und zugleich flog alles auseinander, dieses kleine fragile Gebilde aus Adoptivmutter und Adoptivvater und Adoptivtochter und Adoptivsohn ließ sich nicht mehr zusammenhalten, stob auseinander, nur Fetzen blieben, Fragmente, alles nur noch eine Karikatur dessen, was man eine Familie nennt.

Ein Weihnachtsabend zu Hause, plötzlich klingelte es, zwei Polizisten standen draußen, es gehe um ein paar Fragen an die Tochter, sagten sie, betraten ungeniert das festlich geschmückte Wohnzimmer und setzten sich an den bereits gedeckten Tisch, kramten umständlich ihr Zeug hervor und befragten Tamara. Es drehte sich um einen ihrer Freunde, Afrikaner, dessen Papiere nicht in Ordnung waren. Wir alle, auch Erna, die wir eingeladen hatten, damit sie den Heiligen Abend mit ihrer Enkelin verbringen konnte, taten so, als geschehe da nichts Ungewöhnliches. Als sei es ganz normal, dass am 24. Dezember nachmittags zwei Polizisten im Wohnzimmer sitzen und eine formelle Befragung vornehmen, es war den Beamten nicht peinlich, sie schienen es zu genießen, die Macht zu haben, jederzeit und überall in die privatesten Bereiche einer Untertanen-Familie eindringen zu können. Erna hockte wie ein in den Regen gekommenes mageres Huhn auf dem Stuhl und brabbelte vor sich hin. Erna war öfter zu Besuch und verstörte uns mit ihrem seltsamen schweigenden Herumsitzen, genau genommen schwieg sie nicht, sie sagte bloß kein einziges verständliches Wort, aber man hörte sie die ganze Zeit, ein ständiges, an niemanden gerichtetes Summen und Flüstern, wie ein kaum zu hörendes Selbstgespräch.

Ein absurder Strafprozess gegen einen fünfzehn Jahre älteren Mann, der die Lage der minderjährigen Ausreißerin ausgenutzt hatte. Sein sexueller Übergriff blieb ungesühnt und unbestraft. Aber Tamara handelte sich eine Strafanzeige ein, weil sie den Mund nicht hielt und sich von der autoritären Richterin nicht einschüchtern ließ und mit derben Worten deren nicht nachvollziehbare verständnisvolle Milde für den Angeklagten kommentierte.

Von überall haute sie ab, aus Krankenhäusern, aus Einrichtungen, aus Jugend-Wohngemeinschaften. Dann saßen Christiane und ich in den Büros von Ärzten und Sozialarbeitern, gesenkten Hauptes, ließen die immer gleichen Tiraden über uns ergehen, versuchten den Eindruck zu verdrängen, dass diese Unterhaltungen zunehmend klangen wie Belehrungen und bald schon Vorwürfe an versagende Eltern.

Ein Lehrer an einer Integrationsschule im Nachbarort, die sie nach ernsten Drohungen von Jugendamt und Schulbehörde gelegentlich besuchte, überschritt alle Grenzen zu seiner verhaltensauffälligen Schülerin. Es dauerte lange, bis wir mitbekamen, dass dieser Mann ein Intensiv-Betreuungswochenende, dem wir zugestimmt hatten, allein mit Tamara verbracht hatte. Es folgten Schreiduelle, Beschwerden an seine Vorgesetzten, hysterische Anrufe der Ehefrau des Lehrers, die flehte, ihr zu sagen, wo ihr Mann sei, sie wisse genau, dass er mit Tamara zusammen sei. Die Meldungen bei Schuldirektion, Jugendamt und Behörden hatten für den Lehrer so gut wie keine Konsequenzen, erst Jahre später, als er einem anderen Mädchen seine ganze Aufmerksamkeit zuwandte, wurde er an eine Schule tief in der Provinz versetzt.

Unser Sohn, drei Jahre jünger als Tamara, entfernte sich von uns, zog sich in sich selbst zurück, ließ uns immer weniger teilnehmen an seinem Leben. Wir sahen es, es schmerzte, denn er hatte allen Grund, gekränkt zu sein, alles drehte sich nur noch um seine Schwester, die Aufmerksamkeit von uns Eltern war zu 150 Prozent nur auf sie gerichtet, für ihn blieb wenig, viel zu wenig. Zu wenig Zeit, zu wenig Zuwendung, zu wenig Nähe, Ruhe und Schutz. Wahrscheinlich hat er sie damals gehasst, denke ich, und glaube heute noch bei Familientreffen zu spüren, wie die beiden jedes Mal sofort in eine Art Konkurrenzkampf um unsere Aufmerksamkeit geraten.

Unsere Ehe drohte den permanenten Belastungsproben nicht standzuhalten. Ich vergrub mich in die Arbeit, nahm alle möglichen Termine an, um nur ja so oft und lange wie möglich woanders sein zu können. Dann saß ich in den Nächten in irgendwelchen Hotelzimmern vor dem Fernseher und schämte mich, weil ich Christiane allein ließ mit diesen Gewichten, die ein Mensch allein unmöglich stemmen kann.

Das Netz aus Nachbarn, Bekannten und Freunden zerbröselte, löste sich praktisch zur Gänze auf. Leute, mit denen wir regelmäßig Kaffee getrunken und Kuchen gegessen hatten, begannen uns zu meiden, Menschen, mit denen wir bei dörflichen Straßenfesten an einem Biertisch getrunken und gelacht hatten, gingen uns aus dem Weg, Nachbarn und Bekannte bemühten sich merklich, uns nicht zufällig zu treffen im Supermarkt und auf den Spazierwegen entlang der nahen Donau. Auf lange Sicht hatte all dies auch eine positive Seite. Nur ganz wenige Freunde wandten sich nicht ab, und die sind auch heute noch Freunde, obwohl wir mittlerweile in einem anderen Ort leben.

In der Mitte, im Zentrum dieses Wahnsinns Tamara, das süße Baby, das uns angelächelt hatte aus dem Kinderheimbettchen heraus. Immer noch war sie unser Kind, geliebtes Kind, auch wenn es immer schwerer wurde, sie zu lieben. Sie ging durch die Hölle, und wir hechelten hinterher, wütend manchmal, verzagt und mutlos meistens. Tagelang, manchmal wochenlang war sie weg. Sie weiß heute genau, was sie uns zugemutet hat. »Ich kann mich erinnern«, sagt sie leise, »in dieser Zeit, da bin ich heimgekommen zu euch, habe mich in die Badewanne gelegt, habe mich ausgeschlafen, und am nächsten Tag oder nach zwei Tagen war ich wieder weg. Und dann nach ein paar Tagen wieder dasselbe, ich bin gekommen zum Ausschlafen, oder es hat mich die Polizei heimgebracht.« Und wir waren froh, wenn sie zu Hause war. Waren dankbar für ein paar Stunden, in denen wir uns vormachen konnten, wir wären eine normale Familie mit den üblichen Teenager-Tochter-Problemen.

## 37

In den Köpfen ihrer Töchter, und in jenen von deren neuen Eltern, spukte Patricia in dieser schlimmen Zeit als ein Gespenst herum, eine Art bipolarer Inkubus, der die Seelen immer wieder heimsucht, meistens dann, wenn man ihn am wenigsten erwartet. Kaputt in Asien, zerstört von Drogen, vielleicht sogar ein modriger Zombie, weil schon lange tot, das war die eine Seite dieses Patricia-Dämons. Und zugleich nistete er sich im Bewusstsein ihrer Kinder ein als überdimensional großes Sehnsuchtswesen, noch mehr Qual bereitend, weil unerreichbar.

Tatsächlich aber führte Patricia während jener Jahre in Thailand ein kleines, beinahe normales bürgerliches Leben. »Ja«, sagt sie laut in ihrem Wohnwagen, »ich habe in Thailand total normal gelebt, genauso wie ich hier normal lebe.«

Das liest sich so in dem späteren der zwei Briefe, die sich in Ernas Unterlagen fanden: »Ich kenne meinen Freund nun fast ein halbes Jahr, und bitte mach dir keine Sorgen, ich bin in den besten Händen. Ich muss dir erzählen, er ist

Major (Polizei) und er ist Leibwächter vom Premierminister. Wahrscheinlich glaubst du jetzt, ich spinne. Es ist aber wahr, obwohl ich selber manchmal glaube, ich träume. Er ist hier in Thailand sehr beliebt. Er ist immer sehr beschäftigt, aber das macht mir nichts aus, denn er ist immer sehr, sehr lieb zu mir und immer kauft er mir etwas Schönes. Mutti, nie in meinem Leben hätte ich gedacht, dass ich einmal so viel Glück habe. Du kannst dir nicht vorstellen, welche Leute wir jetzt kennenlernen. Leute, die sehr, sehr reich sind. Den Sohn vom Minister kennen wir sehr gut und noch viele andere reiche Leute.

Mein Freund weiß, dass ich eine Tochter habe, und er hat gesagt, warum ich sie nicht hierherhole. Und hier zur Schule schicke. Denn die haben hier auch Schulen, wo Deutsch gesprochen wird. Ich sagte zu ihm, ich wüsste noch nicht, was ich mache. Mutti, ich mache jetzt Schluss, denn mein Freund ist gerade gekommen, und er hasst es wie die Pest, wenn wir von jemandem eingeladen sind zum Essen und ich brauche recht lange für mein Make-up und für meine Kleider.« Dann steht noch in dem Brief: »Mutti, ich hoffe, es geht dir gut. Ich hoffe, auch Iris ist wohlauf. Manchmal vermisse ich euch schon.« Diese Schlusssätze haben Tamara irritiert und nach mehrmaligem Lesen frustriert. Weil sie schon auf der Welt war, als dieses Schreiben verfasst wurde, aber mit keinem Wort vorkommt. Als hätte Patricia nur eine einzige Tochter, so liest sich das, als existierten Tania und sie, Tamara, gar nicht.

In dem Brief befinden sich ein paar Abbildungen dieses Freundes, keine Fotos, sondern aus Zeitungen ausgeschnittene Bilder. Zu sehen ist ein schlanker junger Mann, meist in Uniform. Auf einem der Bilder geht er schräg hinter einem sehr viel älteren ebenfalls uniformierten Mann. Mit

Kugelschreiber steht bei dem jungen Mann der Name von Patricias Freund, seitlich neben den Schuhen des Älteren ist das Wort *Minister* gekritzelt.

Patricia hatte in Thailand geheiratet. Sie lässt unklar, ob dieser Major, von dem sie ihrer Mutter vorschwärmte, ihr späterer Ehemann wurde. Falls er es nicht war, dann scheint sie durch ihn in die *besseren Kreise* Bangkoks gekommen zu sein und hat wahrscheinlich so ihren Gatten kennengelernt.

Ich habe sie gefragt, ob sie wegen des einfachen Zugangs zu Heroin so viele Jahre ihres Lebens in Thailand verbracht hat.

»Ja«, antwortet sie mit einem Lächeln, »weil ich es durch meinen Mann gekriegt habe. Der war Police Agent. Also Captain, der Chef von einer Polizeistation.«

»Und hat der –«

»Ach, das Heroin ist den Touristen abgenommen worden, und ich habe es dann gekriegt. Musste mir das gar nicht kaufen.«

»Dein Mann hat von deiner Sucht gewusst?«

»Der hat das gewusst, das habe ich ihm von Anfang an gesagt. Ich habe es jedem, den ich kenne, von Anfang an gesagt. Das war ein Thailänder, ja, ja. Nein, ich war da immer ehrlich.«

»Und wie lang warst du dort verheiratet?«

»Zehn Jahre.«

»Warum bist du dann doch wieder zurück nach Europa gegangen? Ist die Ehe auseinandergegangen?«

»Mein Mann ist tot.«

»Oh.«

»Ja.« Auf dem MP3-Mitschnitt wird es still, fast eine Minute lang. Dann sagt sie: »Darum bin ich zurück nach Europa. Aber das ist eine andere Geschichte.«

Tania und Tamara hat Patricia mehr von ihrem thailändischen Ehemann erzählt. Er sei ein hochrangiger Polizeioffizier gewesen, der habe sie auf Händen getragen, habe sie verwöhnt, habe ihr alle Unannehmlichkeiten aus dem Weg geräumt. Zum Ende dieses generösen Mannes haben Patricias Töchter aber auch nur bruchstückhafte Andeutungen gehört. Wie anscheinend in Thailand üblich, sei er in regelmäßigen, relativ kurzen Abständen in unterschiedliche Regionen des Landes versetzt worden. Im Zuge einer dieser Rotationen kam er wohl in einer von Drogenbossen kontrollierten Gegend zum Einsatz. Es gab bewaffnete Auseinandersetzungen, und Patricias Ehemann wurde bei einem Kampf gegen paramilitärische, von den Drogenbaronen finanzierte Banden erschossen.

Patricia merkt sofort, wie neugierig ich auf diese Geschichte anspringe. Sie durchschaut meine kleinen Tricks, sie zum Reden zu bringen, etwa indem ich ein paarmal bei Ereignissen, die Tamara betreffen, wie nebenbei nachfrage, etwa in der Art: »Was hast du eigentlich in Thailand gemacht in der Zeit, als Tamara ihre Troubles mit den Jugendbehörden hatte?«

»So bringst du mich nicht zum Reden«, grinst sie. Und zieht mich ein wenig auf, ihr sei klar, dass dies eine spannende Sache für einen Autor sei, sagt sie, aber sollte sie jemals die Geschichte ihres Drogen-Lebens in den verschiedenen Weltgegenden erzählen wollen, dann werde sie selber ein Buch schreiben.

## 38

»Schuldgefühle Ende nie«, schreibt Christiane in ihrem Rückblick auf jene Zeit. Das trifft es genau. Wir verloren Tamara, weil sie um jeden Preis von uns wegwollte. Wir verloren sie, weil wir uns nicht mehr zu helfen wussten, dies dem Jugendamt eindringlich mitteilten und um Hilfe baten. Wir verloren sie, weil ein überengagierter Lehrer alles daransetzte, sie von uns wegzubringen, und ein Gericht dies in erster Instanz unterstützte.

Der Lehrer, der alle Grenzen verletzt hatte, lieferte uns so etwas wie einen Wettlauf. Wenn Tamara wieder einmal nicht zum Unterricht erschienen war, informierte er uns als Erstes, dann aber zog er los und suchte sie, intensivst, als müsse er sie auf jeden Fall vor uns finden. Er muss irgendwie von dem Gedanken besessen gewesen sein, er müsse unser Kind vor uns retten. Bald schon intervenierte er in diesem Sinne bei der Jugendbehörde. Bei einer Aussprache regte er im Gestus allerhöchster Selbstlosigkeit an, wir sollten den Adoptionsvertrag auflösen, und dann würde *er* das Mädchen adoptieren. Einmal war Tamara bei Schaustellern eines Jahrmarkts untergekrochen, wo sie dieser Lehrer noch vor uns aufstöberte. Sie muss ihm überzeugend versichert haben, dass sie auf keinen Fall zu uns zurückwolle. Er marschierte mit ihr zum Jugendamt und lieferte sie dort ab.

Sie sitzt gebückt vor dem Aufnahmegerät, es ist ihr sehr unangenehm, heute von dieser Sache zu erzählen. »Ja«, sagt sie, »ich habe da meine Geschichtchen erzählt, wie es daheim so abläuft. Ich habe immer die Schuld auf irgendjemand anderen geschoben, auch auf euch, statt dass ich selber dafür gradegestanden wäre. Der Lehrer hat gesagt, ja, aber das geht so nicht, und du bist ja *so* arm. Der hat sowieso einen Vogel gehabt, mit einer Freundin hat er dann später das Gleiche durchgespielt. Der hat immer gesagt, ja, die Erwachsenen sind schuld. Bis ich mit ihm zum Jugendamt gegangen bin, und dann bin ich halt in so ein Nonnenheim gekommen.«

Lange blieb sie nicht dort. Am Anfang sei es eh »ganz nett« gewesen, sagt sie. Bis es zum ersten gemeinsamen Essen in den Speisesaal ging, und alle begannen ein Gebet, noch bevor sie sich zum Tisch setzten. Tamara: »Ich habe da immer drauf geschissen und habe gleich angefangen zu essen. Da haben sie mich voll niedergemacht. Ich habe gesagt, ihr könnt mich einmal. Was mir dann wirklich gereicht hat: Ich wollte meine Wäsche im Waschraum waschen, und eine Nonne steht vor mir und sagt, nein, das darfst du nicht machen, du musst das mit der Hand waschen. Ich: Wozu soll ich das mit der Hand waschen, wenn es eine Waschmaschine gibt? Da habe ich, ich weiß nicht, wie lange, mit der gestritten, es ist eskaliert, die anderen haben alle schon so geschaut, weil ich so geschrien habe mit der.«

Sie kichert dauernd, wenn sie von den Nonnen erzählt: »Ich glaube, ich habe denen auch was vom Satan erzählt. Kreuze verkehrt und so. Da waren die Nonnen so – peng! Das hältst du ja nicht aus! Ich habe so lachen müssen, wie die Patricia das erzählt hat von den Nonnen im Heim. Finde ich interessant, dass ich das Gleiche gemacht habe wie sie, obwohl ich überhaupt nichts von ihr gewusst habe.«

In jedem Raum und auf allen Gängen hingen Kruzifixe an den Wänden. Tamara hängte das Kreuz in ihrem Zimmer ab und verkehrt herum wieder auf, kopfüber hing Gottes Sohn an der Mauer im Erziehungsheim. Die erste Schwester, die ins Zimmer kam, keifte sofort los: »Das geht nicht, du musst das Kreuz so lassen, wie es gehört!«

»Das ist doch schöner so umgedreht«, sagte Tamara.

Die Nonne drehte das Kruzifix um, Tamara hängte es auf den Kopf, sobald sie weg war. Endlos ging das dahin. Bis es Abend wurde. Tamara: »Dort ist um neun Uhr schon das Licht abgedreht worden, ich wollte aber noch lesen. Die Nonne ist hereingeschossen: Sofort das Licht abdrehen! Ich habe gesagt, das interessiert mich jetzt nicht, ich will mein Buch fertiglesen. Dann habe ich eh ganz nett gefragt, kann ich wenigstens noch die zwei Seiten lesen? Nein, sofort Licht aus! Sie hat das Licht ausgeschaltet und ist gegangen, und ich habe es wieder eingeschaltet. Und sie kam zurück, und so ist das fünfmal hin und her gegangen, bis es ihr gereicht hat, und dann hat sie die Sicherungen für dieses Zimmer herausgenommen. Habe ich gedacht, okay, leck mich am Arsch, dann rauche ich halt eine im Zimmer. Das war natürlich auch verboten. Irgendwann ist es den Nonnen zu viel geworden und sie haben mich hinausgeschmissen.«

Ein Vierteljahrhundert nach ihrer Mutter erlebte Tamara schließlich das Eingesperrtsein in einem Erziehungsheim. Die Anstalt in Linz nannte sich eine sozialpädagogische Einrichtung für Jugendliche mit besonders hohem Betreuungsbedarf. In Wahrheit war es die letzte Verwahrstätte in Oberösterreich, in der es von Rechts wegen möglich war, Jugendliche, mit denen man nicht zurechtkam, auf unbestimmte Zeit wegzusperren. Und zwar dann, wenn irgendjemand *Gefahr im Verzug* attestierte. Der euphemistische Name für den gefängnisartigen Teil des Heimes lautete *Intensivgruppe*.

Tamara hatte einmal zu oft gegenüber Sozialarbeitern und Jugendfürsorgern gesagt, dass sie allein sein wolle, nicht mehr bei den Adoptiveltern leben wolle. Bei den in immer kürzeren Abständen angesetzten Helfer-Konferenzen sondierten die Beamten uns gegenüber behutsam eine Möglichkeit. Sie wollten wissen, ob wir uns vorstellen könnten, unser Kind in einer betreuten Wohngemeinschaft leben zu lassen.

Christiane sprach mit Tamara. Die sagte: »Ja, super, mit anderen Mädeln zusammenwohnen!«

Nach ihrer nächsten Abgängigkeit entschied die Behörde, dass *Gefahr im Verzug* gegeben sei. Wir wurden informiert, dass sie nun in eine betreute Wohngemeinschaft käme. Dass es sich dabei um die *Intensivgruppe* handeln würde, erfuhren wir erst, als es zu spät war. Ein führender Linzer Jugendpsychiater hatte in einem Gutachten die Unterbringung in dieser Einrichtung befürwortet. Damit saß Tamara für die nächsten viereinhalb Monate de facto in einem Gefängnis für verhaltensgestörte Jugendliche.

Wir waren dabei, als sie von Sozialarbeitern des Jugendamtes dorthin gebracht wurde und erst an Ort und Stelle begriff, was es bedeutete, nicht mehr bei den verhassten Adoptiveltern wohnen zu müssen. Eine Betreuerin zeigte ihr das Doppelzimmer, in dem sie wohnen würde, brachte sie dann zurück in das durch mehrere versperrte Türen gesicherte Foyer. Blankes Entsetzen in ihren Augen, als sie sich verabschieden musste. »Holt mich hier heraus«, flehte sie, »bitte, holt mich heraus.«

Mit grimmigem Trotz spricht sie mehr als ein Jahrzehnt später von diesem Heim. »Keiner hat gewusst, dass das eine geschlossene Einrichtung ist, dass ich da eingesperrt werde. Ausgemacht war, dass ich auf eine offene Gruppe komme. Als wir dort waren, haben sie entschieden, nein, auf die geschlossene! Und da war ich so angefressen, auf die Leute dort. Da hat es ein paar Wochen lang eine besonders strenge *Eingewöhnungszeit* gegeben. Die erste Woche eingesperrt im Zimmer, in der zweiten Woche durfte man mit der Erzieherin das Essen vom Erdgeschoß holen, in der dritten Woche hast du kurz allein in die Aufenthaltsräume im Erdgeschoß gehen und einmal kurz die Eltern sehen dürfen, es war lauter Scheiße, wirklich. In den Monaten, wo ich dort war, bin ich nie aus dieser Eingewöhnungszeit herausgekommen.«

Wir saßen zu Hause und erfuhren, wie sich absolute Macht- und Hilflosigkeit anfühlt. Es gab keinerlei Möglichkeit, irgendetwas für unsere Tochter zu tun. Wochenlang durfte sie kein Telefon benutzen. Wenn wir im Heim anriefen und sie verlangten, wurde das verweigert. Eine schizoide und paranoide Grundbefindlichkeit dominierte den Alltag. Hysterisch unternahmen wir hilflose Anstrengungen, Tamara freizubekommen, bis hin zum Einschalten des Jugendgerichtes – was den Effekt hatte, dass uns Jugendamt und Heimleitung noch rigoroser abschotteten von unserer Tochter. Und dann wieder zermarterten wir uns Stunden um Stunden die Gehirne mit der Frage, was wir falsch gemacht hatten. Schuldgefühle Ende nie. Jede Geste von ihr und uns, jede Handlung, jede Entscheidung, jedes Gefühl, jeden Tag seit diesem glückhaften Juli 1984, in dem sie zu uns gekommen war, kauten wir durch, um Ursachen zu finden. Die beamtete Jugendbehörde hatte simple Antworten: »Die Adoptivmutter war zum Zeitpunkt der Adoption zu jung.«

»Ich kann mich erinnern«, sagt Tamara, »wie die Mama einmal die Betreuerin angerufen hat, sie wollte wissen, wie es mir geht. Ich bin daneben gestanden und wollte mit ihr reden. Die Betreuerin hat gesagt, nein, der Tamara geht es eh recht gut, sie lacht eh viel. Dabei bin ich daneben gestanden und habe Rotz und Wasser geheult. Also die haben voll gelogen. Ich kann mich erinnern, von unserem Zimmer hat man auf ein Nachbargrundstück gesehen, die haben einen Swimmingpool gehabt, da waren die Leute drin schwimmen. Und wir sind oben gesessen, die Türen waren zugesperrt!«

Die Situation verschärfte sich, als sie einen Fluchtversuch unternahm, der dramatisch scheiterte. Tamara: »In der Gruppe war eine Daniela, die hat mir erzählt, dass sie schon einmal über das Fenster abgehauen ist. Habe ich gesagt: Super, das machen wir jetzt. Es war nämlich Teamsitzung der Betreuer, die Erzieherin war nicht da. Wir haben gerade ein Hendl gekocht, das war schon im Rohr, da hat die Daniela gesagt, komm, jetzt gehen wir in mein Zimmer, heben den Fensterflügel heraus und seilen uns ab. Das Fenster war aber im zweiten Stock, zehn Meter hoch.«

Die Mädchen schoben einen Kasten vor die Tür, banden Leintücher zusammen und zertrümmerten einen Sessel. Mit einem Stuhlbein hebelten sie das kleine Fenster, das nur einen schmalen Spalt breit aufgekippt werden konnte, aus der Verankerung. Daniela, die Übergewichtige, kletterte als Erste nach unten. Zwei Meter über dem Boden riss die letzte Verknotung, sie plumpste zu Boden, ohne sich zu verletzen. Dann klopfte die Erzieherin an die Tür, begann zu schreien, als sie bemerkte, dass der Eingang verrammelt war. Tamara zwängte sich in Panik durch die enge Fensterluke, vor lauter Stress vergaß sie, dass man sich auch mit den Beinen an den Strick klammern muss, hantelte sich nur mit den Armen nach unten.

»Dann habe ich irgendwie ausgelassen und bin hinuntergefallen, acht oder neun Meter. Ich kann mich erinnern, ich bin noch aufgestanden, bin über eine Hecke ins Freie gesprungen, obwohl mein Fuß gebrochen war. Im Schock habe ich mich auch angekackt, das habe ich aber erst viel später gecheckt. Ich habe gemerkt, mein Fuß wird immer dicker, ich kann nicht mehr gehen. Ich bin dort liegen geblieben und habe zur Daniela gesagt: Renn du weiter, nimm die Sachen mit, und lass mich da liegen. Sie hat gesagt, nein, das geht nicht. Aber die Erzieherin kommt gleich, habe ich gesagt, schau, dass du wenigstens wegkommst. Sie wollte bei mir bleiben, aber irgendwann habe ich sie überredet, dass sie geht.«

Ein Spaziergänger schlenderte an den beiden Mädchen vorbei, Daniela rief ihm zu, er möge die Rettung rufen, dann verschwand sie. Dann stand schon die Erzieherin da. Tamara: »Statt dass sie mich fragt, ob ich eh noch lebe, keift sie: Tja, warum springst du da hinunter! Selber schuld! Ich habe angefangen zu weinen, habe gesagt, ich habe fürchterliche Schmerzen, bitte, können Sie meine Mama anrufen. Nein, das tun wir sicher nicht! Das geschieht dir schon recht!«

Auf dem Weg ins Krankenhaus weinte sie die ganze Zeit vor Schmerzen. Der behandelnde Arzt schnauzte sie an. Und als sie nach ein paar Tagen mit einem Liegegips wieder ins Heim zurückkehrte, wurde sie von den anderen Mädchen gemobbt: »Weil ich die Neue war und mich mit der Daniela angefreundet habe und nicht gewusst habe, dass die verhasst war. Ich bin mit dem Liegegips im Zimmer gelegen und habe mich nicht duschen können. Da sind die anderen dann oft hereingekommen und haben gesagt: Pah, da stinkt es! Du stinkst so!«

Nach einigen Wochen unfreiwilliger Bewegungslosigkeit stieg Tamara von der Intensivgruppe auf in jene mit der internen Bezeichnung *Haus und Garten*. Da war ebenfalls keinerlei Ausgang erlaubt, aber man durfte zumindest den engsten Gruppenbereich verlassen, gelegentlich war sogar ein Aufenthalt im Garten möglich. »Da habe ich einmal gesehen, dass jemand vergessen gehabt hat, die Türe zu einer offenen Gruppe von jüngeren Kindern abzusperren. Das ist meine Chance! Da bin ich dann mit dem Gips abgehauen. Ich bin gerannt wie eine Wilde mit dem Gehgips. Dann habe ich euch angerufen. Ihr habt gesagt, geh bitte freiwillig zurück, es läuft schon was mit einem neuen Gutachten.«

Während der Wochen, in denen wir unsere Tochter mit dem eingegipsten Bein weder besuchen noch anrufen durften, hatten wir gerichtlich erwirkt, dass ein weiteres Gutachten in Sachen *Gefahr im Verzug* in Auftrag gegeben wurde. Getrennt reisten wir nach Wien, Christiane und ich in unserem Auto, Tamara in einem anderen Auto, bewacht von zwei Betreuern, um uns vom Gegengutachter, einem renommierten Wiener Jugendpsychiater, in Augenschein nehmen und beurteilen zu lassen. Gestützt auf dessen Expertise klagten wir die oberösterreichischen Jugendbehörden und bekamen recht, nach viereinhalb Monaten wurde die Wegsperrung Tamaras gerichtlich aufgehoben. Für das Gutachten und die Verfahrenskosten blätterten wir mehr als ein Monatsgehalt hin.

Danach versuchte es das Jugendamt mit Einzelbetreuung durch eine nur für sie eingeteilte Sozialarbeiterin, Tamara wohnte in verschiedenen offenen Gruppen, aus allen flog sie hinaus, weil sie sich an keinerlei Regeln hielt und immer wieder tagelang verschwand. Am Ende lebte sie mit einem gleichaltrigen Mädchen, ebenfalls in Einzelbetreuung, in einem Häuschen am Rand von Linz. Die beiden schaukelten einander hoch, verbrachten die Tage mit Schlafen und die Nächte mit Fortgehen. Tamara machte dort Drogenerfahrungen.

»Die andere hat mich in einer Disco überredet, dass ich eine halbe Ecstasy nehme. Auf dem Klo kriegte ich einen höllischen Schreck, weil meine Pupillen so groß waren. Ist eh schon wurscht, gib mir die andere Hälfte auch noch! Wir haben getanzt und gesoffen bis sechs Uhr früh, dann sind wir mit dem Bus in eine Bar in der Altstadt gefahren, die bis in den späten Vormittag hinein offen hat. Der Vater von der anderen hat dort in der Gegend gewohnt, so um elf Uhr mittags haben wir in seinem Haus einen Keller aufgebrochen, haben zwei Fahrräder gestohlen und sind hinausgeradelt zur Wohnung. Da haben eh schon die Erzieherinnen gewartet, meine und ihre. Das war problematisch. Wir haben eine Pizza gegessen, die wir unterwegs gekauft haben, und sind schlafen gegangen. Also, in der Zeit, wo ich dort war, ist es nur darum gegangen: Saufen und Fressen und Schlafen.«

## 39

Während die Wirrnisse der Pubertät für die drei Mädchen in Holland und Österreich allmählich abklangen und sie begannen, erwachsen zu werden, bewegten sich die Einzelteile dieser Familie, die voneinander so gut wie nichts wussten, plötzlich aufeinander zu. Tania begann nach ihrer Mutter zu suchen, nachdem sie ihre turbulentesten Phasen hinter sich hatte. Vorher schon hatten ihre Eltern ein wenig mehr erfahren über die Herkunft ihrer Tochter.

Dirk: »Da gab es einen Bericht von der holländischen Jugendfürsorge, irgendwann einmal haben wir Unterlagen bekommen, aber ich weiß nicht mehr genau, wann, es ging um Patricia.«

Joke: »Als Tania ein Kind war, noch ein ziemlich kleines Kind.«

»Hat das was geändert, diese Geschichten zu erfahren?«, frage ich. »War es verletzend? War es irgendwie wichtig?«

Joke: »Nein, nein. War nicht wichtig.«

Dirk: »Na ja, es war ein Geheimnis, und dann war es halt kein Geheimnis mehr.«

Joke: »Diesen Report hat jetzt Tania. Als sie begonnen hat, ihre Mutter zu suchen, habe ich ihr diese Unterlagen gegeben.«

Dann lachen beide und sagen gleichzeitig: »Ja, und dann hat sie ihre Schwester gefunden.«

»Wie war das, als sie sagte, ich will meine Wurzeln suchen?«

Dirk: »Wir haben ihr immer geholfen. Wir haben ihr gesagt, wenn du deine Mutter suchen willst, dann helfen wir dir. Mach dir keine Gedanken, was passieren wird. Was immer du brauchst, wir helfen dir. Aber sie hat es ganz alleine gemacht. Fast ganz alleine. Wir haben sie emotional unterstützt –«

Joke unterbricht ihn auf Holländisch, Dirk lacht, sagt dann: »Da gab es den Herrn von FIOM, der ihr half.« Dann reden sie durcheinander, abwechselnd englisch und holländisch, ich verstehe nur, dass es eine *different message* gegeben hatte, wahrscheinlich meinen sie, dass Tania von der FIOM, der nichtstaatlichen Hilfsorganisation zur Unterstützung auseinandergefallener Familien, eine Auskunft bekommen hat, die ganz anders war als erwartet.

Dirk: »Tania hatte ein Bild von ihrer leiblichen Mutter, aber was in dieser Nachricht von FIOM kam, das war etwas sehr anderes.«

Alle machten sich auf die Suche nach Patricia. Christiane

und ich etwa nutzten meine berufsbedingte Bekanntschaft mit einflussreichen Leuten in Politik und Exekutive. Polizeibeamte und Leute aus dem Außenministerium forschten Patricias Spuren in den offiziellen Melderegistern nach. Es war nichts zu finden. Nach ihrem Verschwinden aus Linz im Jahr 1984 schien die Frau in amtlichen Unterlagen nicht mehr auf. Sie soll in Thailand sein, gab ich an, und erntete durchwegs bedauerndes Achselzucken. Das Meldewesen in diesem Staat sei – nun ja – mit europäischen Standards nicht zu vergleichen. Und bei der Botschaft in Bangkok sei kein einziger Vorgang betreffend einen österreichischen Staatsbürger namens Patricia X. aktenkundig.

Sogar Iris wurde aktiv, erzählt Tamara: »Der Vater von ihrem damaligen Freund war Polizist, und der hat damals versucht, die Patricia ausfindig zu machen, irgendwie über den Polizeicomputer. Aber der hat keine Chance gehabt. Der hat nur herausgefunden, dass sie das letzte Mal in Thailand gesichtet worden ist, und das war es dann.«

Tania in Landsmeer wählte einen anderen Weg. Sie wandte sich an FIOM, die hatten eigene Spezialisten für die Recherche nach unbekannten oder verschollenen Angehörigen. 1996, im Alter von neunzehn Jahren, als sie erfuhr, dass sie selbst Mutter werden würde, hatte sie den Entschluss gefasst: »Ich wollte Antworten. In deinem Kopf sagst du zu dir selbst immer: Warum? Das hat sich intensiviert, als ich schwanger wurde. Für mich war es wie ein Unfall, die Schwangerschaft. In dieser Zeit, in den neun Monaten, habe ich viel nachgedacht über meine Adoption. Weil ich war auch jung, und: Warum hat sie sich nicht um mich kümmern können? Ich war nicht wütend. Aber ich habe eine Entscheidung getroffen. *Ich* werde mein Kind aufziehen. Ich werde alles tun, damit es glücklich wird. Es hat mich nicht belastet, war nichts Schwieriges. Diese Art von Fragen und Themen sind einfach aufgepoppt in meinem Kopf.«

Tania hörte lange Zeit gar nichts von FIOM. Dabei kam ihr genau in diesen Jahren Patricia sehr nahe. Die hatte nach dem Tod ihres Ehemannes Thailand verlassen und war nach Europa zurückgeflogen. Weil es der Ort war, an dem man am leichtesten an Drogen kam, ließ sie sich ganz in der Nähe ihrer ältesten Tochter nieder. In Amsterdam.

Etliche Jahre nach der ersten Anfrage flatterte eines Tages doch eine Nachricht von FIOM in Tanias Haus. Heute erzählt sie davon feixend, aber man kann nachvollziehen, dass es sie damals umgehauen hat. In dem Schreiben stand lapidar, dass man nach wie vor keine Spur von der leiblichen Mutter gefunden habe. Sehr wohl aber habe man eine Großmutter ausfindig gemacht. Und da stand dann der Name, Erna R., und die Adresse von deren Wohnung in der Linzer Innenstadt.

## 40

Für einen kurzen Augenblick wird der Film kitschig. Riesengroß steht der Vollmond über dem Myrtoischen Meer. Tiefrot ist er aufgegangen gegen Mitternacht, kapousi selene, Melonenmond, wie die Griechen dies nennen, hat sich rasch verwandelt zum Orangenmond und Zitronenmond. Die See beinahe unheimlich ruhig, eine einzige glänzende Fläche von schimmerndem Quecksilber. Die kleine Reisegruppe auf dem Touristen-Oberdeck, drei Familien mit Kindern im Teenager-Alter, richtet sich ein für die Nachtfahrt nach Amorgos. Doch niemand legt sich zum Schlafen auf die Thermarest-Matten, alle sitzen sie zusammen auf Plastikstühlen an der Reling, trinken Bier oder Kaffee aus Plastikbechern, plaudern angeregt, schauen immer wieder hinaus in die unwirkliche, fast taghell beleuchtete Szenerie von Wasser und Inselgruppen. Nur eine sitzt abseits, den Sessel gegen eine Wand gelehnt, schaut finsteren Blicks demonstrativ nicht auf die Vollmondidylle. Tamara.

Sie hatte zugenommen. Zu Hause in Linz hatte jeder sehen können, dass ihr das Zusammenleben mit einem Mädchen, das mindestens so verstört war wie sie, nicht guttat. Darum hatten wir sie gefragt, ob sie nicht doch wieder einmal mehr Zeit mit uns verbringen wolle, eine Reise nach Amorgos stünde bevor, wir würden mit Freunden, deren Kinder sie von klein an kannte, ein Haus mieten und drei bis vier Wochen einfach nur auf der Insel herumhängen. Sie wollte, und auch die Behörde, die in jener Phase das alleinige Sorgerecht hatte, stimmte zu.

Die Anreise war eine Qual für sie, der Flug nach Athen, das endlose Warten in der Hitze auf die Abfahrt der Fähre, das permanente enge Zusammensein mit Leuten, mit denen sie nichts zu tun haben wollte. Sie saß schweigend unter uns wie eine verletzte Katze, die nichts anderes wünscht, als sich zu verkriechen. Und hatte dabei keine Chance, dem auszuweichen, was sie erschreckte, den *braven* Teenager-Kindern unserer Reisegenossen, den Freunden ihrer Adoptiveltern, die ihr Entsetzen über den Anblick dieses heruntergekommenen, fetten und kaputten Mädchens nur mühselig verbergen konnten.

Die unwirkliche Vollmondnacht auf dem Oberdeck des beinahe lautlos durch die Ägäis gleitenden Fährschiffs war der Knackpunkt. Dieses Kind, Wunschkind im wahrsten Sinn des Wortes, war mir in den letzten paar Jahren so unendlich fremd geworden. Sie schien mich zu hassen, und manchmal hasste ich sie, wenn sie wieder einmal meinen Berufsalltag, meine Ehe, mein ganzes Leben dramatisch durcheinanderbrachte. Jetzt trank ich Bier in der lauwarmen Meeresnacht und pflegte angeregte Konversation mit Freunden und sah immer öfter zu ihr hinüber. Und sah, wie allein und ausgestoßen sie sich fühlen musste. So darf sie sich nicht fühlen, dachte ich, weil das muss sie ja bis zum Erbrechen kennen, seit ihrer Geburt, dieses Gefühl, nicht dazuzugehören.

Ich nahm zwei Bierdosen aus der Kühlbox und meinen Plastiksessel und ging zu ihr hinüber. Sie wollte kein Bier, ich holte ihr eine Coladose. Dann saßen wir die ganze Nacht und redeten, nichts Tiefschürfendes oder Wichtiges, belangloses Getratsche bloß, aber ganz langsam schien sich etwas zu verändern. In dieser Nacht sind wir wieder *Vater und Tochter* geworden, und als im frühmorgendlichen Dunst Amorgos auftauchte aus der noch immer spiegelglatten See, war dieser das ganze Schiff verzaubernde Anblick so was wie eine abschließende Bestätigung. Die Veränderung wurde damit gleichsam besiegelt. Es sind in der Folge wunderbare Urlaubswochen geworden, obwohl zwischen Tamara und den Kindern unserer Mitreisenden bald ein Streit ausbrach, der schließlich auch auf die elterlichen Paare übergriff.

Danach ging es rapide aufwärts mit ihr. Sie wusste auf einmal, was sie wollte, zumindest für die unmittelbare Zukunft. Sie sagte ihrer Einzelbetreuerin klipp und klar: »Ich möchte alleine wohnen!« Das Jugendamt stellte eine Bedingung: Wenn sie an einem erlebnispädagogischen Projekt, konkret an einer mehrwöchigen Wander- und Kanu-Tour in der mittelschwedischen Wildnis rund um das Rogen-Naturreservat und den Fulufjällets-Nationalpark, teilnehmen wird, kann sie danach allein wohnen. Wir mussten ihr diesen Deal übermitteln, noch heute glaubt Tamara, dass ihre zweimonatige Wanderschaft durch die Einöde als Gegenleistung für eine unabhängige Wohnmöglichkeit Christianes Idee war. Sie willigte ein.

Leichtgefallen ist ihr die Sache nicht. Aus dem einwöchigen Vorbereitungscamp in den Bergen bei Salzburg riss sie gleich am zweiten Tag aus. Zu Fuß, via Autostopp und per Zug schaffte sie es nach Linz und stand bei uns vor der Tür. Christiane reichte es: »Wenn du nicht bei uns wohnen willst, aber auch am Projekt nicht mitmachst, dann zieh bitte zu deiner Oma!« Sie packte Tamara ins Auto und brachte sie zu Erna. Die wurde leicht panisch, als sie hörte, dass die Enkelin bei ihr einziehen sollte. Sie redete lange auf Tamara ein, überredete sie schließlich, doch nach Schweden zu reisen. Erna kaufte ihrer Enkelin noch eine Stange Zigaretten als eine Art Abschiedsgeschenk, dann fuhr sie mit ihr und Christiane nach Salzburg, zurück ins Camp.

Schweden ist heute für Tamara eine Erfahrung, über die sie meist in Form von halblustigen Anekdoten spricht: »Dann war ich in Schweden, das war eh die Hölle. Ich fahre nie wieder nach Schweden, das sage ich dir! Es war entweder saukalt, und wir haben uns im eiskalten Fluss waschen müssen. Oder es war heiß, dann hast du Millionen von Moskitos auf dir drauf sitzen gehabt. Gleich am ersten Tag sind wir zwanzig Kilometer gegangen. Dann war kein Bach oder Fluss in der Nähe. Am Abend haben wir Wasser aus einer Pfütze genommen, haben es abgekocht und damit Reis gekocht.« Kurz wird sie ernst: »Aber dort habe ich schon gelernt, dass man vor seinen Problemen nicht davonrennen soll.«

Doch lieber bringt sie die Wochen in Schweden als Abenteuergeschichte: »Einmal bin ich auch dort abgehauen, mit ein paar anderen zusammen. Ich weiß nicht mehr, wie uns der Betreuer gefunden hat. Der hat uns bei wildfremden Leuten in der Wohnung gefunden! Es war nach dem Ende der Wanderung und vor der Kanu-Tour, da waren wir auf einem Campingplatz, ausrasten, einmal was Ordentliches essen. Und auf ein normales WC gehen, das war ein Traum. In der Nähe vom Campingplatz war ein kleiner Ort. Da haben wir zu viert gesagt, uns reicht es, wir wollen weg. Da haben wir irgendwelche Typen kennengelernt, die haben uns mit dem Auto mitgenommen in ihre Wohnung, da haben wir Kaffee getrunken, Kekse haben wir gekriegt. Und auf einmal – steht unser Betreuer in der Tür!«

Relativ bald nach dieser Tour hat sie darüber geschrieben, neun DIN-A4-Seiten in enger sauberer Handschrift. Es sind private Aufzeichnungen, keine von den Erlebnispädagogen verlangten Reflexionen, sie hat sie mir erst etliche Jahre später zum Lesen überlassen. »Jeden Abend nach dem Essen hatten wir Feedback-Runde«, steht da etwa, »jeder besaß einen Holzwürfel, mit verschiedenen Gesichtern bedruckt. Auf einer Seite war ein lachendes, dann ein neutrales, wütendes, weinendes Gesicht und so weiter. Man brauchte nur die Seite zu zeigen, wie man sich an jenem Tag fühlte. Ich zeigte meistens das lachende Gesicht, denn sonst würden die Betreuer fragen, warum und wieso man sich nicht gut fühlt. Ich aber wollte meine wahren Gefühle nie zeigen. Ich wollte nur meine Ruhe. Diese blöden Fragen gingen mir auf den Keks. Auf einmal wurde mir heiß und kalt. Die meiste Zeit weinte ich, da ich nur wegwollte. Alles war zu viel für mich. Später stellte sich heraus, dass ich wegen der Moskitos hohes Fieber bekommen hatte.«

Eine weitere Eintragung, ein paar Tage später: »Ich lag

im Zelt und grinste über beide Ohren. Ich war so stolz auf mich, dass ich es schon so weit geschafft hatte. In meinen kühnsten Träumen hätte ich nie geglaubt, es so weit zu bringen. Ich schlief dann tief und fest wie ein Baby. In der Früh schlüpften wir in unsere Badeanzüge und hüpften in einen nahegelegenen Teich. Das Wasser war sehr erfrischend und nicht zu kalt. Beim Schwimmen fühlte ich mich frei wie ein Fisch.«

Auf Seite sieben von Tamaras Projektbericht kommen erstmals wir vor: »Einmal brauchten wir für einen Kilometer mehr als eine Stunde. Wir mussten die ganze Zeit mit den schweren Rucksäcken über Felsbrocken springen. Man musste aufpassen, nicht in die Spalten zu fallen. Als wir dieses Hindernis bewältigt hatten, ging es über einen Baumstamm, unter uns war nur Schlamm und Dreck. Am nächsten Morgen wachte ich sehr traurig auf. Ich hatte großes Heimweh nach meiner Familie bekommen. Es reichte mir, jeden Tag so weit zu marschieren. Aber ich glaube, wenn ich zurückkomme, werden meine Eltern bestimmt stolz auf mich sein.«

Als die Gruppe von sechs Mädchen und drei Betreuern nach zwei Monaten das Ziel, das Dorf Sälen, erreicht hatte, fielen sich alle reihum in die Arme. »Das war das beste Gefühl in meinem Leben, etwas zu schaffen«, schrieb Tamara bald danach, und: »Als Erstes suchte ich in Sälen ein Telefon, um meinen Eltern alles zu erzählen. Sie waren überglücklich, dass es mir gutging. Leider konnte ich sie nicht umarmen, da sie so weit weg waren.«

Tamara hatte bei der Kanu- und Wander-Tour abgenommen, hätte sie blonde Haare gehabt, hätte sie ausgesehen wie ein Zwilling von Iris auf deren Fotomodell-Bildern. Nach der Rückkehr war sie erkennbar ruhiger und gelassener geworden. Statt wegzurennen, verkroch sie sich nun entweder, oder sie suchte die direkte Konfrontation mit den Leuten, die sie als Problem sah. Das Jugendamt hielt Wort, sie durfte allein in verschiedenen Wohnungen in Linz leben, bis zum achtzehnten Geburtstag in Einzelbetreuung durch Sozialarbeiterinnen, die nicht viel älter waren als sie. Abgängig war sie nie wieder.

Ihre Aufzeichnungen von der Schweden-Reise enden mit der Ankunft auf dem Betreuungs-Bauernhof bei Salzburg. »Am Haus hing ein großes Plakat mit der Aufschrift *Herzlich Willkommen*. Ich fand das eine nette Überraschung. Der Tisch war hell und freundlich gedeckt. Es gab genügend Schnitzel mit Reis und grünem Salat. Ein Traumessen, von dem wir in Schweden oft geträumt hatten. Als am nächsten Morgen die Sonne aufging und der Himmel eher noch rötlich war, wachte ich auf. Ein schöner Tag, denn heute würde mich meine Familie abholen. An diesem Tag war ich richtig aufgeregt. Als ich meine Mutter sah, brauchte sie ein paar Minuten, um mich zu erkennen, doch dann winkte und lachte sie zu mir herüber. Ich glaube, sie hat mich nicht gleich erkannt, weil ich mindestens sechs Kilo leichter war. Meine Mutter umarmte mich sehr herzlich und sagte, dass sie sehr stolz auf mich sei. Das zu hören war ein sehr schönes Gefühl.«

Tamaras Leben begann sich in eine gute Richtung zu bewegen. Natürlich stieß sie immer wieder an Grenzen, etwa bei der Jobsuche. Schmerzlich wurde ihr klar, was für Konsequenzen es hat, wenn man die Schule abbricht. Doch sie biss sich durch, holte zumindest den Schulabschluss und verschiedene Arten von vorbereitenden Berufsausbildungen in Abendkursen nach. Bei der Firma, wo sie erstmals über Jahre ohne Unterbrechung arbeitete, galt sie bald als besonders zuverlässig und engagiert. Und ihr Einstieg ins Erwachsenenleben lief auch nicht ohne schwere Krisen und Enttäuschungen mit Männern ab. Doch jetzt lebt sie schon jahrelang in einer stabilen Ehe mit einem guten Mann, einem, der *ihr* guttut.

## 41

Am Ende ging alles wie von selbst. Tamara, bereits erwachsen, lebte in Wien. Wir besuchten uns regelmäßig gegenseitig, und sie traf sich manchmal auch mit Erna. Eines Tages rief sie in großer Aufregung Christiane an. Erna habe ihr wie nebenbei einen Briefumschlag in die Hand gedrückt, mit ein paar spärlichen Worten, dass sie das vielleicht interessieren würde.

»Es ist von meiner Schwester!«, schrie Tamara ins Handy. »Aus Holland! Meine ältere Schwester! Tania heißt sie.«

Der Brief war auf Englisch. Tania hatte ihn an Erna geschickt. Hatte sich vorgestellt – I am the daughter of your daughter, Patricia – hatte ein wenig erklärt, dass und warum sie vor längerer Zeit begonnen habe, die Mutter zu suchen, und dass eine holländische Hilfsorganisation zwar nicht Patricia, aber eine Adresse von ihr, Erna, ausfindig gemacht habe. Sie bat nicht um Kontaktaufnahme, sie äußerte nur einen Wunsch an Frau R.: Schick mir bloß ein Bild von meiner biologischen Mutter. Für mich wäre das schon viel.

»Erna wollte aber nichts zu tun haben mit Tania«, sagte Tamara, »den Brief hat sie schon vor ein paar Jahren bekommen. Und jetzt gibt sie ihn mir!«

»Drei Jahre lang hat FIOM schon gesucht«, erzählt Tania in ihrem Gärtchen. »Dann habe ich von der Großmutter gehört, Frau R. in Linz. Die von FIOM haben sie kontaktiert, und Frau R. hat gesagt: Ich will keinerlei Kontakt mit Tania oder mit meiner Tochter. Wir haben Streit gehabt, und ich habe sie viele Jahre lang nicht gesehen! Das Letzte, was Frau R. gehört hat, war, dass sie in Thailand lebt. FIOM hat mir gesagt, wir glauben jetzt, dass Ihre Mutter in Thailand ist, das macht die Suche noch viel schwieriger. Weil: Thailand, es gibt keine Registrierungen, keine Personenstandsmeldungen, kein Melderegister.«

Wie das war für sie, als ihr ihre leibliche Großmutter über die Hilfsorganisation ausrichten ließ, sie habe keinerlei Interesse an einer Begegnung, sagt Tania nicht. Sie schrieb damals trotzdem an Erna, die antwortete nicht und ließ den Brief jahrelang in einer Schublade liegen. Bis sie ihn aus Gründen, die nicht mehr eruierbar sind, an Tamara weitergab. Die setzte sich umgehend hin und schrieb einen langen Brief an die endlich aus der nebulosen Anonymität aufgetauchte Schwester. Dann telefonierten sie. Dann planten sie gleich das erste Treffen. Wie war das, frage ich beide ein paarmal, wie habt ihr euch gefühlt dabei? Ich bin aufgeregt wie ein bescheuerter Sportreporter, der aufgewühlten, noch atemlosen Sportlern diese Frage stellt, von der doch jeder halbwegs vernünftige Mensch weiß, dass man sie nicht beantworten kann. Oder bestenfalls mit Floskeln, wie Tamara und Tania: »Natürlich war das aufregend. Ja, es ist ein schönes Gefühl.«

Erna hatte im hohen Alter allem Anschein nach gänzlich abgeschlossen mit ihrer Vergangenheit als Mutter und Großmutter. Ein paar Wochen, bevor ihre Demenzerkrankung ausbrach, habe ich sie besucht, um sie sozusagen ganz offiziell für dieses Buchprojekt zu befragen. Keine Reaktion auf das Klingeln an der Wohnungstür. Ich ging zum Auto zurück, in dem Tamara saß. Sie weigerte sich, in die Wohnung mitzukommen. Sie und Erna hatten sich überworfen, aus eigentlich banalen Anlässen, hinter denen eine Entscheidung Tamaras steckte. Sie, die mittlerweile mit Tania und Patricia gesprochen und ihren eigenen Adoptionsakt eingesehen hatte, sah Erna als die Wurzel ihres Dilemmas.

Erna R. war die Frau, die immer wieder erzählte, dass sie Patricia damals abgetrieben hätte, wenn sie die Schwangerschaft nicht zu spät bemerkt hätte. Sie war die Frau, die sich in allen drei Fällen geweigert hatte, die Enkeltöchter als Babys aufzunehmen, weil sie *keine schreienden Bälger* um sich haben wollte. Sie war diejenige, die es offenkundig als größten Fehler im Leben einer Frau ansah, ein Kind zu bekommen. Was Tamara, als sie fünfzehn, sechzehn gewesen war, gleich ein paarmal mit einem fiesen Trick ausgenutzt hatte: Wenn sie wirklich in Geldnot war, ging sie zu Erna und log der bei Kaffee und Kuchen vor, dass sie schwanger sei. Prompt riet Erna jedes Mal zu einer sofortigen Abtreibung, worauf Tamara klagte, kein Geld zu haben. Dann steckte ihr Erna ein paar hundert Euro zu. Der Trick funktionierte dreimal.

Jetzt, als erwachsene Frau, fand Tamara das nicht mehr lustig, und deshalb weigerte sie sich, Erna zu sehen. Sie sagte mir bloß, dass die Oma ihre Tage meist in einem Kaffeehaus gleich neben ihrer Wohnung verbringe, wo sie eine Art Faktotum geworden war, den ganzen Tag lang saß sie entweder bei ein paar Bierchen oder machte sich ein wenig mit Putzen und Aufräumen zu schaffen.

Erna war tatsächlich in dem Café. Sie erkannte mich nicht gleich, dann aber wandte sie sich ab und suchte irgendetwas im großen Kühlregal neben der Theke. Dass ich gerne mit ihr reden möchte, sagte ich, über die Zeit damals, wie das war mit Patricia, als Tania auf die Welt kam, und dann Iris, und dann Tamara. Erna R. stand vor dem Kühlregal, drehte mir den Rücken zu, sie hat mich nicht gehört, oder nicht verstanden, dachte ich, wiederholte mein Anliegen. Sie schwieg. Sie ist alt und verwirrt, ganz anders als vor zehn Jahren, als ich sie zum ersten Mal getroffen habe, und auch anders als bei den letzten Begegnungen, die vielleicht zwei oder drei Jahre zurückliegen. Ich wiederholte die Frage. Jetzt baute sie sich vor mir auf, klein und hager, rückte einen Aschenbecher zurecht und sagte, begleitet von wegwerfenden Handbewegungen: »Das sind Sachen, die ich zurückgeschoben habe.« Sie wischte mit der linken Hand durch die Luft, als müsse sie irgendeinen unsichtbaren Einrichtungsgegenstand abstauben. »Da kann ich gar nichts sagen dazu.« Und nach einer Pause: »Das interessiert mich nicht mehr.«

Wandte sich ab und suchte wieder eine Beschäftigung im Schankraum, die Kellnerin kam und stellte sich ganz nahe zu ihr, als ob sie sie vor mir in Schutz nehmen müsste. Ich verabschiedete mich, sie murmelte etwas, ohne den Kopf zu mir zu drehen, und das war es dann. Ernestine R., geborene X., hat abgeschlossen mit der Geschichte ihrer Tochter und auch mit jener der drei Schwestern, die ihre Enkelinnen sind.

»Das habe ich erwartet«, sagte Tamara draußen im Auto. »Sie hat Angst, sie weiß genau, dass sie an allem schuld ist. Darum will sie nicht reden.« Sie bat mich, gleich loszufahren, bevor möglicherweise die Oma aus dem Lokal schaut und sie im Auto sitzen sieht.

In meiner Erinnerung vergingen damals, als Tamara Tanias Brief in die Hände bekommen hatte, nur ein paar Wochen, dann stand sie schon mit einem riesigen Koffer auf einem Bahnsteig am Wiener Westbahnhof und stieg in den Nachtzug nach Amsterdam. Sie war aufgebrochen, ihre Schwester zu treffen.

## 42

Die drei jungen Frauen aus Amsterdam, Wien und Linz erzählen auffallend lapidar und knapp von den ersten Begegnungen untereinander und mit der leiblichen Mutter. Man spürt, dass sie ein ganzes Leben lang vibrierten vor Energie, durch ihr Sein hetzten wie auf Amphetamin, um genau dieses Ziel zu erreichen. Das zu kriegen, worauf ein begründeter Anspruch besteht. Leben. Liebe. Geliebt werden. Wenn man das dann zu fassen kriegt, oder zumindest einen Zipfel davon, muss man es möglicherweise nicht in Worte zu fassen versuchen.

Tania ist die Sache angegangen mit praktischem Handeln, robuster offensiver Herzlichkeit und einem Lachen, das Fensterscheiben zum Klirren bringt. Tamara agierte mit Zorn und Wut, die sie unbesiegbar machten, weil sie immer, auch nach den wildesten Ausbrüchen, das Lächerliche sah, an den anderen und an sich selbst, und lachen konnte und kann, auch wenn es oft ein bitteres Lachen ist. Nur bei Iris ist es anders. Sie ist vielleicht jene, die am radikalsten gegen die Grenzen anrannte, die sie vom Ersehnten trennen. Ihr hat man zugemutet, als Kind schon, und als Teenager, was unzumutbar ist, und hat von ihr gefordert, was jeden überfordern würde. Das, was an ihr aussieht wie *psychische Probleme*, ist wahrscheinlich ihre Gegenwehr, sie hat den Spieß umgedreht und fordert nun ihrerseits. Dabei mutet sie nichts Unzumutbares zu. Wahrgenommen werden, mehr ist es nicht. Weil nicht einmal das funktioniert, will sie letzten Endes nur noch in Ruhe gelassen werden.

Tania ist die, die ein wenig versucht, diese Zeit der ersten Begegnungen zu beschreiben. »Beim ersten Mal ist Tamara nach Amsterdam gekommen«, sagt sie. »Oh, ich war so nervös! So nervös! Ich denke, es war da – mehr Emotion als später beim Treffen mit meiner biologischen Mutter. Vielleicht war ich in einer Art Traum, weil ich habe ja fünf Jahre lang gesucht. Die Mutter gesucht. Aber ich habe nicht erwartet, dass ich Schwestern habe. Ja, ich habe gewusst, dass ich irgendwo eine biologische Mutter habe. Aber dann schreibt dir jemand einen Brief, dass du zwei Schwestern hast! Das war eine Riesenüberraschung. Und es war emotionaler als –. Ich habe ja immer in der Überzeugung gelebt, ich habe nur einen Bruder.«

»Das ist ein großartiger Moment, oder?«, sage ich.

»Ja, natürlich. Eine richtige Familie!« Dann sagt sie etwas, das klingt wie »It's like flashing blood«, ich bin nicht sicher, ob sie damit das Blut-Tausch-Ritual meint, das Blutsbrüderschaften besiegelt, oder ob sie »flushing blood« gemeint hat, also so aufgeregt sein, dass es einem das Blut ins Gesicht treibt.

»Dieses Gefühl«, sagt sie, »zu sehen, okay, ich sehe aus wie sie! Verstehst du: Da siehst du jemanden, der sieht aus wie du. Wir haben dieselben Augen, Wangen, Hände, Füße. Das war sowieso oft komisch. Wenn Leute von außerhalb der Familie mich und meine Adoptiveltern gesehen haben, da haben die gesagt: Oh, ist das dein Vater? Du siehst ihm so ähnlich! Wir haben darüber nur gelacht. Aber da ist jetzt jemand, dem siehst du wirklich ähnlich.«

Irgendwie seien diese paar Tage in Landsmeer und Amsterdam, Anfang Jänner 2006, die ganze Zeit über gewesen wie ein einziges großes Zeichen dafür, dass noch mehr kommen würde, sagt Tania. Sie und Tamara erzählen eine Geschichte von einem Buslenker, der sie durch die Innenstadt gefahren hat, der habe so traurig ausgesehen, dass sie ihn in ihrem Überschwang der Gefühle angesprochen hätten. Was denn los sei. Da habe der eine Geschichte erzählt von seiner Freundin, die verschwunden gewesen sei, und er habe befürchtet, sie nie wiederzusehen. Die Geschichte ist ein wenig unverständlich, scheint, als sei die Freundin des Busfahrers auf einmal an einer Haltestelle gestanden und in den Bus gestiegen, mit einem Kind auf dem Arm. Was Tania und Tamara zuerst geschockt, dann fasziniert hat, ist ohnehin etwas anderes: Am Ende habe der Busfahrer ihnen den Namen seiner verlorenen und wundersam wiederaufgetauchten Freundin genannt: Patricia.

Das sei kein Zufall gewesen, sagen Tamara und Tania einhellig. Tania: »Ich denke, das war Vorherbestimmung. Ein Zeichen, dass wir unsere biologische Mutter sehr bald finden werden.«

## 43

Tania und Tamara: »Hello!«

Tania: »This is me and *(zeigt auf Tamara)* my new sister.«

Tamara: *(lacht)* »Yes.«

Tania: »We've had a nice time in Amsterdam.«

Tamara: »Yes.«

Tania: »I'm so very happy that she came and we connected. And I know for sure that we stay in touch.«

Tamara: »Me too.«

Tania: »We are a little bit sad now, but also very happy.«

Tamara: »Yes. That's alright.«

Wenn dies ein Film wäre, liefe nun die Passage mit der schlechtesten technischen Qualität. Die unterbelichteten, grobkörnigen, immer wieder von flackernden Schlieren durchzogenen Bilder stammen von einer VHS-Kassette, aufgenommen mit einer billigen Videokamera. Man sieht eine stark unterbelichtete Aufnahme von einer Wohnzimmerwand in warmem Gelborange, zwei Frauen, 21 und 28 Jahre alt, sitzen vor dieser Wand auf einem knallroten Sofa. Von der Tonspur hört man zwei jugendliche Stimmen auf Englisch reden. Es ist ein Video vom Abend des letzten Tages von Tamaras erstem Besuch in Amsterdam. Die beiden Frauen lachen und kichern manchmal wie alberne Teenager, dann reden sie wieder leise und ernsthaft. Weil die Filmsequenz so herzerwärmend und heiter ist, würde im Film trotz der miesen Qualität fast die gesamte Länge von dreizehn Minuten zu sehen sein.

In diesen paar Tagen gleich nach Neujahr 2006 hat Tania ihrer jüngsten Schwester aus Österreich ihre Heimat gezeigt, nur ganz kurz das verschlafene Landsmeer mit seinen vielen Grünflächen und Wasserläufen, dann ausgiebig Amsterdam, die pulsierende bunte Innenstadt. Sie sind mit einem Ausflugsboot eine Stunde durch Grachten gegondelt, das war langweilig für Tamara, sie wäre beinahe eingeschlafen, dann haben sie noch eine Kutschfahrt absolviert, wie so ein doofer Tourist in einem Fiaker in Wien sei sie sich vorgekommen, erzählte Tamara zu Hause, aber auch, dass es toll war.

Das Video beginnt mit einem Satz von Tania, dass das sie mit ihrer neuen Schwester sei, und so weiter. Dann sagt sie laut und bestimmt: »Im Sommer werde ich nach Österreich auf Urlaub kommen und euch besuchen!«

Tamara: »Weil wenn du nicht kommst, dann werde ich die Polizei rufen und dich holen lassen!«

Tania: »Es ist so witzig, weil wir sind wirklich *eine* Person.«

Tamara: »Wir lieben Hawaii-Pizza. Wir lieben dasselbe Essen, wir lieben dieselbe Kleidung.«

Tania: »Und schau, wir haben dieselben Füße!« *(Tania klopft Tamara auf den Oberschenkel, sie recken beide den rechten Fuß in die Kamera, sodass die Sohlen überdimensional groß zu sehen sind.)*

Tamara: »Dieselbe Größe.«

Tania: »Ja.«

Tamara: »Nur verschiedene Socken.«

Tania: »Ja. *(beide lachen laut auf, Tania zieht den rechten Socken aus, sofort macht das auch Tamara)* Siehst du, gleich.«

Tamara: *(zeigt auf die beiden großen Zehen)* »Ja, witzig. So lang.«

Tania: »Wir mögen dieselbe Musik.«

Tamara: *(persifliert übertriebene Gesten von Abscheu)* »Wir hassen Techno-Musik.«

Tania: »Ja, wir hassen sie. Richtiger Hass! Und wir lieben R'n'B und –«

Tamara: »Reggae.«

Tania: »Reggae, Hip-Hop.«

Tamara: »Langsame Musik wie die von Mariah Carey.«

Tania: »Ja.«

Tamara: »Und sie hat mir gesagt, sie hat ein Piercing gehabt an der Nase, *(legt ihren Zeigefinger an Tanias Nase, dann an die eigene)* und ich habe genau so ein Piercing gehabt, exakt an der gleichen Stelle.«

Als Nächstes erzählen sie noch einmal die Geschichte von dem Busfahrer mit der verlorengegangenen Freundin namens Patricia, diesmal lachen und witzeln sie schon über sich selbst, Tania sagt dann doch ernsthaft: »An diese Geschichte werden wir uns bis ans Ende unseres Lebens erinnern.« Dann bricht sie die Stimmung mit einem knochentrocken herausgerufenen: »Amen!« Und Tamara streckt die rechte Hand mit dem Victory-Zeichen in die Kamera und ruft: »Peace!«

Sie lachen, als Tania erzählt, dass sie endlos lange Shopping-Ausflüge in Amsterdam gemacht haben und mit dem Boot durch die Grachten gefahren sind und schließlich mit der Pferdekutsche. Die Kutsche hat so gewackelt, kreischen sie, und das Pferd war so schwach. »Einmal ist es ein wenig bergauf gegangen, da haben wir beinahe aussteigen müssen!«, sagt Tania, »die Kutsche schieben.«

Tamara blödelt: »Das Pferd am Hintern packen und anschieben!«

Sie lachen schallend, stecken dabei die Köpfe ganz eng zusammen, Tamara legt ihren Kopf auf Tanias Schulter.

»Wir werden uns immer erinnern an dieses erste Treffen«, sagt Tania.

Tamara: »Und jedes Mal, wenn ich dich vermisse, dann denke ich an die Kutschfahrt, und dann kann ich lachen.«

Tania, nach einer Pause, sehr laut, jedes Wort betonend: »Und ich liebe sie wirklich!«

Tamara, die auf diesem Video so jung und strahlend aussieht, wie ich sie noch nie wahrgenommen habe, macht eine große Geste, bewegt die Finger wie ein Rapper, ehe sie die Hand auf Tanias Schulter fallen lässt, sie sagt dabei: »Und ich sie auch!«

Es folgt ein weiterer Lachanfall, danach werden sie still, schauen einfach in die Kamera und schweigen eine Weile. Tamara sagt: »Wir wissen jetzt nicht mehr, was wir sagen sollen. Es ist so schwer, das zu erklären, was ich fühle. Wahrscheinlich kann nur jemand, der in derselben Situation ist, meine Gefühle verstehen.«

Tania: »Yeah.«

Wieder eine Pause. Dann sagt Tamara: »Und jetzt habe ich nicht mehr nur einen Bruder. Ich habe jetzt zwei Schwestern und zwei Brüder. Wir sind fünf«, sagt sie und streckt fünf Finger der rechten Hand hoch, erklärt, dass der neue, zweite Bruder Tanias Adoptivbruder ist. Tania erzählt, wie sehr ihr Bruder daran interessiert war, ihre leibliche Schwester aus Österreich kennenzulernen. Normalerweise braucht er von dort, wo er jetzt lebt, eineinhalb Stunden mit dem Auto nach Landsmeer. Gestern, als sie ihn angerufen hatte, dass sie nun vom Stadtbummel zurück seien und zu Hause auf seinen Besuch warteten, sei er fünfzig Minuten später vor der Tür gestanden.

»Er ist gefahren wie Michael Schumacher«, sagt Tamara, und sie legen wieder die Köpfe aneinander und kichern.

Sie haben das Video gemacht als eine Art Gruß aus Amsterdam von den nach zwei Jahrzehnten vereinten Schwestern, adressiert an uns, und auch an Tanias Adoptiveltern. Irgendwann kippt Tanias Stimme und sie sagt, dass sie nicht mehr weiterreden kann. »Ja«, sagt Tamara, »kein Wunder, wir haben die letzten drei Tage nur geredet, geredet, geredet. Um Mitternacht sind wir ins Bett gegangen, aber vor drei Uhr früh haben wir nie geschlafen.« Tania unterbricht sie: »Weil wir nicht aufgehört haben zu reden! So wie jetzt.«

Tamara: »Den ganzen Tag – bla, bla, bla, bla.«

Tania: »Bla, bla, bla, bla.«

Dann machen sie zweimal einen Anlauf, abschließende Grußworte in die Kamera zu sprechen, aber sie fangen wieder zu erzählen an, von den Geschenken, die sie gekauft haben, und von den Kleidern, und davon kommen sie zu der Feststellung, dass sie dieselben Farben mögen, schwarz und eher dunkle erdige Töne. Sie greifen gegenseitig nach den Hosensäumen der anderen, um sie in die Kamera zu halten, es sind schwarze Hosen.

»Ist das nicht verrückt?«, fragt Tania.

»Ja«, sagt Tamara, »dasselbe Essen, dieselben Kleider, dieselbe Musik. Im Restaurant habe ich zu ihr gesagt, bestell einfach das, was du magst, zweimal, ich werde es auch mögen. Und so war es wirklich!«

»Ja«, sagt Tania hochtheatralisch, »wir hassen Pilze. Und Spinat!«

Tamara: »Und schau, dieselbe Nase, dasselbe Grübchen bei den Lippen«, sie greift dabei auf die entsprechenden Stellen in ihrem Gesicht.

Tania, mit derselben Gestik: »Dieselben Lippen, dieselben Augen, unterschiedliche Farben, aber dieselbe Form.«

»Und wenn wir lachen, haben wir dasselbe Problem«, prustet Tamara und fasst sich an den Hals unter ihrem Kinn, Tania kreischt auf, sie brüllen vor Lachen, während jede das Kinn an den Hals drückt, so weit wie möglich, und an der Haut zupft und quetscht, bis sie aussieht wie ein Doppelkinn.

Tania: »Ja, und darum werden wir nie wieder lachen.«

Tamara: »Oder nur noch lachen, wenn wir Schals tragen.«

Als sie endlich zu lachen aufhören können, sagt Tania: »Wir sind echte Schwestern, zwei wirklich wunderschöne Schwestern. Wirklich!«

Tamara: »Yeah, give me five!« Und dann heben sie je einen Arm und lassen die Handflächen kräftig aufeinanderklatschen.

Beim zweiten Anlauf, zu einem Ende zu kommen, sagt Tamara: »Wir grüßen euch alle da draußen«, beide heben einen Arm und winken fröhlich, »euch alle, in Österreich.«

»Und in Holland«, sagt Tania.

»Und in Amerika, und in Afrika«, sagt Tamara, und meint einen ihrer Onkel, der in Nordamerika lebt, und ihren damaligen Partner, der aus Nigeria stammt.

»Und in Thailand«, sagt Tania. Da werden sie einen ganz kurzen Moment lang plötzlich ernst, Tamara hört auf zu winken, Tania blickt irgendwie besorgt zu ihr hinüber. Aber gleich blödeln und lachen sie wieder, sie erzählen weitere drei, vier Minuten lang von den drei Tagen in Amsterdam und versichern einander, dass sie sich bald erneut sehen werden. Erst, als im Off ein Telefon klingelt, springt Tania auf. Sie winkt heftig, ruft »By, by, love you, love you, love you!« ins Objektiv und geht aus dem Bild, ein paar Sekunden lang sieht man Tamara allein lächelnd auf dem roten Sofa sitzen, dann stoppt die Videoaufnahme.

## 44

Iris blieb ausgeschlossen von diesem warmen einhüllenden Gefühl von Freude und Zärtlichkeit, das so intensiv gewesen war bei der ersten Begegnung der zwei Schwestern in Amsterdam, dass man es sogar noch beim Ansehen des schlecht belichteten Films wahrnimmt. Während die Schwestern verschiedener Muttersprache im holländischen Reihenhäuschen sanft die Köpfe aneinanderlehnten, muss im Leben von Iris schon alles am völligen Schieflaufen gewesen sein.

Gerade noch war sie gertenschlank und außergewöhnlich hübsch gewesen, Tamara besaß damals ein paar Fotos von ihr, die sie uns manchmal zeigte. Die Bilder sehen aus, als hätte sie ein professioneller Modefotograf angefertigt. »Nein, als Model habe ich nie gearbeitet«, sagt Iris, »ich war halt damals in ein paar Fotostudios, in der Stadt drinnen, und da haben sie ein paar Fotos gemacht. Ja, das wollte ich eigentlich schon machen, als Model jobben. Aber ich gebe es ehrlich zu, ich habe oft ein wenig Probleme mit dem Gewicht – das muss man schon länger machen – weißt eh.« Und gleich schweift sie wieder ab: »Weil mein Vater, der hat mir ja mehr das Fortgehen gesponsert, weißt eh, in die Disco gehen, tanzen gehen. Da hat er mir jedes Wochenende ein paar tausend Schilling gegeben, und da bin ich doch viel fortgegangen. Das ist dem Josef fast ein wenig zu teuer geworden, das Fortgehen. Aber wirklich, jedes Wochenende oft. Und da – nein, nein, der Josef, der schaut eh voll auf mich, da gibt's gar nichts, normal.«

Ich frage vorsichtig, wie ihr Vater sich das leisten konnte, und deute an, dass Tamara mir erzählt hat, er besäße so Klubs, wo man nicht so genau sagen könne, ob es nur ums Tanzen geht oder um mehr. Sie winkt ab. Es handle sich um *normale* Klubs, Massage, »aber nicht nackt«! Früher habe sie selbst überlegt, als Go-go-Tänzerin zu arbeiten, und auch jetzt reize sie der Gedanke noch: »Vielleicht wird es einmal etwas, weil in einem Tanzklub arbeiten, oder sonst irgendetwas, in einer Disco oder so, das wäre was. Also ein Puff nicht. Alles, nur kein Puff! Oder so nackt tanzen, das interessiert mich nicht. Aber so, wenn es eine Disco ist, oder ein Tanzklub, das kann ich mir schon vorstellen. Oder als Kellnerin zum Beispiel, das wäre schon super.«

Von Josef hat Tamara unschöne Dinge erzählt. Eine Zeitlang hatte Iris in einem seiner Klubs als Empfangsdame gearbeitet. Dann warf er sie hinaus. Weil sie zu fett geworden war. Das würde seine Kunden abstoßen und abschrecken. Ich frage Iris, ob diese Geschichte stimmt. »Nein, nein«, sagt sie, aber es klingt nicht überzeugend. Sie verschwindet eine Weile in einem anderen Zimmer, dann kommt sie mit zwei Fotos zurück und drückt sie mir in die Hand. Auf beiden Abbildungen posiert sie vor einem Studio-Hintergrund, in superkurzen Hotpants und hautengem Oberteil, die junge Frau auf den Schwarz-Weiß-Fotos schaut attraktiv und aufreizend aus. »So ungefähr habe ich damals ausgeschaut«, sagt sie. »Die haben ihm am Anfang recht gut gefallen, dem Josef, da hat er gesagt, ja, das taugt mir, wenn wir da mehr machen könnten.« Sie schaut eine Weile selbstvergessen die Bilder an und sagt dann: »Ist schon – ist schon lieb.«

Dann wurde sie schwanger. Das Ganze ist eine konfuse Geschichte, nicht zu verstehen, und sie selbst ist nicht bereit oder nicht imstande, sie klar und verständlich zu erzählen. Ihr damaliger Partner Hans – möglicherweise sogar ihr Ehemann, es bleibt offen, ob die beiden geheiratet haben oder nicht – hielt sich für den Vater des Babys. Was er aber unmöglich sein kann, denn die Haut des Kindes wurde wenige Tage nach der Geburt dunkler und dunkler, die Haare kraus. Da sei was mit einem Afrikaner gewesen, sagt Iris, aber der Hans habe es lange nicht bemerkt. Tamara besitzt eine kurze Video-Sequenz aus diesem Lebensabschnitt von Iris.

Die zwei Schwestern sitzen nebeneinander, zwischen ihnen das vielleicht vier oder fünf Monate alte Baby, meist hält es Tamara am Schoß. Iris ist unglaublich korpulent, sie sieht doppelt so schwer wie Tamara aus. Die Kamera wird offensichtlich von Hans bedient. Darum hört man auch fast nur seine Stimme, die den Schwestern Anweisungen erteilt, wie sie das Kind in die Kamera halten sollen. Es gibt einen kurzen Schwenk, dann hält Hans das Baby im Arm und redet auf das Kind ein, recht zärtlich, allem Anschein nach ein liebevoller, vorsichtiger Vater. Man kann einfach nicht begreifen, wie dieser Mann glauben konnte, er halte sein eigenes Kind in Armen. Denn Iris' Sohn ist da schon ganz eindeutig ein süßes kleines afrikanisches Baby, wie ein niedliches bronzefarbenes Püppchen sieht er aus.

Die kleine Familie scheint kurze Zeit später dramatisch auseinandergebrochen zu sein, die Iris von heute, um sechzig Kilo oder mehr magerer als jene auf dem Videoband, deutet alles nur an. »Ich weiß es auch nicht mehr so genau – den Buben haben sie mir mehr oder weniger vom Gericht – nicht weggenommen, aber zu einem Bruder von meinem Vater gegeben. Weil da ist ja einiges vorgefallen zwischen meinem Exfreund und mir, dem Hans. Weil der hat sich da so aufgeführt, bei mir, in der Wohnung, das hat einfach nicht gepasst, das wollten die vom Gericht dann nicht.«

»Was heißt aufgeführt?«, frage ich.

»Na ja, ich und der Hans waren das. Da hat sich dann jemand eingeschaltet, es war eh nichts Tragisches, aber die vom Gericht haben dann gemeint, dass ich mich halt nicht so sorgen kann um das Kind, und es soll sich besser der Onkel sorgen. Darum passen die jetzt auf den Buben auf.« Sie redet lange und ziemlich unverständlich und zusammenhanglos über die Brüder ihres Vaters und deren Frauen, und dass sie eigentlich mit denen keinen Kontakt hat. »Ich mische mich da nicht ein«, sagt sie, »weil die haben ihre Freunde – und ich habe auch oft andere Freunde – ja, eh ganz normal eigentlich. Jeder tut halt ein wenig was anderes im Leben.«

Dann spricht sie plötzlich von ihrem Sohn, der anscheinend ganz in der Nähe ihrer jetzigen Wohnung lebt, auf eine Art, die sich so grässlich eisig und herzlos anhört, dass es einem den Magen umdreht: »Ich kann ihn besuchen, zweimal in der Woche. Aber ich weiß auch nicht so genau, was ich mit dem Kind anfangen soll. Das Negerkind da. Weißt, das Kind ist mir ein wenig zu schwarz, das hätte ich mir sowieso nicht behalten, weil da komme ich nicht so zurecht. Weißt, das ist mehr ein Initiativenkind, das soll man doch wo unterbringen – damit sie ein wenig gescheiter damit umgehen. Ich war auch psychisch nicht so gut drauf für Kinder und so. Für mich selber, da komme ich schon zurecht. Aber für Kinder habe ich jetzt keinen Platz, so in meinem Leben, weißt. Das ist mir einfach zu steil. Da musst du ja ein wenig aufpassen, so von der Hautfarbe, weißt eh, Neger und so, das ist mir schon ein wenig zu hoch. Da musst du aufpassen, was du tust, und so. Weil die ja oft ganz andere Ansprüche haben im Leben, weißt eh. Da musst immer fragen: Von wo bist du denn, von wo seid ihr, und so. Man hat ständig den Stress mit der Umwelt.«

Und dann ändert sich ihre Stimmlage, sie flötet die nächsten Sätze, als ob sie flirten würde oder sich selbst als kleines hilfloses Mäderl parodieren: »Da ist dann einiges mit dem Gericht zusammengekommen. Das hat mir nicht so getaugt, ehrlich gesagt, aber – so wie es ist, ist es auch in Ordnung. So passt jetzt der Onkel auf, und ich gehe ein paarmal hinüber, oder was.«

Sie scheint es zumindest eine Weile versucht zu haben, mit dem Kind und Hans zusammenzuleben, das kann man dem entnehmen, was sie als Nächstes sagt: »Der Hans und ich haben eine Betreuerin gehabt, weil da wollten wir sogar zusammenbleiben, aber das hat mich nicht so interessiert, weil der Hans ja doch fast zehn Jahre älter ist als ich, und da hat er, glaube ich, sogar eine Freundin gehabt irgendwo, und da haben wir ein wenig gestritten, er wollte dann zurück zu ihr. Da war mein Vater ein wenig angefressen, weil da kommt der Hans immer her zu mir, aber dann interessiert er sich eh nicht so stark, außer es gibt Geld, dann steht er gleich da. Ja. Und das geht aber nicht so.«

Auf dem Video mit dem Baby wirken Tamara und Iris ganz und gar nicht wie Schwestern, sie sehen aus wie Menschen von verschiedenen Planeten, und zwar nicht wegen des krassen Unterschieds beim Körpergewicht. Tamara hatte damals Tania bereits getroffen, die zufriedene Gelassenheit der Tage in Landsmeer und Amsterdam strahlt mit großer Intensität auf alles rund um sie ab. Iris dagegen hockt fett und laut neben ihr wie ein grauer unbeweglicher Klotz. Mit dem dunkelhäutigen Baby geht Tamara um, als wäre sie die Mutter, mit resoluter Selbstverständlichkeit und viel Zärtlichkeit hebt sie das Kind hoch und wippt es am Schoß und beschäftigt sich ständig ganz unbefangen mit ihm, auch wenn sie mit den anderen redet oder aus ihrem Glas trinkt. Iris dagegen scheint ihr Kind gar nicht wahrzunehmen, und wenn doch, dann behandelt sie es wie einen Gegenstand.

»Ein Kind betreuen ist das, was ich nicht so kann«, sagt die Stimme von Iris auf der MP3-Aufnahme. »Ich muss dir ehrlich sagen, es wäre mir zu hoch gewesen, weil da musst du doch immer dahinter sein, und ich möchte einmal im Leben mein Leben in den Griff kriegen. Sonst ist er eh ganz ein lieber Bub, ich meine, nicht aggressiv, oder so was, da gibt es nichts. Ein wenig einen Blödsinn redet er daher, und er hat ein wenig einen Ausländer-Touch. Mein Fall ist es nicht direkt. Aber man kann es so lassen.« Und dann lacht ihre Stimme plötzlich ganz kurz und sehr laut auf.

## 45

Die Mutter der drei Schwestern war in den Jahren, als ihre Töchter sich begegneten, schon lange wieder in Europa. Wann genau sie Thailand verlassen hat, weiß Patricia nicht mehr, oder es ist eine jener Geschichten, die sie mir nicht erzählen will. Jedenfalls war sie nach Amsterdam geflogen nach dem Tod ihres Mannes, irgendwann zwischen 1990 und 2000, und hatte offenkundig dort weiter Drogen genommen, sich die Sucht finanziert als Kleindealer. Ob sie nach Amsterdam gegangen war wegen ihres Vaters, will ich wissen. Sie antwortet nicht, ich frage, ob Herr M. überhaupt noch lebt.

»Das ist eine andere Geschichte«, sagt sie. »Ich kann nur so viel sagen, dass es niemand weiß, lebt er noch, lebt er nicht mehr? Die einen sagen, er ist tot, die anderen sagen, er lebt noch.« Schon wieder so eine Geschichte von ausgesparten Details, denke ich, nein, nicht nur Details, wesentliche Passagen sind ausgespart, immer wieder. Es muss anstrengend sein für Tania, Iris und Tamara, mit solchen fragmentierten Erzählungen zu leben, anstrengend, frustrierend und belastend, denn es sind ja Erzählungen, die von ihnen handeln, von ihrer Herkunft. »Ich bin der Meinung, dass mein Vater irgendwo in Südamerika sitzt«, sagt Patricia, »aber das ist wiederum eine andere Geschichte«, und dazu lacht sie fröhlich.

Ich sage, dass ich nicht verstehen kann, dass man sie nie gefunden hat, obwohl doch in jenen Jahren, da sie wieder in Amsterdam war, alle ihre Töchter zu suchen begonnen hatten, und auch Polizeibehörden und Außenamtsmitarbeiter nach Spuren von ihr geforscht haben. »Ich war ganz offiziell in Amsterdam«, sagt Patricia, »unter meinem richtigen

Namen.« Und erklärt mir, dass sie allerdings nicht in den üblichen Melde-Routinen aufgeschienen ist. »Ich bin über das Gesundheitsamt gelaufen«, sagt sie. Und meint damit PPP, Personal International Private Health Insurance Plan, das ist eine Art weltweit aktive Kranken- und Sozialversicherung, gedacht in den jeweiligen Ländern als Anlaufstelle für Nicht-Staatsangehörige. Im Gegensatz zu Deutschland oder Österreich bleiben in Holland Menschen, die über PPP einen Drogenentzug oder ein Methadon-Programm machen, absolut anonym, PPP erteilt auch auf behördliche Anfragen keinerlei Auskünfte.

Patricia hatte sich entschlossen, den Ausstieg aus den Drogen zu versuchen. Sie selbst sagt über ihre Motive gar nichts. Tania weiß da ein wenig mehr, mit der hat sie anscheinend darüber gesprochen. Es sieht so aus, als hätte Patricia, als Abhängige und Dealerin in Amsterdam unterwegs, nach einigen Jahren Frank kennengelernt, ihren späteren Lebenspartner. Der hat ihr offenkundig so viel Halt gegeben und ihr so viel Unterstützung gewährt, dass sie es geschafft hat. Mit Frank zog sie nach Deutschland, wo der ein kleines Handwerksunternehmen betrieb, am nordwestlichen Rand des Ruhrgebiets, nahe der niederländischen Grenze.

Den Entzug und die Methadon-Therapie absolvierte sie in Amsterdam über PPP. »Da kannst du vom Heroin weggehen und dir Methadon holen, oder du kannst ganz aufhören, wenn du es schaffst, du kannst dich in eine spezielle Klinik einliefern lassen. Den Leuten wird geholfen. Da ich in Amsterdam auch Drogen verkauft habe, bin ich zu dieser Institution gekommen, weil ich natürlich auch da meine Kunden hatte.«

Ich frage, wie hart ihr Entzug war.

Patricia: »Du musst dich erst umstellen, Methadon wirkt nicht gleich am ersten Tag, ne, das dauert, vier bis fünf Tage. Die körperlichen Probleme hatte ich da in schwacher Form. Es ist auszuhalten, okay? Es ist unangenehm, aber es ist auszuhalten. Darum machst du die Umstellung auch im Krankenhaus. Ich habe es in Amsterdam im Krankenhaus gemacht. Und dann gehst du von der Dosis runter. Ich habe am Anfang, wo ich mich umgestellt habe, dreißig Pillen pro Tag geschluckt. Eine Pille hat fünf Milligramm, wird dir nichts sagen, aber das ist tierisch viel. Das ist viel, okay. Ja, irgendwann einmal war ich auf acht Pillen. Leider Gottes noch immer. Ich bin noch nicht weg davon. Durch den langen Gebrauch ändert sich anscheinend die Körperchemie, dann brauchst du es, wie ein Diabetiker das Insulin, damit ich einfach normal leben kann. Genau. Das ist so.«

Später, gegen Abend, als Tamara und Christiane von einer Einkaufstour zurückkommen, bei der sie Frank begleitet hat, gehen Tamara und ihre zwei Mütter vor den Wohnwagen und schauen sich die Fische im winzigen Teich an. Da erzählt mir Frank, dass man jahrelang das Methadon in Amsterdam gratis bekommen hat, auch wenn man, wie Patricia damals, in Deutschland lebte. Dann aber hätten die Holländer die Zugangsregeln geändert, sagt er, jetzt kriegst du Methadon nur noch kostenlos, wenn du in Holland lebst. Deshalb seien sie hierhergezogen, Nordbelgien, eineinhalb Autostunden von Amsterdam entfernt, und darum fahren sie jetzt alle paar Wochen nach Amsterdam und besorgen die Methadon-Pillen auf dem Schwarzmarkt, das kostet jedes Mal ein paar hundert Euro.

Bald schon war Patricia so weit, dass sie geregelte Arbeit annehmen konnte. Sie schwärmt richtiggehend von ihrem Job, erklärt dabei aber nicht wirklich, was sie eigentlich tut.

Es hört sich an, als hätte sie über Zeitarbeitsfirmen Jobs als Putzfrau angenommen, daraus hatte sich dann aber schnell etwas Ernsthafteres ergeben, schon in den Jahren in Deutschland. Sie dürfte so eine Art Teilzeit-Haushälterin für mehrere Haushalte gewesen sein. Denselben Beruf übt sie auch jetzt in Belgien aus, Haushälterin bei zwei wohlhabenden Familien. Wenn sie über ihre Arbeitgeberinnen spricht, sie mit Vornamen nennt, hat man den Eindruck, als erzähle da jemand von kleinen simplen Alltagserlebnissen mit Freundinnen. Es geht ihr gut, will Patricia mit diesen Geschichten sagen, und man merkt, dass das stimmt.

## 46

Es hat Tamara so unendlich gutgetan, ihrer ältesten Schwester in Fleisch und Blut zu begegnen. Es hat einen Anstoß gegeben. Das, was sie wirklich ist, hat begonnen, sich zu zeigen, und dieser positive Drall ist noch heute wirksam. Zusammensein mit dieser um sieben Jahre älteren Frau, die zu ihren engsten Blutsverwandten gehört, hat sie ruhiger und weniger wütend gemacht. Tania an diesen paar Tagen zuzusehen, wie entspannt sie mit ihrem Kind umgeht, und wie dynamisch und gleichzeitig fröhlich sie das Hin und Her zwischen der turbulenten Großstadt Amsterdam und dem verschlafenen Landsmeer schafft, oder mit wie viel Leidenschaft und heiterer Energie sie mit den Kindern umgeht, die sie in ihrem Beruf betreut, hat Tamara Gelassenheit gebracht.

Heute ist sie selbst eine erwachsene selbstbestimmte Frau, die sich in Bewegung setzt, wenn es notwendig ist. Und die enorme Belastungen aushält. Etwa um Weihnachten 2010, sie wohnte immer noch bei uns in Oberösterreich, erreichten sie Anrufe von Leuten, die sie nicht kannte. Es waren der Wirt und die Stammgäste des kleinen Lokals, in dem sich Erna tagsüber aufhielt. Man habe bei Frau R. ihre, Tamaras, Handynummer gefunden. Ja, sagte sie, das sei okay, Frau R. sei ihre Oma.

»Die Erna ist im Spital«, sagte die fremde Stimme am Handy, »sie ist plötzlich völlig weggetreten, kennt niemanden mehr.«

Und plötzlich wurde Tamara aktiv. Drei oder vier Jahre hatte sie Erna nicht mehr gesehen, sie nicht mehr angerufen, jeden Kontakt abgebrochen. Weil sie es nicht mehr hören konnte, das Geschimpfe der dünnen alten Frau, auf Patricia, auf das Leben, auf die Umstände, auf das grausame Schicksal, das ihr so eine Tochter beschert hatte. Erna sprach es nicht aus, aber Tamara dachte es natürlich weiter: Erna war voll Hass auf ihr Leben, weil es ihr so eine Tochter und dann auch noch *solche* Enkelkinder zugemutet hatte.

Aber jetzt war Tamara da für die Oma. Sie organisierte alles, was man so braucht für einen Spitalsaufenthalt, besuchte Erna regelmäßig, kümmerte sich, unterstützt von Christiane, um die Alltagsangelegenheiten der alten Frau. Abends lächelte sie manchmal, wenn sie vom Krankenhaus nach Hause kam, und erzählte Geschichten, die nicht wirklich lustig waren. Erna sei von einem Tag auf den anderen in eine totale Demenz gefallen, sagte sie. Meist könne sie sie nicht erkennen, erst wenn sie ihr sage, wer sie sei, scheine sie sich zu erinnern.

Die Ärzte diagnostizierten Demenz in einem Stadium, das keine Aussicht mehr auf Besserung biete. Erna kam in ein Pflegeheim. Tamara und Christiane organisierten auch dies, kündigten Ernas Mietwohnung und lösten ihren

Haushalt auf. Wieder erzählte Tamara nach Besuchen mit grimmigem Schmunzeln vom neuen Alltag der Oma. Sie glaube, sie befinde sich in ihrem Stammlokal, gehe den ganzen Tag herum und versuche sich nützlich zu machen. Wenn die Pflegekräfte wollten, dass sie etwas trinkt, gaben sie ihr den Schnabelbecher mit Wasser oder Tee und sagten, es sei ein kleines Bier, das habe sie sich verdient. Dann trank Erna zufrieden. Am Abend rief eine Schwester oder ein Pfleger »Sperrstunde!«, und schon marschierte Erna widerspruchslos in ihr Bett.

In dieser Zeit war am Wiener Theater an der Josefstadt Torsten Fischers ungewöhnliche Inszenierung von Tschechows »Drei Schwestern« zu sehen. Olga, Mascha und Irina sind da keine hübschen, aber letztlich nutzlosen Püppchen, die ohne ersichtlichen Grund ihr Leben vergeuden und den Aufbruch aus dem Provinznest nicht schaffen. Fischer zeigt, zumindest andeutungsweise, dass es sich um verletzte, missbrauchte Frauen handelt, neurotische Opfer einer nicht wiedergutzumachenden Beschädigung. »Sie bleiben wie Fliegen auf dem Papier kleben«, schrieb Ronald Pohl im *Standard*. Am Ende kommt dann die Decke langsam vom Schnürboden auf die Bühne herab, auf der die drei Schwestern allein verblieben sind, wie die riesigen Bücherstapel in Bohumil Hrabals »Allzu laute Einsamkeit« den armen Herrn Hănta zerdrücken, so zerquetscht dieses Gewicht die Schwestern auf dem klebrigen Fliegenpapier.

Da sah ich es klar und deutlich. Die drei Schwestern, um die es in meinem Fall geht, sind aufgebrochen. Nach Moskau. Zumindest zwei von ihnen sind auf dem Weg nach ihrem jeweils ganz eigenen Moskau, sie haben es möglicherweise schon erreicht. Und die gute Nachricht: Glück ist möglich. Tania und Tamara, die jahrelang wie Besessene

Puzzlestück um Puzzlestück ihrer disparaten Vergangenheit gesucht und gefunden haben und immer noch bislang verborgenen Teilen nachjagen, sind dem Glück näher gekommen. Auch sie sind Opfer von nicht wiedergutzumachenden Beschädigungen. Aber anders als die drei Frauen im plüschigen Theaterraum an der Josefstädter Straße haben sie sich von der Presse aus dem Schnürboden nicht endgültig platt auf den Boden quetschen lassen. Sie sind aufgestanden – und siehe da, diese scheinbar das ganze Gewicht der Welt wiegende Decke, die sich langsam herabsenkte, erwies sich als mickrige Papierkulisse, leicht zu durchstoßen mit einer Faust, mit dem Kopf, dem ganzen Körper. Tania und Tamara haben diese papierene Last zerrissen und sind durch die Fetzen gestiegen und losgegangen. Nur Iris, die sieht aus, als bliebe sie reglos liegen und ließe sich erdrücken.

Bewundernswerte Großherzigkeit und Souveränität, das zeigte Tamara. Sie ließ sich auf die entnervende Routine ein, sich gleichsam von Amts wegen um ihre Großmutter zu kümmern. Sie beantragte die Sachwalterschaft für Erna R., regelte all den langwierigen Papierkram mit Heimunterbringung, Pflegegeld, Pensionsversicherungsanstalt und Wohnungsauflösung, organisierte – gemeinsam mit Christiane – persönlich alle die Dinge und Wege, die zu erledigen sind, wenn ein alter Mensch endgültig nicht mehr in seinen gewohnten Umständen leben kann, von Entsorgung des sich in einem Menschenleben angesammelten Hausrats bis zum Beschaffen von Kleidung.

Tamara ging dies alles mit Energie und Elan an, der nicht nachließ, als ihr Mann endlich heimkehrte und sie wieder in Wien wohnte. Wie selbstverständlich kümmerte sie sich um die Oma in Linz. Und kein Außenstehender wäre auf den Gedanken gekommen, dass hier eine junge Frau einer alten

Frau zur Seite stand, die es am Beginn des Lebens der jungen Frau nicht geschafft hatte, sich mehr als zwei, drei Monate um sie zu kümmern. Mein Staunen über meine Tochter wuchs, und mein Respekt.

## 47

Drei oder vier Monate nach den paar Tagen, die Tamara und Tania gemeinsam verbracht hatten, klingelte bei Tania das Telefon. Ein Mitarbeiter von FIOM war am anderen Ende der Leitung. »Ich habe große Neuigkeiten für Sie«, rief er. »Big news!« Tania schildert diesen Tag im Frühsommer 2006 dramatisch. »Er wusste, dass ich mittlerweile meine Schwester gefunden hatte«, sagt sie, »und meine Großmutter in Linz.«

»Setzen Sie sich«, sagte der Mann damals.

»Nein! Erzählen Sie«, sagte Tania.

Ihr Stimme hört sich energisch an, und sogar ein bisschen feindselig, wie sie das auf das Aufnahmegerät spricht. Dies ist ihr bewusst, und sie versucht es zu erklären: »Ich habe ein wenig Angst gehabt. Ich habe nicht damit gerechnet, dass praktisch zur selben Zeit, wo ich das erste Mal meine kleine Schwester treffe, gleich was passiert mit meiner Mutter. Und da kommt der und sagt: Setzen Sie sich, es gibt big news!«

Tania setzte sich doch hin, und der Mann von FIOM sagte: »Das werden Sie mir niemals glauben, aber wir haben Ihre Mutter gefunden. Und nicht nur das: Sie hat in Holland gelebt, mehr als zehn Jahre lang.«

Jetzt kann sie darüber fröhlich lachen und es als eine krasse Laune des Zufalls sehen, aber damals war Tania am meisten geschockt von der Neuigkeit, dass ihre leibliche Mutter gut ein Jahrzehnt lang in ihrer Nachbarschaft gelebt hat: »Im selben Viertel, in dem Freunde von mir eine Café-Bar haben! Ich bin dort so oft gewesen. Ich bin wahrscheinlich in denselben Supermarkt wie sie gegangen, vierzigmal, vielleicht fünfzigmal. Wer weiß, wie oft ich sie gesehen habe, ohne zu wissen –«

»Jetzt lebt sie in Deutschland«, sagte der Mann von FIOM, »mit ihrem Freund, das ist eine lange Geschichte. Wir haben sie gefunden über eine Organisation in Holland, die Menschen hilft, von Drogen wegzukommen.«

»Hat das was für dich verändert?«, frage ich, »denn bis dahin war deine leibliche Mutter in deiner Vorstellung nur eine Frau, die ganz jung schwanger geworden ist, und eine Fremde. Und dann hörst du solche Details.«

»Ja, das erste Mal, als ich erfahren habe, die haben sie gefunden«, sagt Tania, »da war ich *sooo* glücklich! Es war so ein Gefühl – mein Kopf wird auf einmal klar, ich werde jetzt Antworten auf alle meine Fragen bekommen. Aber der Mann, der sie gefunden hat, der hat gleich gesagt: Sie war schwer auf Drogen, aber jetzt ist sie clean, seit etwa einem Jahr schon. Es wird immer besser mit ihr, aber Sie müssen sich bewusst sein, dass sie ein sehr hartes Leben gehabt hat. Leben auf der Straße, Drogen, sie braucht also eine Menge Zeit, bis sie Sie persönlich treffen kann. Ich sagte, ja, das ist okay.«

FIOM hatte mit der üblichen Such-Routine einen Zufallstreffer gelandet. Man hatte, wie an etliche andere Einrichtungen auch, die europaweit mit Drogensüchtigen zu tun haben, einen Brief an PPP in Holland geschrieben, sozusagen auf Verdacht. Die Leute von PPP versicherten der FIOM: Man wird den Brief deponieren, und sollte irgendwann einmal eine Person mit dem Namen Patricia X. die Dienste von PPP in Anspruch nehmen, wird man dieser Person das Schreiben aushändigen. Und genau dieser Fall trat ein. Patricia: »Die haben mich gefragt, du, da ist ein Brief gekommen, jemand sucht dich. Irgendjemand in Holland sucht dich. Und ich wusste sofort: Das kann nur meine Tochter sein.«

»Aus der Anfrage von FIOM ist gar nicht hervorgegangen, wer dich da sucht?«, frage ich.

»Ne. Ne«, sagt Patricia. »Das war ein Brief – und diese Organisation hat denen von PPP nur gesagt, ja, wenn mal jemand herkommen sollte, dann sollten sie doch mir bitte sagen, dass mich jemand sucht, der mich gerne finden möchte. Und dann habe ich gesagt, okay, ich nehme den Brief an. Ich habe den Brief durchgelesen, und da stand eben nur drinnen, dass mich jemand sucht, der gerne Kontakt mit mir aufnehmen möchte. Und wenn ich Näheres wissen will, soll ich mich bei denen melden. Da habe ich mir gedacht, das kann nur meine Tochter sein, und ich habe mich bei denen gemeldet.« Dann sagt sie noch lapidar: »Und so habe ich Tania kennengelernt«, und wird still für Minuten.

Tania ließ sich sehr viel Zeit. Es dauerte fünf Monate, bis sie bereit war, ihre leibliche Mutter in natura zu treffen. Die erste Begegnung fand auf neutralem Boden statt, bei FIOM in Amsterdam, die Organisation stellt für solche Anlässe eigene Räumlichkeiten zur Verfügung. Die Mitarbeiter berieten Tania ausführlich: »Tauscht bei der ersten Unterhaltung auf keinen Fall Telefonnummern oder Adressen aus. Seht, wie es läuft, und wenn es sich gut anfühlt, dann redet noch einmal, das nächste Mal vielleicht am Telefon.«

Mutter und Tochter waren nicht allein, als sie sich zum ersten Mal in ihrem Leben trafen. Patricia wurde begleitet von ihrem Lebensgefährten Frank, und Tania hatte ihre beste Freundin mitgenommen. Allein hätte sie die Sache nicht ausgehalten. Dann war es für sie aber gar nicht so dramatisch. Tania: »Ich habe erwartet, dass ich weinen würde, aber das habe ich nicht. Ich war so ruhig, innerlich. Aber Patricia hat die ganze Zeit geweint, sehr viel. Ich war sehr relaxed. Nach einem Monat, glaube ich, haben wir Telefonnummern ausgetauscht. Das war der erste Tag. Yeah. Danach haben wir uns öfter gesehen, manchmal übernachten Patricia und Frank jetzt für ein Wochenende bei mir.«

Klingt nicht, als ob dies ein Moment tiefer Emotion gewesen wäre, deute ich an.

Tania: »Äh – es war ein bisschen enttäuschend. Weil ich so viel mehr erwartet hatte. Aber nach ein paar Treffen habe ich gedacht, okay, ich bin glücklich mit dem allen, weil ich jetzt ein wenig mehr weiß, aber es war nicht so, dass es sich in mir drin irgendwie kompletter angefühlt hätte. Ich habe mich nicht gefühlt, als sei ich jetzt vervollständigt worden, oder so was. Ein bisschen vollständiger hat sich das schon angefühlt, wie ich gesehen habe, okay, ich sehe aus wie sie, das war dasselbe Gefühl wie kurz davor mit Tamara.«

Ich will wissen, ob bei so einem Treffen Vorwürfe eine Rolle spielen, ob man Fragen stellt, warum einen die Mutter weggegeben hat.

»Nein, nein«, sagt Tania rasch, und setzt aber gleich nach: »Wie sie das erste Mal in mein Haus gekommen ist, da haben wir eine ganze Nacht lang geredet. Da hat sie mich gefragt, ob ich wütend bin. Ich sagte: Nein. Nicht mehr. Manchmal, als ich jünger war, habe ich gedacht: Du hättest es doch zumindest versuchen sollen, dein Kind aufzuziehen. Aber jetzt denke ich, es ist besser, ein Kind als Baby zur Adoption wegzugeben, und nicht erst, wenn das Kind vier oder fünf Jahre alt ist. Dann wird es ja viel schwieriger, weil die Kinder haben da schon ein Bild von ihrer richtigen Mutter im Kopf. Ich dagegen kann mich an gar nichts erinnern, ich war ein Baby.«

Es fällt mir erst beim Abhören der Aufnahme auf, dass sie an dieser Stelle das erste und auch einzige Mal von der leiblichen Mutter nicht als *biological mother* spricht. Sie verwendet bei dieser Passage den Begriff *real mother*.

Tania spricht weiter gefühlvoll und herzlich von Patricia: »Ich denke, es gibt Menschen, die machen sehr viele dumme Sachen in ihrem Leben. Aber das bedeutet für mich ja nur, dass ich mir vornehme, ich mache das anders. Sie war sechzehn, und ihre Mutter hat ihr gesagt, ich will dich nicht bei mir haben mit einem Baby. Sie war ganz allein. Für sie war es die beste Entscheidung, die sie treffen konnte. Ich bin nicht wütend.«

Ich frage auch Patricia, wie das ist, wenn man das erste Mal eine 28-jährige Tochter trifft, die man das letzte Mal gesehen hat, als sie sechs Tage alt war.

»Ja, wie ist das«, sagt sie, und macht eine unendlich lange Pause, ehe sie weiterspricht. »Ich habe eigentlich an dem Tag überhaupt kein Gefühl gehabt.« Und wieder bricht sie ab. Ich glaube ihr nicht. Sie schützt sich, denke ich. Sie erzählt mir ihre Geschichte im Wissen, dass sie veröffentlicht wird, und da muss sie sich so zeigen, wie sie es ihr ganzes Leben getan hat. Nicht angreifbar sein, bloß keine Schwäche zeigen, bloß nicht merken lassen, dass es wehtut.

»Es gab wohl Vorfreude«, fährt sie fort, »dass ich sie sehe. Nur als sie dann vor mir stand, wusste ich einfach nicht, wie ich reagieren soll. Ich wusste es nicht. Ich habe mir einfach nur gedacht, ich lasse das auf mich zukommen. Weil man steht ja eigentlich vor einer Fremden. Eigentlich ist es ja eine fremde Person. Du weißt, es ist dein Kind, aber trotzdem fremd. Das ist mit Tamara genau dasselbe. Du weißt, es ist dein Kind, aber es ist doch fremd. Weil du hast ja nichts mitgemacht. Du hast weder mitgemacht, wo sie das erste Mal in die Schule geht, noch wo sie das erste Mal so eine Zuckertüte in der Hand hat.«

Sie redet jetzt über ihre beiden Töchter, die sie zur Adoption weggegeben hat, tippe ich später in eine Fußnote beim Transkribieren des MP3-Mitschnitts, spricht dabei mehr von Tamara als von Tania. Es muss dieses eine Foto in ihrem Kopf hängengeblieben sein, das unter den vielen Bildern war, die ihr Tamara am Vorabend gezeigt hat. Ein Farbfoto von Tamaras erstem Schultag, auf dem sie aufgeputzt und akkurat gekämmt dasteht, Schultasche am Rücken und eine riesige Schultüte voller Süßigkeiten mit beiden Händen haltend, neugierig und wach schaut sie direkt in die Kamera.

»Du hast ja gar nichts mitgekriegt«, flüstert Patricia, zusammengesunken auf dem breiten Bett im Wohnwagen sitzend. »Natürlich stellt man sich das vorher vor, nicht. Aber trotzdem, das Gefühl –« Und jetzt hört sie endgültig auf, diese Frage zu beantworten.

## 48

»Du fühlst dich mehr komplett«, sagt Tania. »Ich habe Patricia gesehen, und ich fühle mich mehr komplett. Und es ist ein Gefühl, das schon Jahre anhält. Ich sage jetzt zu Leuten, wenn ich mit jemandem über das Adoptiertsein spreche: Mir ist mein Leben vorgekommen wie ein Puzzle, bei dem ein paar Stücke fehlen. Jetzt bekomme ich nach und nach eins und noch eins von den fehlenden Teilen, und nun kann ich das Puzzle fertig machen.«

»Dein Lebenspuzzle ist also fertig?«, frage ich.

»Nein«, sagt Tania energisch, »nein. Ein Puzzle deines Lebens ist erst fertig, wenn du achtzig bist oder was. Denn jedes Mal, wenn etwas geschieht in deinem Leben, taucht ein neues Teil auf. Aber *das* war wirklich ein großes Stück in meinem Puzzle. Ja. Ja.«

Am letzten Nachmittag in Landsmeer fühlt sich Tamara müde und schwach, es ist ein sonniger, warmer Tag, Ausflüge waren geplant, aber Tamara liegt lieber die ganze Zeit auf einer Campingliege in Tanias Garten und döst vor sich hin. Tania und ihr Sohn spazieren zum Wasser, es sind nur ein paar Schritte an zwei, drei Reihenhäuschen vorbei, schon sind wir auf einer breiten Uferwiese an einer Gracht. Tania setzt sich ins Gras, schaut den vielen Booten zu, die ständig vorbeiknattern. Ihr Sohn ist versunken in Arbeit, er rüstet langsam und penibel sein Angelzeug auf, wirft die Angelschnur aus, wechselt in regelmäßigen Abständen die Köder. Auf dem Kanal sind massenhaft junge Leute in Booten unterschiedlichster Größe und Bauart unterwegs, es scheint, als wären die meisten auf angenehm entspannte Art leicht betrunken an diesem Sonntagnachmittag, immer wieder ruft einer herüber, und Tania steigt ein in eine kurze, offensichtlich humorvolle Unterhaltung, bis das Boot außer Rufweite gerät.

»Glaubst du, es wird einen Moment geben, wo das Puzzle fertig ist? Wo du sagst, jetzt bin ich glücklich?«, frage ich.

»Ich weiß nicht. Das ist für jeden Menschen anders, das mit dem Glücklichsein, dem Vollständigsein. Ich war ja davor zufrieden mit meinem Leben. Ich bin gesund, ich habe ein Haus, ich habe ein gesundes Kind, ich habe Mama und

Papa, ich habe einen großartigen Bruder, ich habe neuerdings zwei Schwestern in Österreich, ich habe eine tolle Familie mit vielen Onkeln und Tanten und Nichten und Neffen, ich habe einen Freund, einen guten Mann. Das ist genug für ein Leben.«

Ihr Sohn kommt zu uns herüber. Er braucht Hilfe, die Angelschnur hat sich verheddert. Tania hilft ihm, irgendwie unwirsch, es scheint sie über Gebühr anzustrengen. Die beiden Schwestern sind kaputt, denke ich, verständlicherweise, schließlich ist das jetzt schon der dritte Tag, an dem sie über sich selbst und ihre schwierige Geschichte reden. Ich verstehe kaum Holländisch, aber es hört sich an, als ob Tanias Sohn mit trockenen Witzchen und übertrieben gespieltem Kindischsein versucht, seine Mutter in ihrer Ermattung nicht zu überanstrengen.

»Es ist nur ein kleiner Aspekt an dieser Geschichte«, sagt sie, »aber ich war so froh, als ich das gelesen habe, ein kleiner Satz ist es. Wie eine Krankenschwester Patricia gefragt hat, sind Sie glücklich, dass Sie ein Baby haben? Und Patricia hat gesagt: Ja, ich bin froh. Ich bin so glücklich, denn es ist ein wunderschönes Baby. Für mich – das zu lesen –«, sie findet eine Weile keine Worte, sagt dann: »Ja, es war wunderschön. Wenn du weißt, dass deine Mutter dich wollte. Für mich war zu dieser Zeit alles so voller Konfusion, einen Tag sagt sie, sie ist so glücklich, dass sie ein Baby hat, am nächsten Tag sagt sie, dass sie das Baby freigibt zur Adoption. Das ist so verwirrend. Sehr verwirrend.«

Ich frage, was Muttersein in ihren Augen bedeutet.

»Alles. Alles. Ja. Ich tue alles für mein Kind. Wie ich gemerkt habe, dass ich schwanger bin, das war natürlich nicht geplant, da haben meine Adoptiveltern gesagt, es gibt auch eine zweite Möglichkeit, also wenn du das Baby nicht haben willst, dann werden wir dir helfen, aber ich habe gesagt, lasst mich nachdenken darüber, und dann: Ich will es, das ist meine Einstellung, von jetzt an tue ich alles zum Besten meines Kindes. Wenn ich jetzt denke, was wäre, wenn ich mich anders entschieden hätte – es ist schwer zu sagen, aber: Es ist ein Stück von dir selbst, wirklich. Ich selbst habe meine biologischen Eltern nicht gekannt.« Sie fährt nachdenklich und sehr ernst fort: »Manchmal fühle ich mich hier ein wenig wie eine Fremde. Aber was mein Kind betrifft, da fühle ich: Das ist mein Blut, mein echtes richtiges Blut. Das bin ich.«

Sie spricht leise, den Kopf vornübergebeugt, dann setzt sie sich gerade hin im warmen Gras, winkt einer Gruppe junger Leute auf einem Boot zu. Nach einer Weile sagt sie: »Ich denke, du wirst in die Welt gesetzt für einen Zweck. Jeder Mensch hat einen Zweck, eine Bestimmung. Und ich glaube, mein Zweck ist meine Arbeit, ich arbeite mit Kindern, und ich *liebe* sie wirklich. Es ist meine Leidenschaft, Kindern alles zu geben, Liebe, Geduld, alles. Das ist mein Sinn.«

Später fahren wir mit dem Auto ein paar Minuten hinüber zu einem riesigen Park, eigentlich sind es nur Wiesen, viele kleine und ein paar große Seen, Anlegestege und Radwege, die zu jedem Winkel des Areals führen. Gegenüber des breiten Gewässers, an dem wir sitzen, steht eine Windmühle, kitschig und unecht sieht sie aus im Gegenlicht der Spätnachmittagssonne. Tamara ist wieder im Gärtchen geblieben, aber Tanias Partner ist diesmal mitgekommen, er hilft ihrem Sohn mit dem Angelzeug. Tania sitzt auf einem Bootssteg und schaut dem Mann und dem Buben zu, die ganz vorne mit den Sachen herumhantieren. Ich nerve sie mit meiner Fragerei, merke ich, aber ich höre nicht auf damit. Ob sie gegenüber Patricia etwas fühle wie die Liebe eines Kindes zu seiner Mutter, will ich wissen.

»Äh – nein, ich denke nicht. Ich habe die ganze Zeit keine Liebe zu ihr als Person empfunden. Aber ich liebte sie, weil sie mich auf die Welt gebracht hat. Jetzt kenne ich sie persönlich, und ich kann sagen: Ich liebe auch meine biologische Mutter. Weil ich sie jetzt kenne. Da geht's wieder um den Unterschied, ob du als Baby adoptiert wirst oder als älteres Kind, denke ich. Ich glaube, du kannst jemanden lieben, den du nie gesehen hast«, sagt sie, und wird immer leiser dabei, »ich denke, das geht. Ja.«

»Und wie ist das gegenüber deinen Adoptiveltern?«

»Das *sind* meine Eltern. Patricia ist – hmm – meine Mutter, aber meine biologische Mutter. Als ich zum ersten Mal mit Leuten außerhalb der Familie über die Adoptionssache gesprochen habe, und später dann auch immer, da habe ich gesagt *meine Mutter* und *meine biologische Mutter*, die ganze Geschichte hindurch, ich sage immer das ganze lange Wort dazu, biologische Mutter. Denn es ist ein Unterschied. Meine Adoptivmutter war immer da, wenn ich Schmerzen hatte, wenn ich unglücklich war und traurig, wenn ich glücklich war, beim ersten Liebeskummer, bei der ersten Periode, wie ich selbst ein Baby bekommen habe – meine Mutter war da! Ich liebe meine biologische Mutter. Es ist eine andere Art von Liebe. Die zu meiner Mutter ist viel stärker. Weil Patricia kenne ich jetzt vielleicht vier, fünf Jahre. Und meine andere Mutter mein ganzes Leben lang. Es ist was anderes. Ich liebe auch Blumen, die Kinder in meiner Arbeit, meinen Lebensgefährten, aber anders als ich meinen eigenen Sohn liebe.«

## 49

»Du weißt ja nicht«, sagt Tamara, »wenn die Person dann vor dir steht: Wie reagiere ich? Ich habe ja jahrelang einen Hass gehabt. Ich habe mir gedacht, wenn ich sie das erste Mal sehe, beschimpfe ich sie und hau sie zusammen, schlage sie zusammen, weil ich einfach so einen Hass gehabt habe. Und das war dann – ich war eigentlich über mich selbst überrascht, dass ich es nicht gemacht habe, ja. Aber ich war schon – ich war nicht ich selbst dort. Ich war schüchtern. Was ich eigentlich von mir gar nicht kenne.«

Fast zwei Jahre nach Tania traf Tamara ihre leibliche Mutter. Davor hatten sich die Schwestern ein weiteres Mal gesehen, Tania war mit ihren Eltern nach Wien gereist. Diesmal zeigte Tamara der Schwester die Heimatstadt, so wie in Amsterdam ließen sie sich in einem Fiaker durch den ersten Bezirk kutschieren.

Danach kamen sie noch für einen Tag nach Linz, trafen uns zu einem gemütlichen Beisammensitzen. Und besuchten Erna, die aber nicht recht warmwurde mit den Besuchern aus Holland. Auch Iris sollte dazustoßen, tauchte aber nicht auf.

Sie spricht nicht darüber, doch man kann sich den Druck vorstellen und die Verwirrung der Gefühle, die damals auf Tamara lasteten. Ihre Schwester war der Mutter begegnet. Sie selbst hatte ihr einen Brief geschrieben, hatte ein- oder zweimal mit ihr telefoniert. Dann hatten sie die erste leibhaftige Begegnung ausgemacht, geplant wie ein konspiratives Treffen. Tamara und Christiane, die sich als Chauffeurin für die lange Autofahrt angeboten hatte, sollten vor einem bestimmten Shop am Rand von Patricias Wohnort im Westen Deutschlands parken. Dort würde sie ein Mann mit einem Auto der Marke XY abholen, dem sollten sie dann folgen.

»Das war Frank«, erzählt Tamara und lacht. »Mit ihm habe ich mich eigentlich besser verstanden als mit ihr. Er ist ungefähr so alt wie sie. Er ist ein sehr offener, herzlicher Mensch. Also der hat mich gleich umarmt, und voll lieb war er und hat mit mir geredet. Sie war am Anfang eher so – zurückhaltend, aber das hat, glaube ich, was damit zu tun, weil sie diese Tabletten nehmen muss, ich weiß nicht, Morphium oder so was. Oder Methadon, ja, Methadon. Man hat es gemerkt, an den Augen irgendwie, dass sie auf irgendwas drauf ist. Also, sie war nicht normal, sondern schon so ein bisserl komisch halt.«

Mit den allergrößten Erwartungen ist Tamara ins westliche Ruhrgebiet gefahren. Sie erwartete Antworten auf Fragen. Sie war neugierig – nein, das stimmt nicht, sie hatte Angst davor, wie Patricia auf sie reagieren würde, und sie auf Patricia. Neugierig war sie, ob ihre Mutter ihr ähnlich sieht. »Ich wollte mich vergleichen mit ihr. Also nicht vergleichen, ich wollte halt wissen, was ich von ihr habe, was ich nicht habe, das werde ich dann wahrscheinlich von meinem Vater haben. Ja, das Kennenlernen, ich wollte einfach wissen, wie das Gefühl ist. Obwohl sie für mich eigentlich eine fremde Frau ist.«

»Und wie hat sie reagiert auf dich?«, frage ich.

»Ich habe ja nicht gewusst, ob sie positiv reagiert auf mich, oder ob sie eher einen Abstand von mir hält. Weil sie sich schämt, weil sie Schuldgefühle hat. Das war aber eigentlich gar nicht so. Sie war eigentlich sehr offen, hat sich sehr gefreut, hat mich sogar in den Arm genommen, das wollte ich eigentlich gar nicht. Gleich zur Begrüßung, was ich mich erinnern kann. Es war so eine Mittelding-Umarmung, nicht wie eine flüchtige Bekannte, aber auch nicht wie eine Mutter, sondern ein Mittelding. Ich kann mich schon erinnern, ich glaube, ich bin mir aber nicht ganz sicher, ich glaube, sie hat sogar geweint.« Ganz leise sagt sie: »Ob ich geweint habe, daran kann ich mich nicht erinnern. Das habe ich vielleicht verdrängt, kann sein.«

Dann saß da die Tochter mit ihren zwei Müttern und sagte erst einmal gar nichts. Sie könne sich nicht erinnern, diesen Satz wiederholt Tamara mehrfach, sie wisse nur noch, dass am Anfang nur Christiane und Patricia sich unterhalten hätten, belangloses Zeug, Smalltalk, sie wisse es nicht mehr. Sie sei einfach nur in der Wohnung gehockt und habe diese fremde Frau angestarrt.

»Ich habe mich schon gefreut. Ich habe doch davor gedacht, jahrelang sitze ich nur herum und weiß nicht, lebt sie noch, lebt sie nicht mehr? Wenn ich gewusst hätte, sie lebt eh, lebt halt irgendwo und will keinen Kontakt haben mit mir, dann ist das wieder was anderes. Von Erzählungen her habe ich ja echt damit gerechnet, dass sie schon gestorben ist. Deshalb, glaube ich, habe ich auch das Foto damals weggeworfen, weil ich gedacht habe, das will ich mir gar nicht antun. Dass ich da jedes Mal beim Fenster sitze und weine und will sie unbedingt sehen, dabei ist sie aber schon gestorben, und ich werde sie sowieso nie finden. Darum musste das Foto weg. Am schlimmsten ist ja die Ungewissheit. Da wäre es sogar besser, wenn man vom Amt oder von irgendjemand erfahren hätte, ja, sie lebt da und da, aber sie will dich nicht sehen. Weil da hätte ich dann gewusst, dass sie ein Arschloch ist.«

So schüchtern sei sie gewesen in dieser ersten halben Stunde des Beisammenseins mit ihrer Mutter, erzählt Tamara, und dass sie sich geschämt habe: »Ich wollte ja perfekt sein. Für sie. Ich wollte nicht, dass sie denkt, ja, meine Eltern haben irgendwie einen Fehler gemacht mit mir. Ich wollte mich da ordentlich benehmen irgendwie, weil sie war eigentlich auch ganz in Ordnung.« Ich sehe sie an, wie sie das sagt, und halte es fast nicht aus, weil es so todtraurig ist: Das weggegebene Kind will perfekt sein für die Mutter, die es weggegeben hat. Sie lacht und sagt: »Ich glaube, wenn sie da irgendwie blöd gewesen wäre, dann hätte ich mein wahres Ich gezeigt. Da hätte ich sie angemotzt. Dass es mich eigentlich – gestört – hat, was sie gemacht hat. Da hätte sie meinen Hass –. Also, ein bisserl einen Hass hab ich noch immer drinnen, aber nicht so extrem wie damals, bevor ich sie kennengelernt habe, es ist schon viel weg.«

Die drei Frauen tranken Kaffee. In Tamaras Erinnerung unterhielt man sich nach wie vor über banales Alltagszeug, Patricia stand einmal auf und holte ein paar Flakons aus dem Bad, zeigte ihrer Tochter die verschiedenen Parfüms, die sie benutzt. Tamara saß und schwieg, sie beobachtete Patricia, suchte nach Ähnlichkeiten. Die Hände sehen vollkommen gleich aus, fiel ihr auf, und auch das Gesicht. »Ich habe mir vorstellen können, so sehe ich also einmal aus mit 45 oder fünfzig Jahren.« Tamara sah, wie Patricia müde wurde und mit den Haaren zu spielen begann, sie rollte eine Strähne um einen Finger und zog sie dann glatt, sie nahm ein dickes Büschel ihrer dunklen Haare und fuhr damit über ihre Lippen wie mit einem Pinsel. Tamara: »Das tue ich auch, wenn ich müde werde.«

Irgendwann begann Tamara doch zu fragen. Als Erstes redeten sie über Erna, Tamara wollte wissen, warum sie überhaupt keinen Kontakt haben. Ihre Mutter habe nie Zeit gehabt, antwortete Patricia, und sie habe ihr immer das Gefühl gegeben, nicht gewollt und nicht gewünscht zu sein.

»Ja«, sagte Tamara, »ich weiß, die Oma hat mir oft gesagt: Wenn ich gewusst hätte, dass ich schwanger bin, dann hätte ich sicher abgetrieben. Und sie hat auch immer zu mir gesagt«, und dabei wurde Tamaras Stimme sehr dunkel und klang grässlich, »werde nie schwanger! Das ist schlecht. Kinder sind schlecht!«

Erna behaupte, dass sie immer wieder einmal versucht habe, Patricias Aufenthaltsort ausfindig zu machen, sagte Tamara. Das sei ihr absolut egal, antwortete Patricia, sie wolle mit dieser Frau nichts mehr zu tun haben.

Tamara: »Ja, wäre es nicht gescheiter, dass du sie siehst, bevor die Oma irgendwann stirbt?«

Patricia: »Nein! Die will ich auf keinen Fall wiedersehen!«

Tamara denkt drei, vier Jahre später kurz nach, ehe sie sagt: »Da ist sicher irgendwas vorgefallen, was ich noch nicht herausgefunden habe, zwischen den beiden. Ich glaube, dass Patricia deswegen so ist, weil die Oma sie die ganze Zeit – wie sage ich denn dazu – dass sie sie immer – sie hat ihr immer das Gefühl gegeben, ja, du bist sowieso nichts wert, auch wenn du meine Tochter bist, du bist mir scheißegal.«

Erst am nächsten Tag kamen Mutter und Tochter dazu, unter vier Augen zu reden. Da wagte Tamara dann nach langer Zeit die Frage an Patricia: »Warum hast du mich weggegeben?«

Sie dürfte keine zufriedenstellende Auskunft erhalten haben. Es klingt ein wenig hilflos, was sie mir mit leiser Stimme auf den Rekorder gesprochen hat über Patricias damalige Antwort: »Sie wollte mich ja gar nicht weggeben. Angeblich. Sie wollte angeblich nur wo hinfahren, und hat eigentlich zur Oma gesagt, sie soll auf mich aufpassen, bis sie wieder zurückkommt. Also was sie mir erzählt hat, wollte sie mich gar nicht weggeben. Aber die Oma hat das so gemacht. Ob das stimmt oder nicht – keine Ahnung. Das weiß ich nicht. Aber ich kann mich wirklich nicht mehr so gut erinnern an die Gespräche dort, weil ich war einfach in so einem emotionalen Ding drinnen. Auf der einen Seite habe ich mich gefreut, auf der anderen war ich irgendwie erleichtert, es war wie ein Puzzle, wieder ein Puzzleteil gefunden, ein großes Stück, das mir gefehlt hat. Ich war einfach so – pah! – überrascht und neugierig. Die meiste Zeit habe ich sie eigentlich nur angeschaut und habe versucht zu sehen, wenn sie irgendwelche Gesten gemacht hat, ob das was mit mir zu tun haben könnte.«

Ich frage, ob sie zufrieden war mit Patricias Antworten.

»Es sind viele Sachen nicht klar. Ich habe bis jetzt noch nicht genau gecheckt, wieso und warum das alles gelaufen ist. Also ich glaube, dass sie mir bis jetzt nur einen Bruchteil erzählt hat; ich glaube, da sind viele Sachen, die noch offen sind. Sie hat mir zwar ein bisschen einen Grund genannt, aber ich glaube nicht, dass das hundertprozentig der wahre Grund ist. Es ist nur ein Teil, ich glaube nicht, dass es das Ganze ist. Sie wird sich wahrscheinlich auch gedacht haben, ja, die Frau kenne ich nicht, und hat wahrscheinlich auch Angst gehabt, wenn sie was Falsches sagt, wie ich dann reagiere. Wir sind ja zwei fremde Personen. Das ist das Gleiche, wie wenn ich in der U-Bahn sitze, und da fragt mich wer über mein Leben aus. Sicher werde ich demjenigen nicht alles gleich erzählen.«

Ich bitte auch Patricia im Trailerpark, mir von diesem ersten Treffen mit ihrer jüngsten Tochter zu erzählen. Sie antwortet kurz und eher ausweichend: »Tamara ist ein bisschen wie ich. Zurückhaltend. Vorsichtig. Die geht erst mal gucken, bevor sie was rauslässt. Tania ist mehr ein Mensch so wie ihr Vater, weißt du. Der war auch so, offen, und sofort zugehen auf die Leute. Das ist Tania. Und Tamara, die hält sich immer zurück. Die zeigt ihre Gefühle nicht so. Ja, und bei mir ist es genauso. Es könnte sein, dass sie genauso ist wie ich, dass sie misstrauisch ist, um nicht verletzt zu werden. Ich bin auch so. Ich habe mir so was wie einen natürlichen Panzer angelegt. Da gibt's doch so einen berühmten Dichter oder Schriftsteller, der sagt: Der Mensch läuft mit einer Maske rum. Ich denke, dass ich Fremden gegenüber – immer eine Maske habe. Bei mir dauert das tierisch lange, bis ich jemand mal die Hand gebe, also, geistig gesehen, nicht.«

»Du wärst imstande gewesen, Patricia zu schlagen, wenn sie bei der ersten Begegnung ungut gewesen wäre?«, frage ich Tamara.

»Dann wäre ich auf Angriff gegangen«, sagt sie. »Aber weil sie so lieb war, und zurückhaltend, und auch so schüchtern, war es anders.« Sie hat gemerkt, dass das ein verletzter Mensch ist, denke ich, voller Angst, voller Narben und Wunden von den vielen Brüchen und Erniedrigungen und Verletzungen.

»Ich hätte sie nicht geschlagen«, sagt Tamara, »ich hätte sie angemotzt.«

»Dann wäre sie zusammengebrochen, und du hättest dich umgedreht und wärst wieder heimgefahren?«

»Ja. So auf die Art. Ja, da hätte sich die weite Fahrt auch gelohnt für mich. Weil da war ja jahrelang – seit ich gewusst habe, dass ich adoptiert worden bin, oder seitdem ich denken kann – da war ja die ganze Zeit der Hass in mir drinnen. Und das habe ich an die Mama rausgelassen die ganze Zeit, was eigentlich nicht an sie geht, sondern an meine leibliche Mutter.«

## 50

Am 8. März 2011 ist Tamara 27 Jahre alt geworden. Am 9. März 2011 ist Patricia 51 Jahre alt geworden. Genau an diesem Tag stirbt Erna in einem Linzer Krankenhaus. Was man für rapide einsetzende Demenz gehalten hatte, entpuppte sich als Gehirntumor.

Ich bin stolz auf meine Tochter. Denn von dem Augenblick an, als wir sie am folgenden Tag frühmorgens in Wien erreicht hatten mit dieser traurigen Nachricht, sprang sie über ihren Schatten. Tamara sah, glaube ich, Erna R., wie sie wirklich war. Ein Mensch, kaum fähig zu lieben, unfähig, sich um andere zu kümmern, nicht einmal um die eigene Nachkommenschaft, aber letzten Endes doch ein Mensch. Dem man seine Würde nicht nehmen darf, schon gar nicht im Tod. Letzten Endes war sie ein hilfloses, verlorenes Wesen. Sie war jemand, der wie viele Frauen ihrer Generation von vornherein keine guten Voraussetzungen vorgefunden hat. Von dieser Basis aus hat sie zumindest versucht, Haltung zu bewahren und etwas zu machen aus dem Vorgefundenen. Dass dies nicht viel war, dass es viel zu wenig war für ihre Tochter und für ihre Enkelinnen, ist offensichtlich.

Tamara kümmerte sich weiter um ihre Großmutter, um die letzten Wege ihrer sterblichen Hülle. Sie tat, was getan werden musste, für eine Frau, die sich ihrerseits 27 Jahre lang nicht um sie gekümmert hatte. Damit hat sie die bleischwere üble Geschichte umgedreht. Sie hat die Dynamik dieser verkorksten, belasteten, kaputten Familie umgekehrt, sie ist ausgestiegen aus dem System. Sie ist in Moskau angelangt. Und indem sie ihrer Großmutter mit Würde und bedingungslosem Respekt begegnete, hat sie zugleich dem Leben Respekt erwiesen.

In diesem nach Jahren zu Ende gehenden tieftraurigen Wirbel aus Verwirrung und ungeklärten Fragen nach Schuld und Verantwortung sah ich mit wachsender Hochachtung, wie die Frauen resolut und mit großer Selbstverständlichkeit das Notwendige in Angriff nahmen. Die Frauen, da sind Christiane und Tamara gemeint. Christiane stand zu ihrer Tochter, und sie hatte für die tote Erna, aus ihrer Sicht ein wildfremder Mensch, genauso ein großes Herz, wie sie es für die lebende gehabt hatte. Die beiden stellten damit klar, dass die Dinge nicht so sein müssen, wie sie sind. Das verdrehte und unrettbar beschädigte Familiensystem von Erna und Patricia und Tania und Iris und Tamara stellt die Welt dar, als wäre sie ein finsterer unmenschlicher Ort der Verlassenheit, der Gleichgültigkeit, der Kaltherzigkeit und Hilflosigkeit. Tamara und unterstützend an ihrer Seite Christiane haben diesen Ort verlassen. Sie leben in einer anderen Welt, in einer, wo man sich umeinander kümmert.

Gleich nach Erhalt der Todesnachricht rief Tamara Patricia in Belgien an. »Ja«, sagte die am Telefon zur Nachricht vom Tod ihrer Mutter, und: »Danke für den Anruf.« Mehr nicht.

»Ich weiß, dass sie ihre Gefühle nicht zeigen kann«, sagte Tamara beinahe entschuldigend, als wir kurz danach telefonierten. Ob sie nach Linz kommen wird, hatte Tamara gar nicht erst gefragt. Sie schien genau zu wissen, dass es Patricia ernst ist damit, nie wieder etwas mit Erna zu tun haben zu wollen. Beim nächsten Telefonat sprach es Patricia dezidiert aus: Sie wird sicher nicht zu einem Begräbnis kommen. Und dann zeterte sie wieder los über Erna, was die ihr alles angetan hatte, und Tamara schaffte es nicht, ihr zu sagen, sie solle den Mund halten. Wünschst du dir nicht, dass jemand zu dir kommt, wenn es so weit ist, hätte sie sagen wollen. Bist du nicht froh, dass wir, Tania und ich, versuchen, dir wieder nahe zu kommen, bei all dem, was du uns angetan hast, wollte sie sagen. Möchtest du nicht, dass ich, selbst wenn wir uns ein ganzes Leben lang nicht gesehen haben, zu deinem Begräbnis komme und einen Zettel hinunterwerfe zu deinem Sarg, auf dem steht: Ich verzeihe dir?

Und zugleich konnte Tamara ihre Mutter verstehen. Sie hatte auch nicht vor, zum Begräbnis nach Linz zu reisen. Sie wollte Erna im Gedächtnis behalten als lebendigen Menschen, als Oma, die immer darauf geschaut hatte, korrekt und gepflegt gekleidet zu sein. Nicht als Vorstellung von etwas Leblosem, das da in einem Sarg liegt, vor dem sich einige wenige Menschen versammelt haben.

Tania reagierte anders. Bestürzt. Und voller Trauer. Aber bevor die zwei Schwestern sich überwältigen ließen von dem so wohlbekannten Gefühl, etwas verloren zu haben, fanden sie ein Ventil, ein lebenslang bewährtes: Wut. Tamara war da schon mittendrin in der Arbeit, von Wien aus via Handy alles Bürokratische zu erledigen. Und gleich die erste Information der Behörden in Linz war zutiefst empörend für sie: Erna war schon zwei Wochen vor ihrem Tod vom Pflegeheim ins Krankenhaus verlegt worden. Niemand hatte die Enkelin verständigt, obwohl sie überall als nächste Verwandte und Sachwalterin angegeben war. Das Pflegeheim hatte einmal bei ihr angerufen, sie jedoch nicht erreicht und hatte deshalb an das Krankenhaus die Bitte weitergereicht, die Angehörigen zu verständigen. In der Spitalsroutine war das dann irgendwo verlorengegangen. Jetzt schimpfte sie gemeinsam mit Tania via Fernsprechleitung über diesen Saustall, über diese unglaubliche Missachtung der allereinfachsten Bedürfnisse eines sterbenden Menschen.

Tamara telefonierte mehrfach mit uns in Linz, sie wollte mit jemandem reden über die Reaktionen ihrer Mutter, die sie nicht verstehen konnte. Bei jedem Anruf würde Patricia innerhalb kürzester Zeit zu schimpfen beginnen, erzählte sie, was diese Frau ihr alles angetan habe. Da müsse sie immer gleich wieder auflegen. So was könne sie momentan nicht hören.

Einen Tag später klärte sich eine weitere Falschinformation des Krankenhauses auf. In der ersten Benachrichtigung hatte es geheißen, Erna R. sei am 10. März gegen drei Uhr morgens gestorben. Auf der offiziellen Information über den Todesfall stand dann der richtige Zeitpunkt. 9. März, kurz nach 23 Uhr. Als Tamara das ihrer Mutter am Telefon erzählte, wurde Patricia richtig wütend: »Es gibt so viele Tage, und genau an meinem Geburtstag muss sie sterben! Das hat sie mit Absicht gemacht!«

## 51

Eine Familienidylle im Trailerpark. Die Tochter werkt in der Küche herum. Weil sie nur Besucherin ist, muss sie dauernd in allen Läden und Schränken nach Geschirr und Gewürzen suchen, bringt alles durcheinander. Die Mutter wuselt die ganze Zeit um sie herum und redet ihr rein, sagt ihr, was sie falsch macht, und dass für dieses spezielle Gericht andere Zutaten notwendig sind, Tamara reagiert mit Lachen und meist wortlosem Gehorchen auf die vielen Ratschläge. Die Männer, Frank und ich, sitzen am Couchtisch und reden über Formel 1 und die viele Arbeit, die man mit den Föhren- und Kiefernnadeln hat, die im Laufe eines Jahres auf dem Wohnwagendach landen.

Eine Idylle, wie gesagt. Wäre da nicht die andere Frau, die auf dem Sessel gleich neben dem Fußende des Bettes sitzt und zusieht. Christiane. 37 Tage vor Patricia ist sie im selben Spital zur Welt gekommen. Und jetzt, Jahrzehnte später, hat es sich Tamaras Adoptivmutter im einzigen Lehnstuhl bequem gemacht und beobachtet lächelnd dieses kleine kammerspielartige Getue ihrer Tochter und deren leiblicher Mutter in der Wohnwagenküche.

Christiane, lachend: »Das habe ich amüsant gefunden. Für mich war es lustig. Ich habe mir gedacht – aha, so freundlich kann sie also auch bleiben, wenn man ihr reinredet! Tamara war dort total beherrscht und freundlich und nett. Wenn *ich* das mit ihr tue, dann regt sie sich auf und führt sich auf. Es war ein Aha-Erlebnis – so geht es also auch, sie kann es also doch. Sie war die Geduld in Person, weiß nicht, für mich war es, als ob ich sie das erste Mal im Leben sehe. Es war interessant, ja.«

Spät am Abend des letzten Tages im Trailerpark sitzen wir in einem kleinen indonesischen Restaurant in der nahen belgischen Kleinstadt. Vor einer halben Stunde erst haben wir uns von Patricia und Frank verabschiedet, dabei vage einen Gegenbesuch in Linz oder Wien vereinbart, und schon beginnen Tamara und Christiane, darüber zu reden, was dieses und jenes zu bedeuten hat, was Patricia gesagt, getan oder nicht gesagt und getan hat. Tamara schimpft eine Weile, nur halb ernst gemeint, darüber, wie sich Patricia eingemischt hat beim Kochen. Schließlich ist sie, Tamara, stolz darauf, den besten von einer Nichtafrikanerin gekochten afrikanischen Hühnereintopf Europas zuzubereiten, schließlich hat sie jahrelang mit einem Afrikaner zusammengelebt, und dann kommt die und will ihr was erzählen!

Dann wird ihr klar, wie wichtig es für sie selbst ist, der

leiblichen Mutter zu zeigen, dass sie eine gute Hausfrau ist, eine *brave Tochter* eben, darüber kann sie befreit auflachen, und als kleines ironisches Übertreibungsspiel fängt sie an, zusammen mit ihrer Adoptivmutter über die kleinen Portionen bei diesem Indonesier zu schimpfen. Schließlich plaudern die beiden ganz entspannt über die Frage, warum es für Tamara wichtig ist, Patricia zu bekochen, etwas zu tun für sie. »Du machst das ja auch bei uns«, sagt Christiane. Wenn Tamara ein paar Tage zu Besuch kommt, übernimmt sie sofort den Haushalt, verwöhnt uns mit aufwendigen, meist exotischen Menüs, übernimmt auch noch den Abwasch und räumt die Wohnung auf. Aber am Abend lässt sie sich dann gerne fallen und ist wieder das kleine Töchterlein, legt sich stundenlang in heißes Badewasser, lässt sich Kakao an die Wanne bringen und sich anschließend von Christiane ein wenig massieren. Am Ende einigen sie sich darauf, verstehen zu können, wie unangenehm es möglicherweise für Patricia ist, wenn ein Kind, das sie weggegeben hat vor 26 Jahren, auf einmal dasteht und einen bedient und verwöhnt, als wäre nichts gewesen all die Jahre lang.

»Als du ihr die Fotos gezeigt hast, das war gut für euch beide, oder?«, sage ich, und dann schweigen wir alle drei eine Weile. So zurückhaltend ist Tamara über fast die gesamte Dauer des Besuchs gewesen. Und Patricia genauso. Auf den MP3-Rekorder hat sie in den vergangenen Tagen ein paarmal mit Nachdruck den Satz gesprochen, dass sie der Typ Mensch sei, der immer, absolut immer ungeschminkt und ohne Umschweife alle Dinge ausspricht. Doch in Gegenwart Tamaras hat sie es kein einziges Mal so gehalten. Übermäßig kontrolliert, beinahe versteinert, so wirkte ihr Verhalten. Nur am ersten Abend, als sie ganz eng an ihrer Tochter sitzend die Fotoalben betrachtete, da sahen beide aus, als wären sie aufgetaut aus ihren lebenslangen Vereisungen. Eine kurze Weile hielt dies nur an, sie waren nicht allein im Raum, aber sie sprachen so leise, dass wir anderen nichts verstehen konnten, und da haben sie einander wahrscheinlich ein wenig mehr anvertraut. Ich frage weder Tamara noch Patricia, ob dem wirklich so war.

## 52

Wie es weitergehen wird, kann naturgemäß niemand sagen. Allen Beteiligten dieser Geschichte ist bewusst, dass sich noch niemand an einem Ziel befindet, sondern mitten in einer Bewegung, von der sich nicht sagen lässt, in welche Richtung sie führen wird. Möglicherweise braucht dieses System im derzeitigen Zustand gerade dieses mehr Übereinander- als Miteinander-Reden, diese Form, die an Schleifen erinnert, die eine Weile umeinander kreisen, bis genug Stabilität erreicht ist, damit sich etwas weiterbewegen kann.

Tania: »Die Sehnsucht, die Wurzeln zu kennen, ist momentan nicht so stark. Ich will zum Beispiel derzeit meinen Vater nicht suchen. Es wäre zu früh. Es war für mich schon viel zu viel, innerhalb eines halben Jahres meine Schwester zu treffen, meine Großmutter und meine biologische Mutter und ihren Lebensgefährten. Das ist schon nach einer kleinen Weile zu viel für mich geworden. Ich musste das abkühlen lassen. Vielleicht später. Im Augenblick denke ich: Es würde mir genügen, nur ein Foto von ihm zu haben.«

Iris: »Wenn etwas schiefgeht, dann ist Patricia eher die Person, die auch immer gleich weg ist, sich einen Beruf sucht, irgendwo im Ausland, in Deutschland oder so. Ja eben, warum nicht. Sie ist nicht so eine Daheimhockerin, die da immer – das wäre auch nicht das, was ich mir vorstelle unter einer Mutter. Mir taugt das, wenn ich eine Mutter habe, die ein wenig wo hinfährt, die ein wenig was kann, die ein wenig was tut, und so. Und darum verstehe ich das ganz gut, dass sie das gemacht hat. Ich bin da nicht so beleidigt. Nur wenn sie öfter kommen würde, ja, das wäre schon schön. Dann wäre sie auch freundlich, weil, weißt eh, von Eltern erwartet man doch oft mehr – aber böse bin ich da gar nicht, weil – ich finde, es ist ganz schlau von ihr – weil nur eine Hausfrau sein, ich meine, das weiß eh ein jeder, wie das geht.«

Tamara: »Einmal hat Patricia versucht, mir am Telefon zu sagen, was ich zu tun habe, und da habe ich dann gesagt, ja, ja, machen wir schon, und nachher, wie dann die Mama angerufen hat, hab ich zu ihr gesagt: Was bildet sich die Frau eigentlich ein? Sie ist nicht meine Mutter! Ja, okay, sie hat mich auf die Welt gebracht, aber – es geht sie einen Scheißdreck an. Da kann sie sich was denken, ja, aber nichts sagen. Das kann deine Mutter sagen, die auf dich aufgepasst hat – nein, nicht einmal das. Und irgendeine, die mich gerade einmal zwölf Stunden gehabt hat, nachdem sie mich gekriegt hat, und mich dann in meinem ganzen Leben einmal gesehen hat, die braucht sicher nicht anrufen und mir Vorschriften machen. Ich mag sowieso keine Vorschriften, von wem auch immer, und schon gar nicht von irgendeiner, die eigentlich nur meine Gebärmutter ist, auf gut Deutsch, die mich halt gekriegt hat.«

Joke: »Ja, wir haben Tanias Mutter schon getroffen.«

Dirk: »Wir haben sie getroffen, und – äh – sie war schüchtern, vielleicht hat sie sich geschämt, ich weiß es nicht. Sie hat nichts gesagt. Hat nur geschaut.«

Joke: »Ja, sehr scheu.«

Dirk: »Sehr scheu. Ich weiß nicht, warum. Aber –«

Joke: »Ich denke, die Drogen haben einen anderen Menschen aus ihr gemacht. Haben ihren Körper und ihren Geist verändert.«

Dirk: »Patricias Mutter ist auch extrem zurückhaltend, so haben wir sie erlebt in Linz.«

Joke: »Ich habe nie Angst gehabt, ich könnte Tania verlieren.«

Dirk: »Dafür lieben wir sie zu viel und sie liebt uns zu viel. Da kann sich nichts dazwischenschieben. Wir haben da nie Angst gehabt. Wie sie die Absicht geäußert hat, zu Patricia zu gehen, da haben wir zueinander gesagt: Wenn sie zu ihrer Mutter will, werden wir sie nicht aufhalten. Das ganze Leben war ja eine Erinnerung an Gefühle. Aber – sie blieb in Holland, sie bleibt hier bei uns, lebt ihr Leben mit Höhen und Tiefen, manchmal mit Schwierigkeiten.«

Joke: »Wir haben nie bereut, dass wir Kinder adoptiert haben. Nein, bei all den Schwierigkeiten, die es gegeben hat, nein. Nie. Nie! Wir waren immer so glücklich, und sind es auch heute.«

Dirk: »Wir haben sie gehabt, praktisch vom Start weg. Sie sind mit uns aufgewachsen. Du kannst ihnen deine Liebe geben, deine Aufmerksamkeit. Ihnen was vermitteln von deinen Gedanken, Haltungen, Werten. Nein, nie bereut, nie. Wir haben manchmal geheult, weil Dinge passiert sind –«

Joke: »Aber wir haben immer gesagt, he, was soll's.«

Dirk: »Und sie sind immer zurückgekommen zu uns. Das zu wissen ist gut.«

Iris: »Aber im Vergleich zu der Holländerin, da denke ich schon, dass die Tamara mehr dazupasst, zu unserer Familie, weil die ist ja doch mehr das Ausländerkind, die Holländerin da. Ich meine, ich mische mich eigentlich eh nicht ein, aber die Tamara ist sich schon ein wenig zurückgestoßen vorgekommen, in meinen Augen. Da hat sie Patricia gesucht und gesucht, aber – ich weiß auch nicht, mir hat sie immer irgendwie leid getan, ich habe das schon verstanden. Ich meine, ist eh klar, gelt, wenn man immer bei Fremden ist, oder so.«

Christiane: »Ängste in der Art wie, die nimmt mir jetzt meine Tochter weg, habe ich nie gehabt. Auf die Idee wäre ich nie gekommen. Als wir das erste Mal zusammen zu Patricia gefahren sind, war für mich das Gefühl: Gott sei Dank ist es endlich so weit, dass Tamara dort ist! Gott sei Dank habe ich es endlich geschafft, dass sie dort ist. Ich war so froh, dass sie sie endlich sieht. Dass sie sieht, dass das nicht ich bin, sondern dass das ein anderer Mensch ist. Dass da zwei Menschen stehen. Und darum habe ich wahrscheinlich auch mitfahren müssen. Dass sie es endlich sieht: Da stehen zwei Menschen, da ist die Christiane, da ist die Patricia. Abschließend kann ich nur sagen: Ich bin froh, dass das vorbei ist. Ich bin froh, dass es vorbei ist und dass wir es alle überlebt haben.«

Patricia: »Ich habe ja damals gemerkt, als Tamara bei uns war in Deutschland, da war sie am Anfang ja auch so ein bisschen zurückhaltend, und – sie ist eigentlich ein bisschen wie ich früher, sie kennt das auch nicht so recht. Ich bin es gewöhnt, wenn Tania kommt, die fällt mir gleich um den Hals, weißt du, da wird auch immer gekuschelt und alles Mögliche. Aber Tamara ist mehr so wie ich, eben zurückhaltend. Ich weiß gar nicht, stellt sie sich das manchmal vor, dass wir uns knuddeln oder so, oder eher nicht, da bin ich noch nicht so ganz dahintergekommen. Und ich denke mir dann immer, na, ich mache es am besten auch lieber nicht, weil vielleicht kommt sie sich dann blöd vor. Ich meine, bei Tania weiß ich, wenn die auf der Couch sitzt, und ich komm dann neben ihr zu sitzen, ja, da lehne ich mich mal an bei ihr oder so. Das weiß ich bei Tamara noch nicht so ganz.«

Tamara: »Ich habe oft zu Freunden gesagt, ich habe wenigstens das Glück gehabt, wir sind alle drei weggekommen. Mein Bruder, der ist zwar weggekommen, aber das nächste Kind hat seine leibliche Mutter behalten. Wobei ich es ganz schlimm finde, dass die Familie seiner Mutter gar nicht weiß, dass er überhaupt existiert. Das ist ja noch schlimmer, finde ich. Bei mir weiß wenigstens meine Oma, dass ich existiere, dass meine Mutter halt nicht gekonnt hat oder nicht gewollt hat, keine Ahnung, warum.«

Iris: »Ich hätte ja einmal vorgeschlagen, mit so einer Schwester wie der Tamara, dass wir uns zusammentun, in einer gemeinsamen Wohnung zum Beispiel, weil ich habe jetzt auch keinen Freund. Ich möchte es nur einmal schaffen, dass ich eine Zeitlang ohne einen Freund auskomme, also ohne einen Mann sogar, dass wir da zusammenziehen, und dass wir es uns schön machen, also gemütlich im Leben. Gemeinsam einen Beruf. Zum Beispiel ein kleines Kaffeehaus oder was mit der Schwester betreiben – ich meine, es ist ja ganz lieb, wenn man Kinder hat oder was, aber dann hast du einen feschen Freund oder was, weißt eh, dann geht es dahin und dahin. Ein kleines Kaffeehaus zu zweit haben, das hätte ich mir mit der Tamara einmal gut vorgestellt, weißt du. Weil so ist sie ja wirklich klug, die Tamara. Das wäre das gewesen, was mir getaugt hätte. Wir haben eh einmal geredet. Aber da hat sie nicht recht gewusst, das war, wie wir da die Fotos gemacht haben, draußen, auf dem Balkon, da hat sie gesagt, das weiß sie noch nicht, weil sie hat jetzt einen Freund, und die Schule will sie nachmachen. Ja, sie ist ja auch fesch, das gibt man ja zu. Aber ich denke mir, wenn das einmal klappen würde, das wäre schon eine feine Sache. Mit einer Schwester zusammenwohnen, und vielleicht hinterrücks ein wenig einen Freund haben, aber nicht direkt, weißt eh –«

Patricia: »Ne, zu Iris gibt es keinen Kontakt, das wollte sie ja nicht. Ist mir gesagt worden. Ich weiß es nicht. Zu der haben sie ja gesagt, dass ich tot bin, nicht. Ich weiß ja nicht, was ihr Vater ihr noch alles erzählt hat. Wundert mich nicht, dass sie jetzt seelische Probleme hat. Ich weiß ja nicht, wie sehr ihr Vater sich verändert hat, und was sie alles in der Kindheit mitgemacht hat, mit ihm vielleicht noch – ich hoffe nicht – also, ich denke, da würde jeder Mensch seelisch kaputtgehen.«

Tania: »Das Schwierige für mich war, als ich Patricia gesehen habe: Sie wollte die Zeit zurückholen. Ich denke, sie hat mich gesehen als das Baby, das zur Adoption da war. Wie wir zum Supermarkt gegangen sind, da hat sie begonnen, mir Ratschläge zu geben, hat mir sagen wollen, wie man die Dinge machen muss. Ich hab gedacht: He, wovon redest du!? Du hast drei Mädchen weggegeben, drei Babys, und jetzt willst du mir was erzählen über Kindererziehen! Sagt mir, du musst das mit deinem Buben so machen, und das musst du so machen?!«

Tamara: »Zu mir hat sie gesagt: Krieg bloß nie ein Kind mit dem Typen, heirate ihn bloß nicht! Muslimische Menschen, die sind nicht gut! Ich habe bloß gedacht: Wer bist du, dass du so mit mir redest!«

Tania: »Ich rege mich nicht auf darüber, aber ich habe gedacht: Dass du über solche Sachen mit mir redest, das ist nicht in Ordnung. Du kennst mich von – dreimal treffen.«

Tamara: »Bei mir war es nur ein Treffen!«

Tania: »Einmal ist sie gleich zwei Wochen geblieben, und das war wirklich genug für mich! Ich war glücklich, dass ich sie gefunden habe, aber es ist zu viel geworden! In meinem Kopf sind Gedanken umgegangen: Was geschieht denn da? Sie will mich kennenlernen, aber sie versucht dabei, mein Leben zu verändern. Aber das ist nicht möglich! Ich habe mein eigenes Leben.«

Tamara: »Und sie hat kein Recht, dich zu ändern.«

Tania: »Sie hat Dinge gesagt über meine Familie, die in ihren Augen schlecht ist und danebenliegt. Und ich habe gedacht, du hast drei Kinder, du hast sie weggegeben, das ist dumm, jetzt irgendwas zu reden über Kinderhaben. Was für ein Scheiß!«

Patricia: »Ich habe in meinem Leben schon so viel Stress gehabt, und so viel Scheiße auch am Laufen gehabt. Ich will es nicht mehr, und ich kann's auch nicht mehr. Ich will meine Welt hier haben, ich weiß, das gehört mir, ich habe meinen Mann neben mir, von dem kriege ich alles, was ich will, ob es jetzt Liebe ist oder Hilfe oder irgendwas; ich hab meine Arbeit, ich habe meine Kunden, das sind zwei, eine davon ist mittlerweile meine Freundin, das ist kein Kunde mehr. Für'n Rest will ich meine Ruhe haben. Ich will keinen Stress mehr, Stress da, Stress dort – ich will es nicht mehr! Schade finde ich nur, dass es so kompliziert ist, sich mit Tamara zu treffen. Man kann sich nicht richtig kennenlernen. Eigentlich müsste sie, so wie Tania, mal eine Woche bei mir bleiben, oder zwei, oder dass ich da mal zu ihr fahre und eine Woche oder zwei bleibe. So aber merke ich, wenn ich mit ihr am Telefon rede, ich warte dann immer, dass sie was sagt, und sie sagt aber nichts. Vielleicht hat sie Angst davor, sich aufzumachen. Ich glaube, sie hat Angst, dass sie vielleicht von mir zurückgestoßen wird. Ich weiß ja nicht, was sie von mir erwartet. Ich denke, da sitzt sie noch mit sich selber im Clinch.«

Tamara: »Neulich hat der Psychologe zu mir gesagt: Sie sind eigentlich wie im Krieg. Das hat er so gemeint: Die Männer fahren weg, die Frauen bleiben daheim und wissen nicht, ob ihr Mann überhaupt wieder zurückkommt. Habe ich gesagt: Ja, das stimmt. Es war ja so: Meine Mutter fährt weg, meine leibliche, und ich weiß nicht, kommt sie wieder? Sucht sie mich überhaupt? Ist sie jetzt gestorben, weil sie eine Überdosis genommen hat? Hat sie sich umgebracht, weil es ihr schlecht gegangen ist? Hat jemand sie umgebracht, weil sie ja Prostitution betrieben hat? Ja, das war so, wie wenn ich im Krieg wäre. Jahrelang. Und das Schlimme war: Ich habe gar nicht mit ihr reden können. Mit meinem Mann kann ich wenigstens ein bisschen reden, über Skype. Und das ist halt – ja – ich weiß nicht, ob du die Antwort verstehst. Mit Patricia war es so, als ob ich nicht wirklich Boden unter den Füßen hätte. Weil ich nicht gewusst habe, von wo komme ich eigentlich her. Ich bin zwar da gelandet auf dieser Welt, aber von wo komme ich her? Wenn du einen Baum siehst, weißt du, du hast da einen Baum gesetzt. Oder Erdbeeren, da weißt du, ja, die Samen habe ich von dort her, und dort habe ich sie gesät. Aber ich bin mir vorgekommen wie – ich weiß gar nicht, von wo ich herkomme. Ich weiß zwar, irgendwer hat mich gekriegt, aber von wo ich eigentlich abstamme – keine Ahnung. Das ist das Ungewisse. Und die vielen Fragen. Warum eigentlich? Warum ich? Warum nicht derjenige in der U-Bahn, der neben dir sitzt? Warum ist gerade mir das passiert? Habe ich was falsch gemacht? War ich so hässlich?«

Patricia: »Ich sage immer: Ich gebe den Leuten hundert

Punkte, wenn ich sie das erste Mal sehe. Entweder du verspielst die Punkte innerhalb von fünf Minuten, dann ist das so. Oder du behältst sie. Und dann kommt irgendwann einmal der Tag, wo ich dir meine Hand reiche. Da darfst du aber nie draufsteigen, weil dann ist es vorbei. Wenn ich einmal nein sage, dann bleibt es nein. Ich bin da sehr hart. Sehr hart.«

## 53

Zu viert stehen wir vor dem Sarg, zwei Kerzen sind an dessen Stirnseite aufgebaut, zwischen ihnen das Blumenarrangement, das Tamara aus Wien mitgebracht hat, und ein kleines Kruzifix. Sonst nichts. Die Stahlgestelle links und rechts des Sarges, an denen bei Begräbnissen Kränze befestigt werden, sind leer. Absurd und sinnlos flankieren sie wie schlanke verdrehte Wächterfiguren, geformt im Stile Alberto Giacomettis, den Leib der Toten in seinem hölzernen Behältnis.

Gleich wird der Angestellte des städtischen Bestattungsunternehmens beginnen mit der verkürzten Abschiedszeremonie. Davor ist Iris die meiste Zeit an den Marmorwänden der riesigen Halle entlangmarschiert, in dem leeren Raum hört man deutlich, wie sie permanent vor sich hin murmelt und gelegentlich kichert. Tamara steht vor dem Sarg, aber nicht zu nahe daran, ganz dicht bei ihr tritt ihr Bruder von einem Bein auf das andere, so eng an seiner Adoptivschwester, als ob er sie vor etwas schützen müsste.

Die Schwestern haben kaum miteinander gesprochen, seit ich Tamara vom Bahnhof und dann Iris aus ihrer Wohnung abgeholt habe. Als am gegenüberliegenden Ende der

Halle fünf Männer durch ein sich automatisch öffnendes Tor eintreten und mit laut auf dem Steinboden klackenden Schritten auf uns zukommen, stellt sich Iris zu uns. Sie kichert leise in sich hinein, versucht ein paarmal, Tamara hineinzuziehen in das alberne Schulmädchenverhalten, mit dem sie sich offensichtlich gegen diesen Raum und diesen Moment wehrt.

Der städtische Begräbnisredner spricht nur ein paar Sätze, dass wir uns versammelt haben, um Erna R. auf ihrem letzten Weg zu begleiten, und so weiter. Dann bittet er um ein letztes Gebet für die Tote. Er spricht laut das Vaterunser. Iris, Tamara, ihr Bruder und ich blicken verlegen zu Boden und schweigen. Die vier Männer, mit samtverbrämten Kappen auf den Köpfen und in schwarze Umhänge gehüllt, die den Sarg zum Grab tragen werden, murmeln leise die Gebetsformeln mit.

In dieser Tristesse und Schäbigkeit eines kommunalen Sozialbegräbnisses überfluten mich auf einmal die allerpositivsten Gefühle. Weil ich meine Kinder ansehe. Voller Stolz, Bewunderung und Hochachtung.

Tamara ist über ihren Schatten gesprungen. Sie erweist ihrer Oma die letzte Ehre. Und sie hat von Wien aus organisiert, dass auch ihre verwirrte Schwester dabei ist. Starr und steif stehen sie nebeneinander, Iris feixend, dabei erkennbar gegen Panik ankämpfend, Tamara bemüht, Haltung zu zeigen. Bemüht, jenen Menschen, der den Anfangspunkt markiert für ihr verdrehtes, verworrenes Leben, mit Respekt und Würde zu verabschieden. Dafür achte und bewundere ich sie.

Und ich bin stolz auf meinen Sohn, diesen tapferen jungen Mann, aus dem ein gelassener Erwachsener geworden ist, ohne dass ich es bemerkt habe. Sein ganzes Leben ist er im Schatten seiner Schwester gestanden. Tamara war das Problemkind, das alle Aufmerksamkeit der Familie beanspruchte, bis zum Übermaß. Er war der nette Junge, der ohne viel Aufhebens funktionierte. Um ihn musste man sich nicht sonderlich kümmern, er hat sich sozusagen selbst ohne allzu viel Trubel durch Kindheit und Teenager-Wirren gebracht. Er hätte allen Grund, auf seine Adoptivschwester eifersüchtig zu sein. Aber jetzt ist er da, bei diesem herzzerreißend traurigen und armseligen Begräbnis für Erna R., die für ihn in jeder Hinsicht ein fremder Mensch war, mit dem er nichts zu tun hatte. Ernas Tochter ist nicht da. Die entfernten Verwandten aus ihrer großen Mühlviertler Familie, die es irgendwo geben muss, sind nicht da, ihre Lebensfreundin Maria ist nicht da, die Freunde ihrer letzten Jahre aus dem Kaffeehaus sind nicht da. Aber mein Sohn ist da. Um seiner Schwester beizustehen.

Am Ende stapfen wir fast eine Viertelstunde lang durch den Nieselregen, zuerst auf einem asphaltierten Weg, dann über einen verschlammten Schotterweg. Die Abteilung für Sozialbegräbnisse liegt im hintersten Winkel des Friedhofs. Routiniert heben die Arbeiter in den Kutten den Sarg in die Senkvorrichtung, der Beamte der Friedhofsverwaltung spricht erneut ein Vaterunser, diesmal ganz allein, und besprengt den Sarg mit Weihwasser. Starr und stumm sehen wir zu, ohne erkennbare Gefühlsregung. Dann versinkt der Sarg, begleitet von einem hellen Sirren des Seilzuges. Der Beamte wirft eine Schaufel voll Erde in die Grube, macht dann eine einladende Handbewegung in unsere Richtung. Der Reihe nach werfen wir Erde auf den Sarg. Iris grinst seltsam dabei, dreht sich gleich um und geht vier, fünf Meter weg vom offenen Grab. Der Beamte und die Sargträger verschwinden ohne Gruß. »Dann gehen wir auch, oder?«, sagt Tamara. »Warte«, sagt Iris, »eine Schaufel will ich noch hineinschaufeln. Für die Oma.«

Dann geht sie, unbeholfen kichernd und einmal beinahe stolpernd im schlammigen, verdorrten Gras des letzten Sommers, zu der Grube, Tamara folgt ihr, hält den Regenschirm über die Schwester. Iris lädt umständlich eine Handvoll nasser Erde auf das Schaufelblatt, hebt es hoch und lässt den Lehm hinabgleiten, auf die Oma, die ganze Zeit leise lachend. Diese kleine berührende Geste bricht unvermittelt das Persönliche auf zum Allgemeinen. Denn man sieht mit einem Mal, was die eine, einzig wichtige Frage ist in der ganzen langen Geschichte der drei Schwestern zwischen jenem Inserat im Amsterdamer *Handelsblad* und der Schaufel voll feuchter Erde, die ohne Laut auf den Sarg von Oma Erna fällt. Kann man lieben, wenn man von Anfang an nicht geliebt wird? Oder, genauer: Kann man leben, wenn man nicht geliebt wird?

Ja, man kann es. Das ist die Antwort der drei Schwestern. Zwei hätten bislang gezeigt, dass man es kann, nämlich Tania und Tamara, hatte ich bis dahin gedacht. Aber Iris, die verwirrte und die Umgebung offenkundig sehr verschoben wahrnehmende Schwester, hat mit dieser letzten liebevollen Geste für einen Menschen, der ihr nie etwas Gutes getan hat, demonstriert, dass sie alle drei fähig waren und sind, diese enorme, von Geburt an bremsende Last loszuwerden.

## 54

»Was ist Glück?«

Tania: »Gesundheit. Denken und sagen können, was man will, sich frei bewegen können. Von der Familie geliebt werden, vom Partner, von den Freunden. Und genug Geld haben, dass man ein normales Leben leben kann.«

Iris: »Glück, das bedeutet mir jetzt nicht mehr so viel. Leute, die freundlich sind. Mehr nicht.«

Tamara: »Für mich ist Glück, dass man in Ruhe leben kann und dass man Freude hat. Dass die Menschen rund um dich nett sind. Dass wer da ist für dich, wenn du Hilfe brauchst, und dass du für denjenigen auch da sein kannst. Dass du dein Leben genießen kannst.«

Wenn dies ein Film wäre, könnte man nun an der sich verändernden unterlegten Musik merken, dass das Ende nahe ist. Man würde Tamara sehen, jetzt, 27 Jahre alt, in Wien. Sie ist an einem Tisch gesessen und hat alte Fotos angeschaut, nun steht sie auf und geht. In ihr Leben. In ihre Zukunft. Mit einem Mann, der so wie sie voller Sehnsucht ist nach eigenen Kindern, vielen Kindern. Und man würde Tania sehen, wie sie mit ihrem kleinen schnellen Auto durch Amsterdam hetzt, alles auf die Reihe bringt mit ihrem Sohn, ihrem Freund, ihrem Job, wie sie im Kindergarten inmitten der Kinder sitzt und die Kleinen mit ihrer bloßen Präsenz in ihren Bann zieht. Und man würde sie sehen, wie sie aus ihrem Haus in Landsmeer tritt und hinübergeht zur Gracht, mit ihrem Sohn, und sich in die Wiese setzt und den Ausflüglerbooten zuwinkt, während ihr Sohn mit seinem Angelzeug werkt. Und man würde Iris sehen, wie sie in ihrer verwahrlosten Wohnung am Rand von Linz von einem Bein auf das andere tritt und von ihrer Zukunft nur vage redet, wenn überhaupt. Die drei Schwestern würde man sehen, zwei von ihnen sind vor langer Zeit schon aufgestanden und losgegangen. Nach Moskau.

Und im Abspann dann rückten Fotos ins Bild, Klein-Tania am Dünenstrand im Sand schaufelnd, Tania in Linz neben Erna R., mit einem strahlenden Lächeln hat sie einen Arm um die Schultern der abweisend blickenden alten Frau gelegt, Tania in einer Amsterdamer Pferdedroschke, den Kopf an jenen ihrer jüngsten Schwester gelehnt. Die wunderschöne Iris mit ihren atemberaubend langen blonden Haaren, die fette Iris mit ihrem dunkelhäutigen Baby, die hagere ausgezehrte Iris vor einer Graffiti-Wand in ihrer Sozialwohnung. Tamara im Kleinkinderoverall im Schnee, wie sie hervorlugt hinter einem mächtigen Fichtenstamm wie ein listiger Troll, Tamara, sechs Jahre alt, auf einem riesigen Pferd allein im kanadischen Busch, Tamara übergewichtig und aufgedunsen auf der Holzbank einer Taverne in Amorgos, und dann ganz in Weiß und geschmückt wie eine arabische Prinzessin, wie sie zusammen mit ihrem Mann die Hochzeitstorte anschneidet.

Und als Letztes das einzige Foto der fünfzigjährigen Patricia, das sie mir aufzunehmen erlaubte, auf dem Sofa im Wohnwagen im belgischen Trailerpark, und ganz zum Schluss würde es von diesem Bild der abgebrühten, von dreißig Jahren Heroin gezeichneten Frau eine Überblendung geben zu dem Mädchen, das sie einmal war, zu meinem Lieblingsbild, einem Passfoto der etwa vierzehnjährigen Patricia, das Erna in zweifacher Ausfertigung bei ihren Sachen hatte. Neugierig und frech würde dieses Kindergesicht als allerletzte Einstellung auf das Publikum hinabschauen. Dieses Kind, das schon eine Frau ist, sieht mich an mit riesigen Augen. Und ich muss den Blick senken. Weil mich durch diese Augen auch meine Tochter ansieht. Das schmerzt. Denn diese jungen kecken Augen sagen meinen müden alten Augen, dass alles so kommen musste, wie es gekommen ist.

So weh das tut, bliebe dieses Foto dennoch die letzte Einstellung in einem Film. Die vierzehnjährige Patricia mit dem Blick, der so unendlich neugierig ist auf das, was da noch alles kommen wird im gerade erst anhebenden Leben.